新世纪应用型高等教育

新世纪 基础类课程规划教材

# 现代实用礼仪

## （第三版）

## Modern Practical Etiquette

主编 聂敏

大连理工大学出版社

**图书在版编目(CIP)数据**

现代实用礼仪 / 聂敏主编. -- 3 版. -- 大连：大连理工大学出版社，2020.9(2023.1 重印)

新世纪应用型高等教育基础类课程规划教材

ISBN 978-7-5685-2685-2

Ⅰ. ①现… Ⅱ. ①聂… Ⅲ. ①礼仪－高等学校－教材 Ⅳ. ①K891.26

中国版本图书馆 CIP 数据核字(2020)第 171902 号

XIANDAI SHIYONG LIYI

**大连理工大学出版社出版**

地址：大连市软件园路 80 号　邮政编码：116023

发行：0411-84708842　邮购：0411-84708943　传真：0411-84701466

E-mail：dutp@dutp.cn　　URL：https://www.dutp.cn

大连图腾彩色印刷有限公司印刷　　大连理工大学出版社发行

幅面尺寸：185mm×260mm　印张：13　字数：299 千字

2011 年 9 月第 1 版　　　　　　　　2020 年 9 月第 3 版

2023 年 1 月第 3 次印刷

责任编辑：王晓历　　　　　　　　责任校对：罗晴晴

封面设计：对岸书影

ISBN 978-7-5685-2685-2　　　　　　　定　价：38.80 元

本书如有印装质量问题，请与我社发行部联系更换。

# 前　言

　　《现代实用礼仪》(第三版)是新世纪应用型高等教育教材编审委员会组编的基础类课程规划教材之一。

　　中华民族素有礼仪之邦的美誉,悠久灿烂的历史文化培养了中华儿女的高尚道德,也形成了一套完善的礼仪。礼仪是一个人外在美和内在美的有机结合,也是民族进步的标志。随着社会的发展,人与人的交往不断加深,礼仪在社会主义精神文明建设中的作用也越来越重要。倡导文明风气,规范行为举止,使每一个公民都能讲文明、有礼貌、懂礼仪,这对于社会的发展有重要的现实意义。《左传》云:礼,经国家,定社稷,序民人,利后嗣者也。《荀子》云:人无礼则不生,事无礼则不成,国无礼则不宁。这些古代的智者关于礼仪的论述都强调了礼仪在国家建设中的作用。礼仪代表着一种道德力量,这种道德力量能够潜移默化地体现在公民身上,它将成为一种伟大的民族精神。礼仪能弘扬正气,增强凝聚力,陶冶情操,净化心灵,对于巩固社会生活秩序,推动社会进步有重要的作用。除此之外,礼仪也是我们修身的必备条件。孟德斯鸠说:礼貌使有礼貌的人喜悦,也使那些受人以礼貌相待的人喜悦。一个人若具有良好的个人形象、优雅的风度、得体的言谈举止,不仅可以展现自己的气质修养,赢得他人的尊重,也可以为事业打下良好的基础。

　　本教材坚持理论联系实际,透过现象分析本质,力求突出内容的古今结合和时代性,以及体例的创新性和题型的多样性。

　　1.内容的古今结合体现在礼仪知识的解析上:礼仪的形成与发展经历了长期的历史过程,在阐述现代礼仪时,应不忘回望过去,挖掘礼仪的起源,从而更好地理解礼仪的变迁。比如在握手礼、饮酒礼、脱帽礼等部分既阐释现代的礼仪要求,也追溯这些礼仪的起源。

　　2.内容的时代性表现在三个方面:一是在阐述礼仪理

论时,吸取了礼仪的前沿研究成果,反映出礼仪与时代同步发展的特性,满足了学生学习礼仪时对系统理论知识的需求;二是在案例的选取上,尽量选取与时俱进的案例,并与本章内容相结合,注重礼仪知识在案例中的情景再现;三是在相关知识的链接上,也注重选取恰当的相关礼仪知识,使学生能更好地理解礼仪的时代性。

3.体例的创新性表现在教材的编排上:每章开篇设有"学习导引",使学生能够把握本章的学习要点。每节内容按照"情景导入""知识详解""案例分析""评析""知识链接"的顺序组织安排,符合学生的学习规律,这样条分缕析的体例不仅有助于学生更好地理解礼仪知识,而且达到了理论联系实际的效果,更具操作性。

4.题型的多样性体现在"技能训练"的题型设计上:既有单项选择题、多项选择题,也有判断题、案例分析题、思考题等,多角度、多方位地考查了学生的学习效果。

本教材推出视频微课及知识拓展链接,学生可即时扫描二维码进行观看与阅读,真正实现教材的数字化、信息化、立体化。本教材力求增强学生学习的自主性与自由性,将课堂教学与课下学习紧密结合,力图为广大读者提供更为全面且多样化的教材配套服务。

在编写本教材的过程中,编者参考、引用和改编了国内外出版物中的相关资料以及网络资源,在此表示深深的谢意!相关著作权人看到本教材后,请与出版社联系,出版社将按照相关法律的规定支付稿酬。

限于水平,书中也许仍有疏漏和不妥之处,敬请专家和读者批评指正,以使教材日臻完善。

编　者
2020 年 9 月

所有意见和建议请发往:dutpbk@163.com
欢迎访问高教数字化服务平台:https://www.dutp.cn/hep/
联系电话:0411-84708445　84708462

# 目　录

第一章　礼仪概述 ································································· 1

第一节　追根溯源,礼仪的概念与起源 ·········································· 1

第二节　不学礼无以立,礼仪的原则与功能 ······································ 7

第三节　文明的冲突,从东西方礼仪差异开始 ··································· 13

第二章　形象礼仪 ······························································ 26

第一节　仪容清新自然,展示高雅品位 ········································· 26

第二节　仪表端庄得体,展示不俗修养 ········································· 30

第三节　仪态落落大方,展现良好教养 ········································· 35

第三章　社交礼仪 ······························································ 43

第一节　语言礼仪,君子欲讷于言而敏于行 ····································· 43

第二节　联络礼仪,用心使用通信工具 ········································· 47

第三节　馈赠礼仪,如何送礼有讲究 ··········································· 56

第四章　职场礼仪 ······························································ 63

第一节　求职礼仪,恰当表现赢得机会 ········································· 63

第二节　办公室礼仪,不让办公室政治破坏和谐氛围 ····························· 73

第三节　谈判礼仪,互相尊重实现双赢 ········································· 77

第四节　拜访礼仪,抓住生命中难得的见面机会 ······························· 80

第五节　接待礼仪,细节决定成败 ············································· 84

第五章　宴请礼仪 ······························································ 97

第一节　中餐礼仪,吃出博大精深的中国文化 ··································· 97

第二节　西餐礼仪,品味异国风情的饮食文化 ·································· 102

第三节　饮酒礼仪,推杯换盏的酒文化 ········································ 106

第四节　茶道礼仪,源远流长的茶文化 ········································ 111

第六章　会议礼仪 ····························································· 117

第一节　会议前的礼仪,不打无准备之仗 ······································ 117

第二节　会议中的表现,时刻遵循礼仪规则 ···································· 121

第三节　掌握不同类型会议的礼仪,玩转职场 ·································· 125

第七章　校园礼仪 ································································· 139

　　第一节　师生礼仪，尊重知识从尊师开始 ························· 139

　　第二节　同学礼仪，社交从同学开始 ······························ 146

第八章　宗教、民族礼仪 ···················································· 155

　　第一节　宗教礼仪，尊重他人的信仰和文化 ····················· 155

　　第二节　民族礼仪，尊重他人的风俗和习惯 ····················· 162

第九章　涉外礼仪 ······························································ 174

　　第一节　入国问禁，涉外交往的原则和禁忌 ····················· 174

　　第二节　入境问俗，世界其他国家的礼俗风情 ·················· 182

参考文献 ··········································································· 201

# 第一章

## 礼仪概述

### 学习导引

礼仪是一个国家和民族文化的重要组成部分,也是一个国家和民族文明程度与文化特色的重要标志之一。中华民族在世界上素有"礼仪之邦"的美称,注重礼仪、以礼待人是我国人民的传统美德。同时,礼仪又是一个人个性、气质、道德修养、审美情趣与文化品位的集中反映。一个人的文化水平、道德水平、审美水平和文明水平,从他的礼仪表现中可以看得一清二楚。因此,注意塑造自己良好的公众形象,表现自己良好的礼仪修养,对于提高一个人或者一个民族的美誉度、给人留下良好的第一印象、获得更多的人脉资源,具有重要且积极的意义。

## 第一节　追根溯源,礼仪的概念与起源

### 情景导入 ▶▶▶

#### 古装剧还原传统礼仪文化,传承历史以古鉴今获赞

《庆余年》《大明风华》《鹤唳华亭》《知否》《甄嬛传》等古装剧近年来掀起一股热潮,人们热议的不只是剧情,还有"颜值"。"颜值"讨论的不是演员,而是服装、道具、建筑、场景、礼仪……影视剧里的传统美学元素紧紧吸引着人们的目光。影视剧"唤醒"传统美学,根植于传统文化,用基于流行的目光去发现和重构源自中华传统的文化元素,与当下发生更紧密的关联,也让更多人,尤其是年轻人,与传统文化贴得更近。

《甄嬛传》里有很多表现少数民族文化的东西,打千礼、跪安礼、冰嬉舞这些礼仪与活动一看就是与传统不同的,但又有很多是与传统一脉相承的。拉开《甄嬛传》序幕的"鸣鞭三响"之"鸣鞭"在传统文化中就有迹可循,我国古代宫廷举行重大典礼的一个环节,也俗称"响净鞭",目的是警告臣下,皇上即将驾到,重要典礼就要开始,大家要立即安静。宋代人高承在《事物纪原》中写道:"鸣鞭,唐及五代有之。"元朝则对"鸣鞭"有了较为确切的记载:规制上,皇帝出阁升辇,鸣鞭三,升御座,鸣鞭三。《甄嬛传》开头的新皇即位"鸣鞭三

响"正与此对应。《知否》中令不少网友大呼心动的"投壶初见",实则也是经过考究精心设置的。"投壶"源自先秦贵族的游戏项目,是古人宴会时礼节性的游戏。小明兰与小廷烨在盛华兰大婚宴会上以"投壶"竞技,这一场景有史可依。而男主女主幼时的戏剧性相遇也让本剧看点十足,话题度爆棚。

影视剧作品不仅担当了传承传统习俗、礼仪文化的历史使命,还通过剧情变化和人物描写,将深刻的礼仪文化内涵与作品人物思想、行为相结合,把中国古代礼仪文化淋漓尽致地展现给广大观众。

## 知识详解

### 一、礼仪的概念

礼仪即礼节与仪式。"礼"在中国伦理思想史上是一个十分重要的道德范畴和伦理概念。"礼"在《说文解字》中解释为:"礼,履也,所以事神致福也。"可见,礼的本意就是祭祀敬神,后引申为敬意的通称。《礼记·儒行》:"礼节者,仁之貌也。""仪"在《说文解字》中解释为:"仪,度也。"本意指法度、准则、典范,后来引申为仪表、仪态等。

在现代社会中,礼仪就是指人们在社会交往中相互之间为了表示尊重、敬意、友好等而约定俗成的、共同遵守的行为规范和交往程序。现代社会中,礼仪已成为人们沟通思想、联络感情、促进了解的一种行为规范,是现代交际不可缺少的纽带。

礼仪是人类文明的产物,它伴随着社会的进步逐渐形成和发展,使人类逐步摆脱原始的蒙昧状态而进化发展到物质文明和精神文明高度发展的今天。在这一历史过程中,尽管各个民族对礼仪的具体要求不一样,但总的来看,礼仪反映人类追求真善美的愿望是一致的,礼仪是社会各个阶层人士所共同遵守的准则和行为规范。

### 二、中华礼仪的起源与发展

#### (一)礼仪的起源

中华民族是人类文明的发祥地之一,文化教育传统源远流长。礼仪作为中华民族文化的基础,有着悠久的历史。应该说,中华民族的历史掀开第一页的时候,礼仪就伴随着人的活动而产生了。自古以来,人们对礼仪的起源做过种种探讨,归纳起来大致有五种:一是天神生礼;二是礼为天地人的统一体;三是礼产生于人的自然本性;四是礼为人性和环境矛盾的产物;五是礼生于理,起于俗。

礼仪起源于氏族公社的祭祀活动。在原始社会,由于生产力极为低下,人们无法理解日月星辰、风雨雷电等自然现象,在当时的人们看来,这是一种超自然的力量,而这种力量又是与人类的生存休戚相关的,所以认为这些自然现象是由神灵操纵的,于是便对它们膜拜起来。比如中国人认为自己是龙的传人,那是因为古代的人们经常遭受旱灾和水灾之苦,于是想象龙王主风调雨顺,久而久之,便对龙王产生崇拜心理,祈求龙王赐福去灾。随着崇拜、祈福的名目越来越多,人们在祭天、祭地、祭祖先、祭图腾的时候,逐渐形成和完善了一系列制度、规范,形成了祭祀礼仪,因此有"礼立于敬而源于祭"的说法。

礼仪是在人类社会交往中为表示相互尊敬而约定俗成、共同认可的行为方式,是在人类社会不断进化过程中逐渐形成和发展的一整套行为规范。比如古代边境上的守卫都拿着武器,不让外族人进来,后来为了交往的需要,要进入外族领地必须空手,挥手向对方表示没带武器,这就演变成现在的挥手礼,对方拱一下手心确认是空手演变成握手礼。还有脱帽礼从脱头盔演变而来,鞠躬礼从投降弯腰演变而来,行军礼的意思是避开耀眼的光芒,这些礼节都和战争有关。

### (二)礼仪的发展

由于社会生产力的发展,中国古代礼仪形成于"三皇五帝"的原始社会时代,到尧舜时,已经有了成文的礼仪制度,就是"五礼"。这"五礼"指的是吉礼、凶礼、宾礼、军礼和嘉礼。祭祀之事为吉礼,丧葬之事为凶礼,宾客之事为宾礼,军旅之事为军礼,冠婚之事为嘉礼。

作为人类祖先的圣贤,唐尧、虞舜、夏禹等,他们本身都是讲究礼仪的典范。传说尧年轻的时候十分敬重老年人,即使同辈之间也礼让三分。他每次都把打回的猎物平分给众人,自己拿最少的一份,有时还把那最少的一份再分送给年迈体弱的老者。他的德行受到众人的称颂,所以大家都推选他为首领。虞舜是历代的礼仪楷模,我国的《二十四孝图说》中第一篇《大舜耕田》,就是讲他躬耕历山,任劳任怨,供养父亲、继母和同父异母之弟的故事。

尧舜时期制定的礼仪经过夏、商、周这三朝的总结、推广,日趋完善。周朝前期历经文王、武王、成王三位君主,重新确立了礼仪的地位。周公还在朝廷设置礼官,专门掌管天下礼仪,把我国古代礼仪制度推向了较为完备的阶段。

春秋时期的孔子(前551—前479),把"礼"推向了一个至高无上的地位。他要求所有的人都要"克己复礼",教育他的弟子们做到"非礼勿视""非礼勿听""非礼勿食",他教育自己的孩子"不学礼何以立"。总之,为了"礼"的需要,为了宣扬古代礼制,他不远千里,向老子学礼。

到了汉武帝时期,"罢黜百家,独尊儒术"的治国方略确立后,礼仪作为社会道德行为标准和精神支柱,其重要性被提高到了前所未有的高度。此后,历朝历代都在朝廷设置掌管天下礼仪的官僚机构,如汉代的大鸿胪、尚书礼曹,魏晋时的祠部(北魏又称仪曹),隋唐以后的礼部(清末改为典礼院)等。同时,礼仪学著述越来越重要。汉代把《周礼》《仪礼》列为五经之一,是读书人的必修课。西汉人戴圣在研究前人礼书著作基础上,编纂《礼记》一书,也被列为十三经之一。尔后,历代礼学研究者在这些礼书的基础上进一步研究,先后出现了《周礼注疏》《仪礼注疏》《礼记正义》《礼说》《礼记集解》《礼记集说》《礼书通故》《礼书纲目》等数以千卷的礼学著作,成为中国历史文化中一门重要学科,对人类文明进步起着特有的作用。"三礼"(《仪礼》《礼记》《周礼》)的出现标志着礼仪发展到了成熟阶段。《礼记·曲礼》第一句便是"毋不教"。文中还记载着对父母"出告返面",意思是出门要告诉父母一声,回家要和父母打个照面问候一下。对老师应该是"遭先生于道,趋而进""从于先生,不越路而与人言"。书中有关礼仪的内容是十分广泛具体的。

宋代时,礼仪与封建伦理道德说教相融合,即礼仪与礼教相杂,成为实施礼教的得力工具之一。比如古代的"三纲五常"、对妇女要求"三从(从父、从夫、从子)四德",行礼为劝德服务,繁文缛节极尽其能。

辛亥革命以后,西方文化传入中国。传统的、旧的礼仪规范、制度逐渐被时代抛弃,科学、民主、自由、平等的观念深入人心。通过对旧的礼仪去其糟粕,取其精华,新的礼仪标准、价值观念得到推广和传播,无论是国家政治生活礼仪还是人民生活礼仪都改变成无鬼神论的新内容,从而拉开了现代礼仪的帷幕。

随着无产阶级的觉醒,社会主义礼仪具备了雏形。无产阶级是历史上最先进、最革命的阶级,以解放全人类为己任,他们具有高尚的情操。为了处理与其他劳动阶级的关系,完成共同的历史使命,更需要讲究文明礼貌,更需有自己的礼仪规范。

早在民主革命时期,中国共产党领导的人民军队区别于国民党军队的显著标志之一就是讲"三大纪律,八项注意"。其中的"说话要和气""买卖要公平""不许打人骂人""不许调戏妇女""不虐待俘虏"等,都是适应当时斗争需要的纪律,也可视为公德、礼仪的组成部分。当时在各解放区均形成了一种新型的人际关系和新的道德风尚,成为决定共产党领导的新民主主义革命取得胜利的因素之一。当时的社会公德和风尚,实质上具有社会主义公德与礼仪规范雏形的性质,如今别具一格的、世人景仰的社会主义新风尚,正是在此雏形的基础上壮大和发展起来的。

中华人民共和国成立以后,随着社会制度的彻底变革,逐步变私有制经济为主导的经济基础为公有制经济为主导的经济基础,人与人的关系也出现了前所未有的变化。人民内部合作代替了对抗,互助、互利代替了尔虞我诈,建立起真正平等的、亲密的关系,由此而建立起的礼仪规范,为世人所称赞。人们至今仍对20世纪50年代良好的社会风尚留有深刻的印象,在人际和社会交往的过程中,真正做到了只有分工不同,没有高低贵贱之分,诚挚相处、互谅互让、舍己救人、助人为乐蔚然成风;不少地方道不拾遗、夜不闭户;敬老、爱幼、尊贤的优良礼仪传统得到充分弘扬,很多外国友人对此惊叹不已。

改革开放以来,对外交往不断扩大,人们从以往自己狭小的空间中走出来,同全世界各个民族和国家的人民交往。人们对礼仪重新进行文化审视和理性思考,汲取了西方文明的优秀成果,使东西方文化和礼仪有机地交融,推动了现代礼仪的发展。

### 三、西方礼仪的起源与发展

西方礼仪萌芽于古希腊,形成于法国,并深受古希腊、古罗马、法国等国文化的影响。

由于西方较早地进入现代社会,故西方礼仪也成了国际社会遵循的基本礼仪基础。西方,通常指欧美各国,因为他们的文化源流、宗教信仰相近,在礼仪的具体表现上尽管有所差异,但是共性居多。澳大利亚及南美地区在历史上深受欧美文化的影响,礼俗也与欧美各国有很多共通之处。

西方礼仪的形成经历了复杂的过程。爱琴海地区和古希腊是欧亚大陆古典文化的发祥地,西方著名的礼仪专家让·塞尔指出,西方礼仪的基础是地中海礼仪,其思想方法、思维方式都来自古希腊文化。自公元前6 000年起,爱琴海诸岛居民开始从事农业生产,此后相继产生了克里特文化和迈锡尼文化。公元前11世纪,古希腊进入因《荷马史诗》而得名的荷马时代。《荷马史诗》中的《伊利亚特》和《奥德赛》这两部叙事诗中,有描写特洛伊战争和希腊英雄奥德赛的故事,其中就有关于礼仪的论述,如讲礼貌、守信用的人才能获得尊重。古希腊的很多思想家也对礼仪做出了精彩的论述,如毕达哥拉斯提出"美德是一种和谐与秩序";柏拉图指出理想的四大道德目标:智慧、勇敢、节制、公正;亚里士多德提出德行就是公正,他说如果人类不讲礼法、违背道义,就会堕落为最恶劣的动物。

此后,欧洲文明开始进入古罗马时代。教育家昆体良指出一个人的道德、礼仪教育应该从幼儿时期开始。诗人奥维德在作品《爱的艺术》中也告诫青年朋友不要贪杯,用餐不可狼吞虎咽。

12~17世纪的中世纪,是欧洲封建社会的鼎盛时期。欧洲的封建等级制度,以土地为纽带,将封建主与附庸联系在一起,制定了严格而烦琐的贵族礼仪、宫廷礼仪。中世纪时,贵族礼仪基本是由法国人和法国宫廷所倡导,并被欧洲其他国家宫廷所普遍效仿。法国国王路易十四就将"etiquette"一词引入西方。在一次大型宴会中,每人手持一张卡片,上面书写着与会人员必须遵守的行为准则。卡片在法语中的词就是"etiquette"。因此,礼仪便是一套适合欧洲上层社会的行为规范,在欧洲逐渐流行开来。文艺复兴时代,有诸多关于礼仪的论著,如意大利作家加斯梯良的《朝臣》,论述的就是从政之道和礼仪规范的重要性;伊拉斯谟的《礼貌》,着重讲述个人礼仪和进餐礼仪,提醒人们讲道德,注意卫生和外表美;培根指出,"一个人若有好的仪容,对他的名声大有裨益,就像永久的推荐书"。

17~18世纪,欧洲进入资产阶级革命时代。英国、法国相继爆发大革命,资本主义制度开始在欧洲确立和发展。资本主义社会的礼仪逐渐取代了封建社会的礼仪。此阶段出现了大量的礼仪著作,如捷克教育家夸美纽斯编撰了《青年行为手册》,英国资产阶级教育家约翰·洛克编写了《教育漫话》,着重论述礼仪的地位、作用以及礼仪教育的意义和方法。

时至今日,欧洲礼仪已经成为国际礼仪的基础。随着国家间交流的日益增多,起源于欧洲的礼仪将会越来越丰富。

## 案例分析

### 细数各国成人礼

每年的"五四"青年节,中国的一些学校都会组织中学生参加成人仪式教育活动。2007年,北京高考文理科状元在国子监完成18岁成人礼。在司仪的带领下,2位状元和160多名学生向孔子塑像行三拜之礼:一拜祖先,二拜文化,三拜国家。季羡林先生给2位状元题词"天道酬勤"和"至德要道",勉励他们要继续努力。

成人礼是我国古代的传统习俗,《淮南子·齐俗训篇》里记载"中国冠笄,越人劗发",劗发就是断发。中国古代男子20岁行冠礼,女子15岁行笄礼。除了中国以外,世界上还有不少国家都有源远流长的成人礼习俗。

在韩国,虚岁20岁即为成年。韩国成人礼深受中国儒家传统文化礼仪的影响,从高丽时代开始,就有了分别为男女青年举行"冠礼"和"笄礼"的风俗。从1985年开始,韩国政府将每年5月第三周的星期一定为"成年日"。为了使仪式最大限度保持原汁原味,弘扬和传承传统文化,1999年,韩国对成人礼进行了标准化规定,将其分为相见礼、三加礼、醮礼以及成年宣言等内容。成人礼这一天,参加典礼的学生们身着传统韩服,受礼的男子们头戴斗笠,行"冠礼",女子们将头发挽成髻,插上簪子,行"笄礼",并向来宾们行跪拜礼,以及行"祭""祝"等传统礼仪。

在秘鲁,女孩年满15周岁时,父母会为她举行传统的成人仪式晚会。现在流行的成人仪式始于20世纪50年代,通常是家长邀请亲朋好友及孩子的同学,在家中或在俱乐部举行仪式。仪式开始时,女孩身着白色或粉色长裙出场,先由父亲或教父致辞,全体举杯祝贺。在《蓝色多瑙河》的乐曲声中,由父亲和女孩跳第一支舞。然后,女孩向人群抛出一束花,抢到花的幸运男宾客获得一次同女孩共舞的机会。随后人们将伴随着音乐的节奏开始欢快的庆祝舞会。

俄罗斯人会在孩子中学毕业时,举办非常隆重的毕业庆典来庆祝他们告别童年,走向成年。史料记载,18世纪初,莫斯科一所中学学生毕业后纷纷跑到当地喷泉池中嬉戏打闹,弄得全身湿透,以此方式庆祝毕业和成人。第二次世界大战结束后,苏联更加重视中学生毕业庆典。在毕业典礼上,女生身穿黑色小短裙,外罩白色围裙和蝴蝶结,极具俄罗斯风情,男生则身穿西服。学校领导和老师做临别赠言,向学生颁发毕业证书以及表彰学习优秀的学生。毕业典礼结束后,学生、家长和老师一起在学校、饭店、咖啡馆或者夜总会聚餐,学生们向老师们表达感激之情并赠送礼物。聚餐结束后,毕业生继续狂欢,他们唱歌、跳舞、表演各种节目。狂欢结束后,全体同学共同迎接成人后第一个黎明的到来。

日本成人礼起源于日本教育家高桥庄次郎1946年在埼玉县蕨市组织的"青年祭",于每年1月的第二个星期一举行。在这一天,日本各地会为年满20周岁的年轻人举办成人仪式和活动,激励年轻人认识到自己走向成人以后对社会的责任。

日本各地成人仪式主要由地方政府或民间团体主办。当天,青年们大多穿正装出席,而身着被称为"振袖"的传统和服的女孩子们更成为会场最亮丽的风景线。举办场所包括政府公共设施、神社、纪念地甚至迪士尼等游乐场所,内容包括地方官员致辞、名人嘉宾讲话、宣读成人誓约、到神社祈祷、赠送纪念品等程序。仪式结束后还会举办各种传统文娱活动。

【评析】

成人礼起源于氏族社会时期,本意是禁止与未成年的异性通婚。我国古代的成人礼主要包括男子的"冠礼"和女子的"笄礼"。案例中可见,除了中国以外,世界上很多国家都有青少年的成人仪式。象征少男少女告别幼稚、走向成熟的青春成长里程碑的成人仪式,其意义是在赋予年轻人享有成人权利的同时,也让年轻人感到对国家、对社会、对父母及周边人应尽的责任与义务。成人仪式能够增强青少年的自信心和责任感,帮助他们对自己重新定位,勇于承担成年人的各项责任和义务。

**相关链接**

1.干杯的来源

古罗马时期,贵族帝王经常让奴隶决斗。奴隶决斗前,都怕对手在自己酒杯里放毒药,所以在喝酒前,决斗双方都要把自己酒杯里的酒掺给对方一点,以证明没有毒药。这种风俗后来演变成宴会礼仪中的一部分。

在中国,与干杯类似的词语叫作"杜举",表示接受敬酒者的敬意或劝导,同时也是对敬酒者的尊重。人们喝过别人敬献的酒之后总要扬起酒杯,这个扬杯动作就叫作"杜举"。

2.握手礼的来源

握手礼的来源有两种说法。一种说法是,史前时期,人类祖先以打猎为主,人们往往手持棍棒石头,相遇时,如果双方善意,则两人互相摸摸右手,以示友好。另一种说法是,中世纪的骑士们身穿盔甲,除两只眼睛外,其余都包裹在盔甲里。如果表示友好,就脱掉右手的甲胄,表示没有武器,互相握手。无论是哪种说法,都是相遇时摊开手表示没有攻击性武器,从而表达善意的礼节。

3.在我国,早在战国时期,各诸侯王为了与周王朝当权者套近乎,就开始使用最早的名片——"谒"。所谓"谒",就是拜访者把名字和其他介绍文字写在竹片或木片上。东汉末期,"谒"又被改称为"刺",东汉到唐宋时期叫"门状",明代叫"名帖",清末到民国时期才出现了"名片"的称呼。

# 第二节　不学礼无以立,礼仪的原则与功能

**情景导入▶▶▶**

## 资深外交官的外事礼仪心得

在第四届全国检察长论坛·滕州会议上,资深外交官鲁培新先生讲授了外交礼仪知识,他的几段亲身经历引起了参会人员的极大兴趣,也使大家颇受教益。

**第一印象十分重要**

1992年12月,俄罗斯总统叶利钦首次对中国进行访问,当月17日上午,叶利钦的专机降落在北京机场,我按照外交惯例在俄驻华大使的陪同下登上飞机,同叶利钦热情握手,并用俄语对他说:"热烈欢迎总统阁下首次访华,今天天气晴朗,天气也在欢迎您。"叶利钦听后很高兴:"这是我担任总统后首次访华,来到中国后,你是我见到的第一个中国官员,你流利的俄语让我感到很亲切,这是访问圆满成功的预兆。"

**热情适度**

记得我从驻斯洛文尼亚共和国大使任上离任时,该国总统送给我的纪念品是一支圆珠笔。这份礼物在国人看来似乎太轻了,但实际上,外国人送礼是纯属礼节性、象征性的,这也是一般的外事礼仪习惯。

在外事交往中,热情好客超过一定限度就有可能事与愿违,产生相反的效果。除了礼品过多、体积过大、价值过高外,当前许多地方的外事活动中还存在宴请次数多、规格高、陪客多、菜式多、时间过长等问题,特别是频繁敬酒使外宾很厌烦。在对外交往中,既要待人热诚友好,又要严格把握分寸,做到热情而有度。

## 知识详解

礼仪的原则

### 一、礼仪的基本原则

#### (一)宽容的原则

人们在交际活动中运用礼仪时,既要严于律己,更要宽以待人。宽以待人就是要豁达大度,不计较和不追究。其具体表现为一种胸襟,一种容纳意识和自控能力。哲学家康德说:"生气,是拿别人的错误惩罚自己。"林肯总统对政敌素以宽容著称,后来终于引起一个议员的不满,议员说:"你不应该试图和那些人交朋友,而应该消灭他们。"林肯微笑着回答:"当他们变成我的朋友,难道我不正是在消灭我的敌人吗?"一语中的,多一些宽容,公开的对手或许就是我们潜在的朋友。

刘秀打败王莽,攻入邯郸,察看前朝公文时,发现大量奉承王莽、侮骂刘秀甚至谋划诛杀刘秀的信件。可刘秀对此视而不见,不顾众臣反对,全部付之一炬。他不计前嫌,化敌为友,壮大自己的力量,终成帝业。这把火,烧毁了嫌隙,也铸炼了坚固的事业之基。

#### (二)敬人的原则

人们在社会交往中,要常存敬人之心,不可失敬于人,不可伤害他人的尊严,更不能侮辱对方的人格。尊敬别人的人,同样会受到别人的尊敬。正像站在镜子前面一样,你怒他也怒,你笑他也笑。有这样一位做了30多年推销员的老人,他工作时有三个原则:第一,每年只到每家推销三次,绝不多也绝不少。第二,从来不向邻居推销,因为他说"我希望是你的邻居,而不是推销员"。第三,不是埋怨而是快乐。老人虽然没有亲人,但是他去世时,全城的人都自发来为老人送行,不是因为对他同情,而是因为对他三十年如一日的尊敬。

尊敬的作用是十分巨大的,日本东芝电器公司曾一度陷入困境,员工士气低落。当土光敏夫出任董事长时,他经常不带秘书,一个人深入各工厂与工人聊天,听工人的意见,更有意思的是,土光敏夫还经常提着一瓶酒去慰劳员工,和他们共饮。他终于赢得了公司上下的支持,员工的士气也高涨了起来。在三年内,土光敏夫终于重振了末日穷途的东芝公司。土光敏夫的诀窍就是关心、重视、尊重每一个员工,"敬人者,人恒敬之",他同时也赢得了员工的信服与支持。

相信他人,尊重他人,所谓心底无私天地宽,真诚地奉献,才会有丰硕的收获。只有真诚尊重对方才能使双方心心相印,友谊地久天长。

#### (三)自律的原则

这是礼仪的基础和出发点。学习、应用礼仪,最重要的就是要自我要求、自我约束、自我对照、自我反省、自我检查。自律就是自我约束,按照礼仪规范严格要求自己,知道自己该做什么,不该做什么。中国社交史上有一个重要的"一口痰事件",一个制药厂濒临倒闭,政府牵手为他们引进德国投资,就在签约之前,德国总裁到该厂视察,厂长陪同参观车间。其间,这位厂长由于实在憋不住一口痰而使德国总裁决定不再签约,他的理由很简单,这是制药厂,产品关系人命,怎能随地吐痰。某省会城市一家三星级饭店的女经理,衣着得体大方,热情适宜,正在宴请北京来的专家。席间,秘书突然过来说有急事,请她暂时离席去送外宾,可惜这位女经理迟迟未起身,原来双脚不堪忍受高跟鞋束缚,出来"解放"了一会儿,突然有了情况,一时找不到"归宿",令女经理难堪不已。

### (四)遵守的原则

在交际应酬中,每一位参与者都必须自觉、自愿地遵守礼仪,用礼仪去规范自己在交往活动中的言行举止。

遵守的原则就是对行为主体提出的基本要求,更是人格素质的基本体现。遵守礼仪规范,才能赢得他人的尊重,确保交际活动达到预期的目标。

### (五)适度的原则

应用礼仪时要注意把握分寸,认真得体。适度就是把握分寸。礼仪是一种程序规定,而程序自身就是一种"度"。礼仪无论是表示尊敬还是热情都有一个"度"的问题,没有"度",礼仪就可能进入误区。比如参加婚礼要好好装扮,要显得很重视,但又不能过分,因为婚礼那天新娘应是最漂亮的。又如在与人交往时,既要彬彬有礼,又不能低三下四;既要热情大方,又不能轻浮谄媚。要自尊但不要自负,要坦诚但不要粗鲁,要信人但不要轻信,要活泼但不要轻浮。

### (六)真诚的原则

应用礼仪时,务必诚信无欺、言行一致、表里如一。真诚表现为对人不说谎、不虚伪、不骗人、不侮辱人,正所谓骗人一次,终身无友。

真诚就是在交际过程中做到诚实守信,不虚伪、不做作。交际活动作为人与人之间信息传递、情感交流、思想沟通的过程,缺乏真诚则不可能达到沟通的目的,更无法保证沟通效果。

### (七)从俗的原则

常言道:"十里不同风,百里不同俗。"从俗就是指交往各方都应尊重相互之间的风俗、习惯。由于国情、民族、文化背景不同,必须坚持入乡随俗原则,与绝大多数人的习惯做法保持一致,切勿目中无人、自以为是。尼克松在访华前就用了好长一段时间学习使用筷子,这样一下子就拉近了与中方的距离。

从俗也包括了解并尊重各自的禁忌,如果不注意禁忌,就会在交际中引起障碍和麻烦。比如对于海员来说,最禁忌的一个字是"翻",一次在饭店吃饭,桌上的鱼上面被吃掉了,海员们向服务员夸奖鱼做得好时,服务员试图帮他们把鱼翻过来,这一举动立刻引起了海员们的反感。

东西方请客的一个差异是,中国人以请客人到酒店吃饭为尊,而西方人以到别人家吃饭为最亲。中国人一般喜欢说,随便吃,没什么菜,西方人则说,这是我太太最拿手的菜。尼泊尔人点头表示反对而摇头表示同意,一位中国留学生到他的尼泊尔导师家中就餐,正好这位导师期间有要事出去,他夫人和学生又无法用语言沟通,当她问学生还要不要时,学生拼命摇头,她以为他在校吃得不好,而他以为不吃光是对人不礼貌,所以不停地吃。

### (八)平等的原则

平等是礼仪的核心,即尊重交往对象,以礼相待,对任何交往对象都必须一视同仁,给予同等程度的礼遇。

礼仪是在平等的基础上形成的,是一种平等的、彼此之间关系对等的体现,其核心问题是尊重以及满足相互之间获得尊重的需求。在交际活动中,既要遵守平等的原则,同时也要善于理解具体条件下对方的一些行为,不应过多地挑剔。

在交往中,平等表现为不骄狂、不我行我素、不自以为是、不厚此薄彼、不傲视一切、不目中无人,更不能以貌取人,或以职业、地位、权势压人,而应该时时处处平等、谦虚待人,唯有如此,才能结交更多的朋友。

## 二、礼仪的功能

概括地说,礼仪是表示人们不同地位的相互关系和调整、处理人们相互关系的手段。礼仪的功能表现在以下几个方面:

### (一)尊重的功能

尊重即向对方表示尊敬、敬意,同时对方也还之以礼。礼尚往来,有礼仪的交往行为,蕴含着彼此的尊敬。

### (二)约束的功能

礼仪作为行为规范,对人们的社会行为具有很强的约束功能。礼仪一经制定和推行,久而久之,便成为社会的习俗和行为规范。任何一个生活在某种礼仪习俗和规范环境中的人,都自觉或不自觉地受到该礼仪的约束,自觉接受礼仪约束的人是"成熟的人"的标志。不接受礼仪约束的人,社会就会以道德和舆论的手段来对他加以约束,甚至以法律的手段对他进行强制干预。

### (三)教化的功能

礼仪具有教化的功能,主要表现在两个方面:一方面是礼仪的尊重和约束功能。礼仪作为一种道德习俗,它对全社会的每个人都有教化作用,对全社会的每个人都在施行教化;另一方面,礼仪的形成、完备,会成为一定社会传统文化的重要组成部分,它以传统的力量不断地由老一代传递给新一代,世代相继、世代相传。在社会进步中,礼仪的教化功能具有极为重大的意义。

### （四）调节的功能

礼仪具有调节人际关系的功能。一方面,礼仪作为一种规范、程序和文化传统,对人们之间相互关系模式起着规范、约束和及时调整的功能;另一方面,某些礼仪形式、礼仪活动可以化解矛盾,并建立新的关系模式。可见礼仪在处理人际关系中,在发展健康良好的人际关系中,是具有重要作用的。

## 案例分析一

### 良好的修养不经意带来工作机会

有一批应届毕业生共22人,实习时,被导师带到北京的国家某部委实验室里参观。全体学生坐在会议室里等待部长的到来,这时秘书给大家倒水,学生们表情木然地看着她忙活,其中一个学生还问了句:"有绿茶吗? 天太热了。"秘书回答说:"抱歉,刚刚用完了。"林晖看着有点别扭,心里嘀咕:"人家给你倒水还挑三拣四。"轮到他时,他轻声说:"谢谢,大热天的,辛苦了。"秘书抬头看了他一眼,满含着惊奇,虽然这是很普通的客气话,却是她今天唯一听到的一句。

门开了,部长走进来和大家打招呼,不知怎么回事,静悄悄的,没有一个人回应。林晖左右看了看,犹犹豫豫地鼓了几下掌,同学们这才稀稀落落地跟着拍手,由于不齐,越发显得零乱起来。部长挥了挥手:"欢迎同学们到这里来参观。平时这些事一般都是由办公室负责接待,因为我和你们的导师是老同学,非常要好,所以这次我来给大家讲一些有关情况。我看同学们好像都没有带笔记本,这样吧,王秘书,请你去拿一些我们部里印的纪念手册,送给同学们作纪念。"接下来,更尴尬的事情发生了,大家都坐在那里,很随意地用一只手接过部长双手递过来的手册。部长脸色越来越难看,来到林晖面前时,已经快要没有耐心了。就在这时,林晖礼貌地站起来,身体微倾,双手握住手册,恭敬地说了一声:"谢谢您!"部长闻听此言,不觉眼前一亮,伸手拍了拍林晖的肩膀:"你叫什么名字?"林晖照实作答,部长微笑点头,回到自己的座位上。早已汗颜的导师看到此景,才微微松了一口气。

两个月后,毕业分配表上,林晖的去向栏里赫然写着国家某部委实验室。有几位颇感不满的同学找到导师:"林晖的学习成绩最多算是中等,凭什么选他而没选我们?"导师看了看这几位同学笑道:"是人家点名来要的。其实你们的机会是完全一样的,你们的成绩甚至比林晖还要好,但是除了学习之外,你们需要学的东西太多了,修养是第一课。"

【评析】

这个案例告诉我们细节无小事,要注意身边的礼仪。当今的80后、90后被人诟病得最多的就是:不懂得尊重人,不懂得从他人角度出发,缺少一颗感恩的心,更缺少基本的礼仪素养,所以在人际交往中屡屡碰壁。成功的机会对于每个人来讲都是一样的,要看你怎样去争取,在你不经意的时候,也许别人正在观察你,你说话的声音、走路的姿势、服装的品位甚至吃相,都可能成为决定你成败的原因。

## 案例分析二

### 独具匠心的开学典礼

电影《蒙娜丽莎的微笑》中,关于卫斯理女子高中开学典礼有这样的一个片段。教堂式的大厅大门紧闭,教师们身着礼服肃立于大厅大门前方的两边,校长站在正中间。一个女生走到紧闭的大门前,打开木盒,取出锤子敲击大门。

校长问:是谁在敲求知的大门?

女生答:我代表每一个女生。

校长问:你要寻找什么?

女生答:通过辛勤工作,唤醒我的心灵。并将我的生命,贡献给知识。

校长说:欢迎你,那些和你追求相同理想的都可以进来。

于是,学生们涌进了会场。

校长说:现在我宣布,新学期开始了……

钟楼的钟声响起来了,被惊动的鸽子,扑棱翅膀,飞向了天空。

【评析】

这是一段关于爱知与求知的对话,一场庄严肃穆的灵魂洗礼。这个片段中,那些精心设计的场景、震撼人心的对白是"仪";那些需要观众细细体会的,对知识的尊重、对新学期的期待、对新生活的憧憬,则是"礼"。开学典礼是礼仪中非常重要的仪式,这种仪式可以传递学校的文化及理念,同时,神圣的仪式可以唤醒我们的心灵。正因为独具匠心的设计,使普通平常的开学典礼绽放出圣洁的光芒。

相关链接

1.一青年急着去王庄,但在半途不知还有多远,于是在路旁找到一户人家问道:"老头,到王庄还有多远?"老人回答道:"无礼。"青年以为五里,于是往前赶路,可过了很远还未走到,最后才反省过来,于是又原路返回,向老人赔礼道歉,老人告诉他天色已晚,到王庄的路还远着呢,不如到其寒舍歇息一晚,明天再赶路。

2.《三字经》是我国流传时间最长、范围最广、影响最大的一本启蒙教材,相传为南宋学者王应麟所著,它被人们誉为"古今奇书"和"袖里通鉴纲目"。《三字经》已经被翻译成英、法、俄等多种语言在国外流传,还被联合国教科文组织选作儿童道德教育丛书。书中写道:"为人子,方少时,亲师友,习礼仪。"意思是,做儿女的正当年少时,就要拜师访友,学习礼仪。清代李毓秀编纂了一本《弟子规》,书中详细规定了学生在言谈举止方面的礼仪规范,其中有尊敬长者方面的要求:"或饮食,或走坐,长者先,幼者后。"有仪表方面的要求:"冠必正,纽必结,袜与履,俱紧切。"有仪态方面的要求:"步从容,立端正,揖深圆,拜恭敬。"有禁酒方面的要求:"年方少,勿饮酒,饮酒醉,最为丑。"有语言方面的要求:"刻薄语,秽污词,市井气,切戒之。"此书关于礼仪教育方面的内容是十分丰富、具体的。

3.古人称呼自己的时候往往重视礼仪而自谦。人们常称自己的文章或书画作品为"涂鸦之作"。唐代诗人卢仝有一子,孩提时喜欢以蘸了墨的笔在纸上或书本上恣意涂抹。卢仝作诗叹曰:(这孩子)"忽来案上翻墨汁,涂抹诗书如老鸦。"后来人们便以"涂鸦"一词戏称随意的创作,或用来比喻书法的稚拙,而更多时候则是用来谦称自己的作品水平不高。文章的标题常用到"刍议"一词,如胡适的文章《文学改良刍议》。"刍"音 chú,本义为割草,也指喂牲口的草料,又引申指割草之人。古时割草打柴者地位低贱,故"刍议"常被用作谦辞,指自己的言论浅陋、不成熟。胡适《文学改良刍议》曰:"谓之刍议,犹云未定草也,伏惟国人同志有以匡纠是正之。"

## 第三节　文明的冲突,从东西方礼仪差异开始

## 🔊 情景导入 ▶▶▶

### 礼仪之争

康熙在位 60 余年,与传教士关系密切,有时甚至亲如家人。他信任传教士,请他们入宫讲解西方科学知识,任命他们为朝廷官员,派遣他们参加中俄尼布楚谈判,并给予他们极高的褒奖。然而,礼仪之争的爆发却使局面迅速逆转。

明朝万历年间,意大利传教士利玛窦来华传教。为了便于传教,就主动适应中国人的祀祖祭孔的风俗习惯,对于那些并不违背基督教根本信仰的习惯,一般采取宽容的态度。在解释教义时,也往往结合中国人思想中的一些观点。为了便于在中国传教,以利玛窦为首的一批耶稣会会士顺从中国礼仪,对于教徒的敬天、祀祖、祭孔均不禁止。利玛窦去世之后,耶稣会内部就产生了争议。争议的焦点是:儒家经典中的"天""天主"和"上帝"是否和拉丁文"Deus"具有同一意义? 敬天、祀祖、祭孔是不是偶像崇拜和迷信活动?

礼仪之争爆发后,康熙对法国传教士颜珰等人的行为十分愤怒,并予以惩治;但对遵从利玛窦的规矩、顺从中国礼仪、领取信票留在中国的传教士仍然友好。

礼仪之争是典型的中西方文化冲突的结果。因此,我们可以说,没有西方传教士的渡海东来,就没有明清之际中西文化交流的高潮;没有康熙帝的积极支持,这个高潮就难以结出累累硕果。

乾隆五十八年,这一年,英国派到中国的第一个使团由马嘎尔尼率领浩浩荡荡而来,乾隆决定在避暑山庄接见马嘎尔尼,所以将接见地点安排在万树园。当时西欧人对中国了解很少,认为中国是一个神秘的东方大国,在亚洲很强大。因此,出任使团的特使要经过很严格的挑选,马嘎尔尼是驻俄国的公使,和外国宫廷打交道多年,有丰富的经验。马嘎尔尼带了大批礼物,有天体运行仪、地球运行仪等欧洲当时具有较高科技含量的礼物。乾隆知道英国国王派出这样一个使团是对清朝的重视,当时负责谈判的是和珅,和珅坚持要行三跪九叩大礼,要按照中国的礼节,英国人坚决反对,英国人说如果行三跪九叩大礼,

就表示英国成了中国的臣子,臣服于中国了,所以绝对不能行三跪九叩大礼,中国也不让步,双方僵持不下。

最后的协商结果是马嘎尔尼在觐见的时候行单膝下跪礼,免去行三跪九叩礼。

### 知识详解

有一个笑话:如果您要是看见两个俄罗斯人打架,多半是因为他们喝多了;如果你看见两个印度人打架,多半是因为他们姓氏不同;如果你看见两个以色列人打架,多半是因为他们政治信仰不同;如果你看见两个东方人打架,多半是因为争着结账:今天的费用我来结账,我看谁敢和我抢……

这虽然是个笑话,但向我们透露了一个非常重要的信息:世界上的大多数国家都是植根于自己的文化,从而衍生出一系列本国的礼仪规范。各国人民之所以表现出礼仪行为上的差别,很大一部分原因是孕育他们的文化不同。东西方人在肤色、文化、信仰、风俗、语言文学及价值观念等方面都有很大不同,这实质上就是文化差异。那么东西方的文化差异究竟有哪些方面呢?理解了这些文化差异,我们如何更好地进行跨文化交际呢?

#### 一、东西方文化差异

英国人类学家泰勒 1871 年在《原始文化》一书中对文化提出这样的定义:文化是一个复合的整体,其中包括知识、信仰、艺术、法律、道德、风俗以及作为社会成员而获得的任何其他的能力和习惯。我们认为,东西方至少有以下三种文化差异:

##### (一)农耕文化与海洋文化

我国大陆地处北半球温带、濒海靠山、西高东低、寒暑有节、季风有常,地理形势上属于"内陆外海型"。由于受到地理格局、生产方式、山区交通和家庭化的活动方式的影响,我国只能因地制宜地发展起农业经济,并创造了世界最古老的"农业+伦理"的文明模式和"经验+实用"的文化精神。在农业经济条件下,人们的生活规律基本上是按照春耕、夏耘、秋收、冬藏固定不移的,人和自然的关系通常处在协调、融合的状态中,并不需要激化矛盾走向对抗。因此,我国古代哲学没有把外部世界当作人的对立面来思考,而是把天地和人作为统一体来考虑,为此塑造了中国古代哲学的"天人合一"观点。正是因为人与自然没有对立,人们习惯从整体上认识事物,把世界看成是一个本质上不可分割的有机体,并用这种哲学观点去解释一切事物和现象,从而导致了以阴阳学说为核心的朴素辩证法思想的产生。农业的特点培养了中国人乐知天命的特性和四平八稳的心态,养成了一种"求稳求实"的生活观,体现出来的是一种"农耕文化"。安时处顺的中国人民歌颂田园,故产生了田园诗歌流派。他们对故乡有浓厚的感情,所以诗歌中有大量思乡诗。中国古老的神话如神农炎帝教民耕作、轩辕黄帝教民建造舟车、黄帝之后嫘祖教民养蚕等故事都与农业有密切关系。

与东亚大陆形成鲜明对照,西方文明的发源地——古希腊,东部则有着世界上最为发达的海岸线。整个欧洲大陆被地中海、黑海、波罗的海等内海纵深切割,呈现出陆海交错的格局。欧洲人无论是向北、向西还是向南发展,都要与海洋打交道。欧洲的这种"陆海相间"的地理结构,培养了西方人与海共处的生存状态。海上通道的开辟、频繁的战争和几次大规模的民族迁徙,使得手工业、商业和航海业逐步发展起来,创造了人类最古老的商业文明。美国人的祖先初抵北美大陆时,那儿基本上还属于一片未开发的土地,他们是第一批开拓者。自然条件的恶劣、气候的多变使他们要随时应付各种挑战。海洋的特点培养了西方人勇于探险、富于挑战、崇尚发挥个性、对大自然有强烈的战胜欲和征服欲的生活观,体现出来的是一种"海洋文化"。

农耕文化和海洋文化对东西方人民的思维方式的影响是巨大的。比如,在方位词的排序上,东西方大相径庭。中国人尊"东方"为四方之首,故汉语中关于方位的次序为"东、南、西、北";英语中关于方位的次序常为"north(北)、south(南)、east(东)、west(西)"。汉语的"东北",英语为"northeast"(北东);汉语的"西北",英语为"northwest"(北西);汉语的"东南",英语为"southeast"(南东);汉语的"西南",英语为"southwest"(南西)。之所以会有所不同是因为中国人尊"东方"为首,日出于东方,农耕文化下的人民需要靠天吃饭,日出而作日落而息。而西方人和航海渊源很深,以"北方"为方位之首。

### (二)人文文化与科技文化

就文化的本质而言,中国文化属于人文文化,西方文化属于科学文化,文化个性显然十分明显。许多学者认为:人文文化重人伦、轻器物,重综合、轻分析,重意合、轻言传;科学文化重物质、轻人伦,重分析、轻综合,重概念、轻笼统。

不同的文化孕育出了不同的思维方式。中国人偏好形象思维,注重经验,善于通过知觉和经验,从事物之间的联系和相互关系上把握认知对象。西方人偏向抽象思维,善于运用概念、判断以及推理对认识对象进行逻辑分析,与人交往重视表达,强调语言的逻辑严密、思路清晰、简单明了、感情充沛,依靠实例增强说服力。中国人以直觉思维为主,因而中国的哲学依靠直觉思维创造了丰富深刻的思想成果。古希腊亚里士多德的《工具论》是人类历史上第一部形式逻辑的著作,一千多年后,培根的《新工具》创立了完整的归纳逻辑,为近代科学提供了又一个重要的思维工具。从电影的名字可以看出东西方人们思维的差异。中国电影的片名讲究概括性,多使用提炼性和情感意境归纳性的提名,如"霸王别姬""无极""卧虎藏龙"等。而西方电影片名则选取影片中具有代表性的人、物、地名,如"卡萨布兰卡""哈利波特""珍珠港""泰坦尼克号"等。

### (三)儒家文化与基督教文化

作为文化的重要组成部分,宗教文化广泛而深刻地影响着社会生活中的语言交际,进而引起人们语言行为和语言观念上的差异。

中国传统文化在儒、道、墨、法、佛诸派的价值原则中形成了以儒家的价值原则为主导的价值体系。儒家文化的核心思想是"仁",主张仁爱,重视礼仪,重视三纲五常对维护家庭和社会秩序的作用。儒家文化对中国文化的发展起到了决定性的作用,在中国文化的深层观念中,无不打着儒家思想的烙印。

基督教是西方文化的总背景。基督教强调个人和个体的价值,提倡个人自信和实事求是的态度,注重个人隐私和独立。基督教文化鼓励人们从事探险活动,不断地去探索、征服未知世界,从而培育出大批探险家。基督教原来只局限于在罗马帝国境内传播,但随着西方资本主义国家的殖民扩张,很快传遍全世界,成为世界信徒最多、影响最广泛的宗教,拉丁字母也随之成为世界上使用最广泛的文字系统。

## 二、文化差异导致的礼仪差异

东西方文化差异
导致的礼仪差异

美国社会学家伊安·罗伯特逊在他的《社会学》一书中有这样的描述:每个社会的文化都有其独特之处,都会有其他社会没有的行为准则和价值观念的各种组合。文化迥异导致东西方社会有巨大的礼仪行为差异。

### (一)群体与个体

中国人倾向于整体思维、情感思维,强调社会、群体对个人的约束作用。中国人的"修身、齐家、治国、平天下""家事、国事、天下事,事事关心""先天下之忧而忧,后天下之乐而乐""老吾老以及人之老"等信念充分表达了汉民族以家、国、天下利益为重的群体价值取向。孔子说:"君子喻于义,小人喻于利。"一直以来,中国人都是重义轻利,轻视个人利益,强调群体利益。这种心态积极的一面在于它树立起了大多数中国人对家庭、社会、国家强烈的义务感和使命感,自觉担负起各种社会职责,形成参与意识和忧患意识,在家族血缘中寻找自己的安身立命之所。

西方文化则突出个体性和主观作用,以个体为中心,尊崇个人的人格、价值、尊严,倡导自我中心主义、个性观念、自我行动自由。只要不超出法律的界限,父母兄长都无权干涉。这种个人主义意识下的人,有更强的"我之为我"的意识,勇于探索,富于挑战,格外看重竞争。

群体和个体的不同,导致东西方人在交际生活中也有诸多差别。西方人思考问题,先从个体出发,由小到大,由个体到整体,所以西方人的人名是名在前姓在后,地名是由小到大的顺序排列。中国人思考问题,是从整体出发去理解个体,所以中国人的人名是姓在前名在后,地名是由大到小的顺序排列。所以如果我们在交际中倘若不理解东西方的文化差异,就会产生交际障碍。

### (二)男尊女卑和女士优先

传统的儒家文化强调男尊女卑,甚至给妇女的行为做了种种规定。传统文化讲求男主外,女主内,男人们耕田,从事社会交际活动,女人们织布,从事家庭内部活动。这种观念甚至反映到我们的语言中。著名语言学家吕叔湘先生开玩笑说,在第三人称没有明确性别的前提下,人们一般会用"他"或"他们",而不是"她"或"她们",所以他幽默地说"他是老字号,她是分店"。而我们的成语中,比如"男女老少""男婚女嫁""男左女右""郎才女貌",其至连贬义的"男盗女娼""欺男霸女"等词语都是男在前女在后。至于古时候生孩子的不同叫法,更是体现了男尊女卑的传统观念。生男孩叫"弄璋之喜","璋"是玉器,比较珍贵,贾宝玉的出生就含了一块通灵宝玉。生女孩叫"弄瓦之喜",瓦相对来说价值不高。

西方虽然也有很长一段时间是男尊女卑的社会现象,但是自 11 世纪骑士文化兴起,慢慢形成了女士优先的意识。女士优先起源于欧洲中世纪的骑士之风,骑士有义务、有责任保护女士和儿童,他们随时准备为女士效劳,希望表现出大丈夫的英明又体贴的风度。在东方人眼中,西方人总是身着考究的西服,头戴一顶高礼帽,手里握着一把雨伞,随时准备为女士开门或让座。而在危急时刻,绅士总是把求生的机会主动地让给妇孺儿童,比如《泰坦尼克号》电影中,男士们让女士和儿童先走,显示了绅士们女士优先的风范。

### (三)恭谦与自信

中国人民自古以来都以恭谦作为美德,自炫其能不足取。在儒家文化下,中国人形成了一种观念,就是"满招损,谦受益"。一个人如果骄傲自满,就会吃亏;如果凡事都谦虚谨慎,就会得到好处。在中国的称谓中称自己时往往是谦虚的,甚至是贬低的,自称"鄙人",自己的儿女是"犬子""小女",妻子是"拙荆",连自己住的房子都是"陋室""寒舍"。

西方民族有生以来就接受全力竞争、敢为人先的教育,总是竭尽全力地将自己从集体中凸显出来,尤其强调个性,处处表现出自信。在英语中,个体的称谓"I"是少数几个需要大写的单词之一。他们相信个人的力量,充满自信,因此西方电影将个人英雄主义表现得淋漓尽致。西方人喜欢赞美别人,所以对中国人谦虚的说法,如"过奖了"感到尤为不解。

### (四)含蓄与外向

自古以来,中国人讲究含蓄,在浅谈中发现智慧,在沉郁顿挫间揣摩心意,崇尚"犹抱琵琶半遮面"带来的美感。在交际中,中国人强调言外之意、话外之音,给人以无穷的回味。绘画中的"深山藏古寺,酒香巷子深",书法中的"藏锋悬露,虚实留白"表现的就是这种含蓄的艺术效果。西方人推崇直率,感情外露受到赞许。

比如,请客吃饭,中国人会提前很久就做准备,面对满桌的盛宴中国人还说:"没怎么准备,随便吃点吧。"西方人即使是送一个书签,也会对对方说:这是我精心为你准备的。

### (五)等级观念和自由平等

以儒家文化为核心价值的中国人自古以来主张"君君臣臣父父子子",意思是尊卑有别,长幼有序。在漫长的封建社会进程中,形成了一套父子、君臣、夫妻的伦理关系。比如甲骨文中的"臣",本意是跪着提出建议的人,跪着这个姿态显示了浓厚的君臣有别的等级观念。如果违反这个伦理关系,便会被认为是大逆不道。《三国演义》的作者之所以贬曹操赞刘备,其中很重要的一个原因就是曹操"不忠""不守本分"。曹操身为臣子,即"挟天子而令诸侯",不能"事君以忠",因而是大逆不道的奸臣。更何况曹操不是刘姓家族的成员,却心存操纵刘家汉室的非分之想,必然不能为家族观念甚重的中国人所接受。所以曹操在作者的笔下是一个奸雄的形象。

中国的等级观念甚至体现在语言交际中。"君臣、男女、长幼、师徒、内外、上下、中外、升降、文武、贵贱、雅俗、善恶"等,这些词语不能颠倒次序,因为它们是跟社会等级观念相联系的。在名字的称呼中,也有称谓的禁忌。君主、长辈的名讳就是禁忌,臣子或晚辈都不能直呼其名。新生儿起名也要注意不能和长辈重名,甚至看到长辈的名字都要念成其他的词语。在《红楼梦》中,林黛玉的母亲名叫贾敏,当林黛玉读到"敏"字时就念作"秘",或者是写到"敏"字时,都会添减两笔。

西方社会却是另外一番情形。西方人谈话中毫无年龄、辈分的顾虑,彼此意见不同而争得面红耳赤是常有的事,西方有句谚语:我虽然不同意你的观点,但是我捍卫你说话的权利。可见追求个人权利、表达个人观点才是他们最看重的事情。关于名字方面的禁忌语、委婉语也没有那么严格,以一个家族的命名为例,在英语中,一个新生儿的名字中可能包含了几代人的姓名。

### 三、如何更好地进行跨文化交际?

跨文化交际(cross-cultural communication 或 inter-cultural communication),是指本族语者与非本族语者之间的交际,也指任何在语言和文化背景方面有差异的人们之间的交际。通俗来说,如果你和外国人打交道(存在语言和文化背景的差异),应该注意什么问题,应该如何得体地去交流。我们除了拥有自身文化孕育下的性格、思维方式、行为习惯等,在当今的全球一体化的大形势下,还要取长补短,入乡随俗,注意使用恰当的礼貌原则,因地制宜,以便更好地进行跨文化交流。

#### (一)外语交际能力是跨文化交际的桥梁

外语交际能力是跨文化交际的首要条件。这里所讲的外语交际能力,并不是通常意义上的外语能力,也不仅仅只是会听说读写的外语能力。

经过外语教学界几十年的努力,具备外语能力的中国人并不少,但是具备外语交际能力的人并不多。当语言能力提高到相当高的水平之后,文化障碍便更显突出。语言失误很容易得到对方的谅解,而语用失误、文化误解往往会导致摩擦发生,甚至导致交际失败和误解的产生。

一个外语能力很好的人,很容易让人认为他也足够了解这种语言背后的文化差异和价值观念。如果他发生语用失误,很容易让人误解为故意为之,从而导致冲突和误会的产生。跨文化交际并不是简单掌握外语的听说读写这四种能力,更重要的是要了解语言是文化的产物,只有充分地了解文化,才能更好地使用语言。与不同的对象在不同的情况下,如何表述一个思想,与文化背景密切相关。"如何说"和"不说什么"有时候比"说什么"更加重要。仅能够运用语法上正确的外语,并不足以与外国人打好交道。比如,一个人在意大利访学时向别人介绍自己的一位朋友,说"他是我关系很好的朋友",两位意大利人愕然。后来才得知,这样说并不得体,不符合礼仪。因为在意大利的文化里,"关系很好的朋友"这个词指的是有亲密关系的男女朋友。

### (二)理解文化差异的能力是跨文化交际的保障

走出国门,我们的交际对象就是和我们文化迥然不同的外国人。要达到交际得体、融洽的目的,我们就必须了解文化差异有哪些。了解文化差异的相关知识是交际行为得体的必备条件。比如,社交称呼家庭化可以说是中国的一个特色。在中国,交际双方即使没有任何家庭关系,有时也相互借用家庭称呼,以示礼貌或尊敬,如小孩子称自己的父辈或祖父辈的人为"叔叔""伯伯""阿姨""大爷""奶奶"等。诸如此类的称呼,英美人体会不到其中的敬意。有位德国老太太就曾抱怨说:"我爱北京,但不喜欢被称为奶奶。"在这一问题上,英美人与德国"奶奶"是有同感的。

某个单位为庆祝一个重要的日子,要举行晚会。晚会的前一天,有关人员口头邀请几位美国专家参加,不料这几位美国专家在晚会时,集体"出走",拒绝"亮相"。原来英美人对正式社交活动,不喜欢接到"the last minute notice"(最后一刻的通知),因为他们怀疑邀请者诚意不足,甚至认为中国人不懂基本的礼仪。如果我们邀请英美人参加正式社交活动,最好设法提前向他们发出正式邀请。但如果由于种种原因,明天的活动在今天才做出最后决定,那么邀请英美人时,需要向他们做些解释,让他们明白这种"最后一刻的通知"并非诚意不足,而是事出无奈。

假设一个小孩看见邻居家的果树上结满了苹果而不去摘吃,问他为什么不摘别人家的苹果,他会怎么回答呢?如果是信奉基督教的欧美小孩,他会回答说:"我不能去摘,因为上帝在看着我。"如果是中国、日本等东方的孩子,一定会回答说:"那是人家的东西,我们不能要。"西方人受基督教的影响,认为自己是上帝之子,自己无时无刻不在受着上帝的监视与庇护。我们中国人有自己的道德准则。子曰:"富与贵,是人之所欲也,不以其道得之,不处也。贫与贱,是人之所恶也,不以其道得之,不去也。"意思是说,金钱和地位,这是人人所向往的,不用正当的方法得到它们,君子不享受;贫穷和下贱,这是人人所厌恶的,不用正当的方法摆脱它们,君子不摆脱。刘备曾说:"勿以恶小而为之,勿以善小而不为。惟贤惟德,能服于人。"另外,还有"君子爱财,取之有道"等古训,大多数中国的家长都会用它们来教育自己的孩子们。

以上的事例都说明,隐藏在文化差异背后的中西方价值观念的差异是避免不了的,只有正视这些文化差异,才能更好地进行跨文化交际。

## 案例分析一

### 汉语志愿者的跨文化交际之路

李晓雨是云南大学的一名毕业生,毕业后通过汉办的志愿者选拔,被派往泰国,成为一名汉语教师志愿者。她性格一直比较开朗,所以当她只身一人前往泰国北部的一个中学任教时,她满怀憧憬;但是她却发现来机场接她的学校人员对她很冷漠,从机场到学校8个小时的路途中几乎没与她说一句话。她知道绝不是因为语言不通。李晓雨是个爱说爱笑的人，她几次想打破沉默，但一直不明白自己到底在什么地方得罪了来接她的人，还是别人根本不想和自己说话。她只好一个人看着车窗外本来很美但不再觉得美的景色。到了目的地，司机和接待的人把她送到一间小房子里就走了。房间里只有一张平板床，没有任何铺盖。一个初来乍到的女孩，好几个小时没吃饭，没喝水，又不知道商店在哪里，身上也没有当地的钱币。晓雨真的有些受不了了，趴在床板上泪水忍不住簌簌而下。她问自己到底做错了什么，为什么别人对自己如此冷漠，为什么和她想象中热情好客的泰国人差距这么大。

第一天到学校上班，她的感觉仍然不好，似乎每个学生和老师都对她很冷漠，没有真诚的微笑，没有主动的招呼。这下可把晓雨急坏了，她开始注意自己每一个细小的举止言行，生怕别人不喜欢。她一直觉得是因为自己做得还不够好，所以别人不接受自己，甚至不接受中文老师的课程。

晓雨是个倔强、好强的女孩。她不服输，认真地向泰国老师学习他们对待学生和同事的方式，积极参加他们的各种活动。有一次她在办公室里看到一个30岁左右的女教师批改了一个学生的作业之后在那个学生的脸颊上亲吻了一下。晓雨觉得自己长这么大从来没接受也没看到过老师亲吻学生，然而在这里她发现效果真的很好，那个老师和学生的关系非常融洽和谐。在那个老师的鼓励下，她也开始尝试亲吻学生的脸颊，她发现效果出人意料的好！越来越多的人认识了晓雨并成了她的朋友，她慢慢体会到了冰在融化的感觉。有一次，一个老教师来问她是否要去参加学校的升国旗活动，她爽快地回答说："好啊！"那位老教师有些惊讶地说："你们中国来的老师不是不愿意参加我们的升国旗活动吗？你是真的愿意还是假的？"她坚定地说："我愿意！"从那之后，她每周都很早来到升国旗的地方集合。老师们和同学们对她的态度也发生了很大的变化，这次升国旗活动成了一个分水岭。

**【评析】**

案例中的晓雨经历了开始的挫折和心情的沮丧，到最后充分了解了文化差异，入乡随俗，成功地进行跨文化交际。晓雨积极应对跨文化差异，给我们每一位即将面对跨文化交际的人以很好的启示。

## 案例分析二

### 寄宿在英国人家

今年七八月间，我和小罗老师带领广州华师附中38位高中生去英国剑桥游学，其间寄宿在当地英国人的家里。

我和小罗老师寄宿在妮奇的家里，距离剑桥市中心只有十多分钟的车程。

妮奇家是两层楼，里面布局很现代，与中国城市家庭相差无几；但从外面看，红褐色的外墙、尖尖的屋顶、屋顶上能给人以圣诞联想的三个小烟囱,加上房子前后的小花园,真像安徒生童话世界里美丽的小房子。

妮奇是家里唯一的成员。她身材高挑,衣着时尚,飘逸的大波浪金发自然地垂挂在肩上,若不是眼角眉梢那几条若隐若现的鱼尾纹,你很难猜到她已经50多岁。

妮奇有一辆挺好的小轿车,但为了环保,也为了省钱(在英国乘坐巴士很贵),她每天都骑半个多小时的自行车上班。她头戴一顶西瓜皮似的安全帽,利索地跨上自行车,然后回首对我们朗声道一句:"Bye bye, see you later!"(再见,回头见。)活力四射的妮奇不像一个年过半百的妇人,倒像一个可爱的妙龄女郎。

傍晚下班回家,妮奇把自行车往后花园一搁,立刻到厨房给我们准备晚餐。刚来的几天,我不习惯这里的饮食,沙拉青菜和肉酱意粉,吃得我直想吐。妮奇就变着花样弄晚餐,今天是炸鱼、炸薯条,明天是比萨,有时还煮米饭。她很留意我的食量,看到我对某种食物吃得津津有味,第二天就去超市再买。

一般的英国人家里厨房都很干净,绝无油烟,可是妮奇却不大计较,只要我们愿意,可以自己下厨炒菜。有一次,我们炒菜的油烟弥漫整个厨房,我们一个劲地向她道歉,她却说:"Not at all!"(没关系)更出乎我们意料的是,第二天她竟然也学着炒了一碟青菜给我们吃(英国人都是生吃青菜),炒得还很香,我们都称赞她是"中国大厨"。我们邀她一块吃,她却连连摆手,其实她并不爱吃炒熟的青菜,全是为了我们罢了。

从此,我们再不提炒菜,无论她做什么晚餐,我们都尽量吃完,一来避免浪费,二来为了尊重她的劳动,让她高兴。

妮奇很爱笑,只要一说话,总是笑声朗朗,感染力很强。无论我做什么,她对我总是说"Good",同时还伸出大拇指。开始时,我还真以为自己有多棒哩,后来发现这只是她友善的表示而已。于是我也常用这种方式对待她,无论她为我们做了什么,我都笑着伸出大拇指,用略带夸张的声音说"Good"和"Thank you"。同样的手势和鼓励,把我和她的距离拉近了许多。

在这里,与妮奇一样热情友善的寄宿家庭还有很多。游学结束时,我们师生与寄宿家庭道别时,彼此都依依不舍。

【评析】

尽管东西方文化存在巨大差异,但是这个问题在人们交际中并不是不能解决。妮奇活力四射,非常尊重中国客人的饮食习惯和生活习惯。而中国客人不论在饮食上还是在语言上也入乡随俗,从而文化差异变成文化融合。由此可见,在跨文化交际中,只要给予足够的尊重和理解,恪守国际通行的礼仪准则,不同的文化都可以对话和包容的。

## 相关链接

1.节日是世界各国的宝贵文化遗产,不同国家的节日反映了不同的文化差异。中国的传统节日基本都是封建社会时期形成并流传下来的,因此多具有等级制、封闭式、家族式等特点。中国节日的另一特点是传统节日体现了中国吃文化的习俗,每个节日都有不同特色的食品要求,比如吃饺子、元宵、月饼、粽子等,以不同的食物来区别不同的节日,是以吃喝为主题的中国传统节日文化。而西方的节日更多地表现出人们的互动性、众人参与性、狂欢性,崇尚个性张扬,比如感恩节、圣诞节、狂欢节等等,主要是以玩乐为主题的西方传统节日文化。传统节日文化积淀了各个国家悠久的历史和多样的民俗,了解传统节日背后的文化差异,有助于我们更好地进行跨文化交际。

2. 电影《刮痧》与真实版《刮痧》

电影《刮痧》以中医刮痧疗法产生的误会为主线,反映了华人在国外由于文化的冲突而陷入种种困境,后又因人们的诚恳与爱心使困境最终被冲破的感人故事。美国中部密西西比河畔,圣路易斯市的华人许大同和妻子简宁移民美国八年,终于实现了他们的美国梦,有了一个幸福的家庭,一个可爱的儿子丹尼斯,令人羡慕的社会地位和丰厚的收入。然而,由于许大同的父亲许毅祥为孙子刮痧却导致许大同被美国人以虐待儿童罪告上法庭。五岁的丹尼斯拉肚子发烧,在家的爷爷因为看不懂药品上的英文说明,便用中国民间流传的刮痧疗法给丹尼斯治病,而这就成了丹尼斯一次意外事故后许大同虐待孩子的证据。法庭上,一个又一个意想不到的证人和证词,使许大同百口莫辩。而以解剖学为基础的西医理论又无法解释通过口耳相传的经验中医学。面对控方律师对中国传统文化与道德规范的"全新解释",许大同最后终于失去冷静和理智……法官当庭宣布剥夺许大同的监护权,不准他与儿子见面。

电影《刮痧》公映后不久,2001年5月上旬,美国密歇根州便上演了一幕《刮痧》的真实版,只不过结局远比电影悲惨。当时,居住在密歇根州西南部一个小城市的美籍华人曹显庆因替患有尿道炎的8岁女儿涂药和换衣服,被误解、举报而遭当局指控对儿童性侵犯。当社工强行带走他的4名子女时,曹显庆企图阻止而与警察发生冲突,结果被开枪打死;曹显庆的妻子弋真则因被控"忽视和未尽责任",被剥夺了对两个女儿(一个12岁,一个8岁)的监护权。警方的处理显然过火失当,但由于东西方文化差异,以及语言障碍而不能妥善沟通导致矛盾加剧的教训,更加惨重。

3. 莫言2012年12月在瑞典斯德哥尔摩发表领奖感言时表示,他获奖离不开各国翻译工作者的创造性工作。陈安娜就是莫言尤其要感谢的众多翻译家之一。没有陈安娜,没有诺贝尔文学奖评委著名汉学家马悦然,莫言或者其他中国当代作家获得诺贝尔文学奖还不知要推迟多少年。陈安娜的中文功底、翻译水平和创造力无可争议。但由于莫言写作的方式独特,文中有大量富于生活气息的语言,乡土气味很浓,且很幽默,陈安娜翻译起来有时也很犯难。她曾调侃说:"中国的语言很丰富,特别是有一些骂人的话翻译起来很难,而且中国人的骂人方式同我们的很不一样。"汉学家陈安娜对富于生活气息的乡村语言背后的文化差异理解得较为透彻,才能精准地翻译莫言的作品。

(人民日报海外版,2009年8月27日)

【技能训练】

**一、单项选择题**

1. 下列关于尧舜时"五礼"的说法错误的是(　　)

A. 祭祀之事为吉礼　　　　　　　　　B. 冠婚之事为嘉礼

C. 军旅之事为凶礼　　　　　　　　　D. 宾客之事为宾礼

2. 下列关于东西方文化差异表述不正确的是(　　)

A. 农耕文化与海洋文化的差异　　　　B. 儒家文化与基督教文化的差异

C. 人文文化与科技文化的差异　　　　D. 佛教文化和基督教文化的差异

3. 交往中如何做到宽容(　　)

A. 对方希望我怎么对待他,我就怎么对待他

B. 宽以待人,做到大度,有气量,不计较和不追究

C. 以牙还牙,以眼还眼

D. 以德报德,以直报怨

4. 西方礼仪受到文化的影响不包括(　　)

A. 古希腊　　　　　B. 中国　　　　　C. 古罗马　　　　　D. 法国

5. 下面哪个事例不是东西方礼仪的差异(　　)

A. 中国人爱护小孩,西方人让妇女和小孩先走

B. 中国人尊老,西方人讳言老

C. 打招呼时,中国人总是避免身体接触,而西方人则相反

D. 中国人以请客人到酒店吃饭为尊,而西方人以到别人家吃饭为最亲

**二、多项选择题**

1. 礼仪的基本原则有(　　)

A. 宽容的原则　　　B. 敬人的原则　　　C. 从俗的原则　　　D. 平等的原则

2. 礼仪的功能有(　　)

A. 尊重的功能　　　B. 教化的功能　　　C. 约束的功能　　　D. 调节的功能

3. 东西方礼仪行为有哪些差异(　　)

A. 中国人重视个体,西方人重视群体

B. 东方男尊女卑,西方女士优先

C. 中国人有根深蒂固的等级观念,西方则平等自由的观念比较普遍

D. 中国人性格含蓄,西方人性格外向

4. 跨文化交际需要哪些能力(　　)

A. 较好的外语能力　　　　　　　　　B. 必备的文化差异知识

C. 开朗的性格　　　　　　　　　　　D. 较高的智商

5. 礼仪的教化功能体现在(　　)

A. 礼仪的尊重和约束功能

B.礼仪能够调节关系

C.礼仪的形成、完备,会成为一定社会传统文化的重要组成部分

D.礼仪是向对方表示尊重

### 三、判断题

1.中国传统文化只受儒家思想的影响,所以中国文化说到底是儒家文化。

2.汉语的称谓语中称自己时往往是谦虚的,甚至是贬低的,自称"鄙人",自己的儿女是"犬子""小女",妻子是"拙荆",连自己住的房子都是"陋室""寒舍",这些都体现了中国人谦虚的特点。

3.具有较好外语能力的人,也一定具有较好的跨文化交际能力。

4.只有正视文化差异,才能更好地和外国人交流。

5.西方地名由小到大,而中国地名由大到小,说明了西方个体观念较强而东方群体观念较强。

### 四、案例分析题

1.张若水女士是位商务工作者,由于业务成绩出色,随团到中东地区某国考察。抵达目的地后,受到东道主的热情接待,并举行宴会招待。席间,为表示敬意,主人向每位客人一一递上一杯当地特产饮料。轮到张女士接饮料时,一向习惯于"左撇子"的张女士不假思索,便伸出左手去接,主人见此情景脸色骤变,不但没有将饮料递到张女士的手中,而且非常生气地将饮料重重地放在餐桌上,并不再理睬张女士,这是为什么? 她违背了礼仪的什么原则?

2.《人民日报》海外版 2009 年 8 月 27 日报道了一个真实的事件。12 岁的艾丽斯·王在硅谷师从名家学画 6 年,前一阵参加 2009 年联合国环保组织的绘画比赛并获北美地区头等奖。为了庆贺孩子的成绩,艾丽斯·王的父母——任职于斯坦福大学的物理学家王苏文(音)和供职于法律界的夏洛特·傅(音)夫妇,携带儿子和女儿驾车旅游,并陪伴女儿赴内布拉斯加州奥马哈市参加一项画展颁奖。但随后问题就来了。一位目击者告诉警方,在奥马哈市外停靠在路边的一辆车上,先发现夏洛特·傅走出车辆,"教训"坐在后座的男孩;随后,又看见王苏文从前座转身殴打了他儿子的脸部。该夫妇后来的解释是:由于坐在后座的女儿与其 13 岁的哥哥发生争吵,父亲王苏文于是停车到路边欲"教训"儿子。夫妇俩坚称并没有对孩子"动粗"。但是警察接到报警后疾驰赶到现场,在听了哭诉男孩的一面之词后,当即拘禁了王氏夫妇(他们被关了两夜后,各以 250 美元交保),两个小孩则被送往 2 000 英里外的寄养中心"监管"。7 月 7 日上午,王氏夫妇在奥马哈市出庭,试图说服法官允许他们的孩子回家。内布拉斯加州当地法院随后允准王氏夫妇的儿子及女儿先从该州的寄养家庭返回加州社会服务厅指定的监护机构。直到 7 月 14 日,经加州圣塔克拉拉县法庭裁定,允许两个孩子回家与亲生父母团聚。这起在华裔社区引起轰动的"虐待儿童"案件暂告一个段落。

3.一位美国教师在中国任教,中国同事总是对她说:"有空来坐坐。"可是,半年过去了,美国同事从来没有上过门。中国同事又对她说:"我真的欢迎你来家里坐坐。如果没

空的话,随时打电话来聊聊也行。"一年下来,美国同事既没有来电话,也没有来访。奇怪的是,这位美国人常为没人邀请她而苦恼。

**五、思考题**

1.下图是一位德国人用图阐释的中西方差异,请分析此种差异及其原因。

(1)思维方式

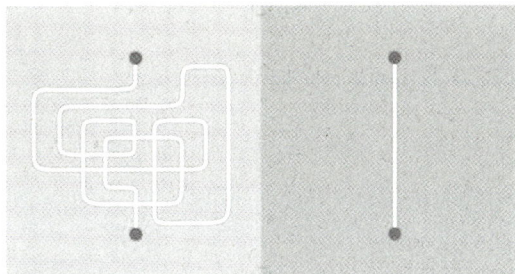

(2)生活方式

(3)自我

2.请阐述礼仪的功能。

3.请结合自己的经历,谈谈如何更好地进行跨文化交际。

# 第二章

# 形象礼仪

## 学习导引

一个有魅力的人,总是令人着迷,这种魅力可能源于一个人姣好的容貌、得体的服饰、恰当的装饰、优雅的谈吐、文雅的举止、潇洒的风度等。心理学家调查显示:人与人之间的沟通所产生的影响力和信任度,来自语言、语调和形象三个方面。它们的重要性所占比例是:语言占 7%,语调占 38%,形象(视觉)占 55%,由此可见,形象在人际交往中是非常重要的。如何塑造形象,既是一门学问,又是一门艺术。

## 第一节 仪容清新自然,展示高雅品位

## 情景导入 ▶▶▶

### 重视仪容美的古人

化妆有着悠久的历史。在《诗经》的《卫风·伯兮》中,"自伯之东,首如飞蓬。岂无膏沐?谁适为容!"一位思念远征丈夫的妇女说:"自从丈夫走后,再无心梳妆打扮,不是因为缺少肤膏或发油,而是因为没有了取悦的对象。"

汉代民歌《孔雀东南飞》写刘氏被婆母所休,离别那天,"鸡鸣外欲曙,新妇起严妆"。"严妆"者,郑重其事、严肃认真地梳妆打扮之谓也。女人遇到重大事件,通过化妆,不但美化自己,而且表示自己人格的尊严。可见化妆对于女人是多么重要。

宋代苏轼词《江城子·乙卯正月二十日夜记梦》,写梦见亡妻王氏"小轩窗,正梳妆"。作者之所以选择"梳妆"这一细节,说明在我国古代,"梳妆"已成为女人生活中每天必须进行的例行活动之一。

(杜书瀛.李渔美学思想研究.北京:中国社会科学出版社,1998)

## 知识详解

### 一、仪容就是你的名片

《礼记》有云："明礼者,正仪容、齐颜色、修辞令。"可见,古人把正仪容作为个人礼仪的首要修养。

在人际交往中,交往对象对自己发自内心的好恶亲疏,往往都是根据其在见面之初对于自己仪容的基本印象有感而发的,这种对他人仪容的观感除了先入为主之外,在一般情况下还往往一成不变,所以修饰仪容尤为重要。

### 二、打造清新自然的仪容

修饰与维护对于仪容往往起着一定的作用。在任何情况下,一个人倘若不注意对本人的仪容进行恰当的修饰与维护,往往在他人的心目中也难有良好的个人形象可言。所以我们必须时刻不忘对自己的仪容进行必要的修饰和维护,做到"内正其心,外正其容"。

#### (一)干净整洁的面部修饰

修饰面部,首先要做到面必洁,要勤于洗脸,使之干净整洁,没有污物、污痕。洗脸并不是每日一次,随脏随洗是必要的。

修饰面部,除了要洗脸、化妆之外,还要注意其他各个部位的修饰。

#### 1.眼部的修饰

眼睛的清洁很重要。注意眼部的清洁,还包括用眼卫生、预防眼部疾患。一旦患有眼疾,要认真、及时地治疗,并自觉避免与他人近距离接触。

#### 2.口部的修饰

口部的修饰范围包括口腔和口的周围。口部的修饰重点是注意口腔卫生,坚持刷牙,避免牙齿污染和口腔产生异味。保持口腔清洁是个人卫生方面的一种美德,也是自尊且尊重他人的表现。

男士应当每天坚持剃胡须。"胡子拉碴"是不修边幅的代名词,以这样的形象与人交往,只能落得印象不佳的结果。

嘴唇的护养也要列入口部修饰的范畴之内,要注意适当呵护自己的嘴唇,防止嘴唇干裂、暴皮和生疮,还要避免嘴唇边残留分泌物和其他异物,与别人交谈时不能放任口沫四溅。

#### 3.鼻部的修饰

鼻子是面部的制高点,既突出又位于脸部的正中央,自然是别人目光的聚焦点。鼻子的修饰重在保养,鼻子及其周围若是长疮、暴皮、生出黑头等,严重影响美观。

#### 4.耳部和颈部的修饰

要像修饰脸部一样修饰耳部和颈部,保持耳部和颈部皮肤的清洁。加强运动与营养按摩,是使皮肤绷紧、光洁动人的有效方法。

#### (二)妆成有时胜却无的淡妆

化妆一方面要突出面部五官最美的部分,使其更加美丽;另一方面,要掩盖或矫正缺陷或不足的部分。

经过化妆品修饰的美有两种：一种是趋于自然的美，一种是艳丽的美。前者是通过恰当的淡妆来实现的，它给人以大方、悦目、清新的感觉，最适合在家或平时上班时使用；后者是通过浓妆来实现的，它给人以庄重高贵的印象，可出现在晚宴、演出等特殊的社交场合。无论是淡妆还是浓妆，都要利用各种技术，恰当使用化妆品，通过一定的艺术处理，才能达到美化形象的目的。对于一般人来说，浓妆艳抹是不太合适的，毕竟"清水出芙蓉，天然去雕饰"，但在某些重要的场合，适当地化点淡妆可以起到锦上添花的作用。

### 1. 化妆的方法

化妆时要掌握化妆的方法。化妆大体上应分为打粉底、画眼线、施眼影、描眉形、上腮红、涂口红、喷香水等步骤。掌握每个步骤的技巧对于化妆都有很重要的作用。

### 2. 化妆的礼节

化妆不但要掌握一定的方法，还要掌握化妆的礼节。

不能在公共场所里化妆，在众目睽睽之下化妆是非常失礼的。如有必要化妆或修饰，要在卧室或化妆间里进行。工作时间不能化妆，否则易被他人认为工作不认真。不要非议他人的妆容。由于民族、肤色和文化的差异，每个人的妆容不可能都是一样的。男士化妆应适当，化妆品不宜太多。不要借用他人的化妆品，这样做既不卫生又不礼貌。

### (三)头发

依照一般习惯，人们在打量别人时，通常都是从头开始的。在我国，头发对于女人的美貌有着非常重要的作用。古代美女卫子夫，就是以一头秀发征服汉武帝的美人。据说，卫子夫跳舞时，头发就像黑色的瀑布一样，闪闪发光，马上吸引住了汉武帝。

修饰头发时，应当重视头发的整洁、头发的造型、头发的长度及头发的颜色四个问题。

### 1. 头发的整洁

对于任何人来说，修饰头发首先要保证头发的整洁。一个人的头发如果不整洁，再时尚的发型、再得体的服装也不会有很好的修饰效果。一般来说，中性发质的人，冬天可隔4～5天、夏天可隔3～4天洗一次。油性发质和干性发质的人，要分别缩短或延长1～2天洗一次。

### 2. 头发的造型

头发的造型要符合自己的身份、年龄、性别。我们不主张过于张扬和庸俗的发型。那么，究竟怎样选择发型呢？我们可以从以下几个方面来考虑：

一是符合自己的性别和年龄。男女有别，男性发型女性化，女性发型男性化，都不能让人产生美感。男性的发型讲究阳刚之美，女性的发型则崇尚阴柔之美，二者颠倒，不但不能让人产生美感，还会让人感到不舒服。

二是符合自己的脸形。一般来说，常见的脸形有圆脸、方脸、长脸、瓜子脸等，发型的选择应该以脸形为依据。

三是要符合自己的身材。人的体形有高、矮、胖、瘦之别，发型作为人体的组成部分也要和人的体形相得益彰。身材高大威壮者，应选择大方、洒脱的发型，以避免给人大而粗、呆板生硬的印象；身材高瘦者，适合留长发，并且适当增加发型的装饰性；身材矮小者，适宜留短发或盘发，因露出脖子可以显得高一些，并可以根据自己的喜好，将发型做得精巧、别致、优美、秀丽；身材较胖者，适宜梳淡雅舒展、轻盈俏丽的发型，尤其应注意将整体发势向上，将两侧束紧，使脖子亮出，这样会使人感觉瘦一些；上身比下身长或上下身等长者，发型可选择长发以遮盖上身。

四是要符合自己的身份。应当选择适合自己的发型，最好是自然、文雅、端庄、大方又不缺乏气质。

### 3. 头发的长度

一般来讲，女性发型受性别影响较小，长发短发都是可以的。男性发型受性别影响较大，一般不能过长，过长的头发给人一种不够干净利落的感觉。总的来说，不提倡光头，男性宜留短发，女性在正式场合也要梳理和约束长发，切忌将头发像广告里的模特一样甩来甩去。

### 4. 头发的颜色

乌黑亮丽的头发是东方人审美的标准之一。如果是俗称的"少白头"或头发本身不是太黑，那么将其染黑是合理的。不过，如果仅仅是为了追赶时髦，将头发染黄、染红甚至染成五颜六色等都是不可取的。

## 案例分析

### 尼克松惜败肯尼迪

1960年9月，尼克松和肯尼迪在全美的电视观众面前，举行他们竞选总统的第一次辩论。当时，这两个人的名望和才能大体上是相当的，棋逢对手。但大多数评论员预料，尼克松素以经验丰富的"电视演员"著称，可以击败比他缺乏电视演讲经验的肯尼迪。但事实并非如此。为什么呢？肯尼迪事先进行了练习和彩排，还专门跑到海滩晒太阳，养精蓄锐。结果，他在屏幕上一出现，精神焕发，满面红光，挥洒自如。而尼克松没听从电视导演的规劝，加之那一阵十分劳累，更失策的是面部化妆用了深色的粉，因而在屏幕上显得精神疲惫，表情痛苦，声嘶力竭。竞选失败后，尼克松先后在洛杉矶和纽约从事律师工作，直到1968年才重返政坛，当选为美国第37任总统。

【评析】

演讲，要想观众接纳你的观点，首先要给观众良好的第一印象，合适的仪容和仪表是不可忽视的。正如一位历史学家所形容："他（尼克松）让全世界看来，好像是一个不爱刮胡子和出汗过多的人带着忧郁感等待着电视广告告诉他怎么不失礼。"对美国民众而言，他们渴望一个有崭新领袖风度的总统来领导美国人民破浪前进，而肯尼迪意气风发、踌躇满志的形象，恰好满足了美国民众的心理需求。此次的胜败，很大的原因在于演讲者仪容有差别，由此可见，仪容的作用之大是不可忽视的。

## 知识链接

周总理在南开中学上学时，该校教学楼前竖立了一面镜子，上面写有40字的镜铭：面必净，发必理，衣必整，纽必结。头容正，肩容平，胸容宽，背容直。气象：勿傲、勿暴、勿急。颜色：宜和、宜静、宜庄。周总理在学生时代就以此镜铭作为言谈举止的规范，因此在他光辉的一生中永远保持着举世公认的优雅风度。

## 第二节 仪表端庄得体,展示不俗修养

### 情景导入 ▶▶▶

仪表礼仪

#### 美女翻译与犀利哥的走红

2010年3月,全国两会后的总理政府报告会议上,女翻译张璐由于现场流利地翻译温总理引用的古诗词,受到亿万观众和网民的热捧。网友对张璐的翻译水平及形象给予了很高的评价。有网友说:"宝蓝色的丝质衬衫,黑色的西装外套,衬得张璐非常专业和优雅。可爱俏丽的短发和她的衣着相得益彰。"也有网友惊呼:"史上最美的女翻译,追星就要追这样的星!""高翻张璐就是我永远的榜样!"

与此同时,一名乞丐在网络上的走红也和他的形象有关,他就是宁波"犀利哥"。YouTube上,"犀利哥"点击率高达几十万次。俄塔社报道称,中国的一位流浪者成了"时尚风向标"。意大利《共和报》称其为"中国当代波希米亚主义偶像"。《纽约杂志》网站甚至评论说,这个宁波男子拥有众多仰慕者,其实和近年来欧美时尚界流行的"流浪汉风格"有关。

不论是张璐的高雅还是"犀利哥"的时尚,都说明了仪表的吸引力。

### 知识详解

仪表,主要包括人的容貌、姿态、神情、服饰、风度等。在社交场合,一个人的仪表不仅可以体现他的文化层次、道德修养,还可以体现他的审美情趣。穿着得体不仅可以给人以良好的印象,而且能使自己充满自信。人们总是喜欢那些看上去令人舒适、有美感的人。美好的长相、匀称挺拔的身材、美观大方的服饰均能增添个人的仪表魅力,给人以舒服、美好的感觉。如果说,人的长相、身材难以变更,而服饰却是可以变化的。

在社交场合,穿着得体的服饰是一种礼貌,一定程度上直接影响着人际关系的和谐。影响着装效果的因素有以下几个方面:一是要有文化修养和高雅的审美能力,即所谓"腹有诗书气自华";二是要有运动健美的素质,健美的形体是着装美的天然条件;三是要掌握着装常识、着装原则和服饰礼仪的知识,这是达到内外和谐统一不可或缺的条件。

#### 一、着装原则

##### (一)着装要应时

着装要应时是指在不同的时代、不同的季节、不同的时间应穿不同的服装。

服装有时代性。比如封建社会,女子大多穿旗袍,男子大多是长袍马褂、对襟开衫,若有人穿西装就会被讥笑为"假洋鬼子"。中华人民共和国成立初期,不分男女老少一律是蓝制服或绿军装,谁若穿着讲究一点,可能会被视为资产阶级情调。现在服装已成为显示

风度气质、文化修养和身份地位的重要工具。

服装有季节性。比如在深秋时节穿一件无袖轻薄的连衣裙,很难给人留下美感。

服装还有时间性。服装一般有日装、晚装之分。日装要求轻便、舒适,便于活动;而晚装则要求艳丽、华贵、珠光宝气,可适当裸露。因此日装、晚装不能颠倒。

### (二)着装要应事

根据不同的场合选择不同的着装,要在以下一些场合注意自己的着装。

#### 1. 喜庆场合

如生日派对、同学聚会、亲属的结婚庆典、节日纪念、联欢晚会等,都属于喜庆场合。这些场合的共同特点是气氛热烈、情绪昂扬、欢快喜庆等,参加这样性质的活动,服饰可以相应热烈、华丽、明快一些。

正规的喜庆场合,男士最好穿深色西装。若是同学聚会、生日宴会和游园远足等轻松愉快的喜庆场合,可以穿便装,如夹克衫、牛仔服、T恤衫等都是合适的,但要使服装看起来大方整洁,千万不要穿皱褶遍布的衣裤。

女士的服装可以轻松洒脱,套装、裙子颜色鲜艳一点儿无妨。可以适当化妆、戴少许美丽、轻松、飘逸的饰物,一定要典雅得体,宁缺毋滥。出席婚礼,穿着打扮不宜太出众、耀眼,以避喧宾夺主之嫌,也不要打扮得过于怪异,花里胡哨,妨碍婚礼气氛。

#### 2. 正式场合

严肃庄重的庆典仪式为正式场合。参加这样的活动,一般都要遵守主办方对着装所做的规定,不能独出心裁。如果主办方对着装没有具体要求,也应根据庆典或会议的性质做出适宜的选择,服饰应以庄重、高雅、整洁为度。还要注意这种场合的着装礼貌,手不要插在裤兜里,不要当众解开衣扣,也不要随意脱去外衣。在室内举行庄重的活动,不要佩戴墨镜和有色眼镜,即使在室外,与人握手和谈话时,也应将墨镜摘下。

#### 3. 悲哀场合

殡葬仪式和吊唁活动等为悲哀场合。这种场合的气氛比较庄严肃穆,在服饰的穿着方面要注意几点:第一,服装的颜色要以黑色、深色或素色为主,切忌穿红着绿、追求鲜嫩;也不宜穿有花边、刺绣或装饰飘带之类的服装,衣裤上也不要有镶嵌卡通动物或人物图案的装饰,这样会给人以不严肃的印象。第二,服装要尽量选择比较庄重、大众化的款式,新潮时髦、怪异和轻飘款式不适宜,会冲淡庄严肃穆的气氛。深色西装、套裙是比较好的选择,男士配西装的领带也要选择素淡庄重的颜色。女士不要有明显打扮的痕迹,不宜抹口红和戴饰品,黑色的蝴蝶结和白色的头花是适合这样场合的饰物。男士在举行诸如追悼仪式时要垂手而立,不要忘记脱帽,不要敞衣袒胸。

### (三)着装要量力而行

我们提倡要重视着装,绝不意味着在购买服装上大手大脚地花钱。大学阶段是还没有自食其力的阶段,因此,对于着装应该量力而行。

大三学生王丽是一个漂亮的女孩,她对自己的容貌和身材相当有自信,尽管家里并不是很富裕,但她还是迷恋购买衣服。每个月王丽都要进出商场购买漂亮时髦的衣服,但由于父母给的生活费都是一定的，所以为了满足自己的购物欲和虚荣心，王丽尽量减少在饮食和学习上的开支。久而久之，王丽由于缺乏营养而憔悴，学习成绩也一落千丈。

购买服装应该在自己的能力范围之内，不能为了追求美丽而在花费方面超越家庭的经济能力。外在美是一时的，只有内在美才是永恒的，只有外在美和内在美结合起来才能达到形神合一，所以我们提倡内外兼修、秀外而慧中。

### 二、着装禁忌

着装应忌脏、忌乱、忌露、忌短、忌透、忌艳、忌紧、忌繁。乍一看，这些要求似乎有些琐碎和苛刻，但以上所指的脏、乱、露、短、透、艳、紧、繁，都是指在一定范围之内的，不要过于超越这个范围。

### 三、配饰礼仪

配饰是指与服装搭配并对服装起修饰作用的其他物品，主要有领带、围巾、丝巾、胸针、首饰、提包、手套、鞋袜等。配饰在着装中起着画龙点睛、协调整体的作用。但配饰不能佩戴得太多，否则，会给人"圣诞树"的感觉。特别是工作和重要社交场合穿金戴银太过分总不适宜，不合礼仪规范。

男士佩戴配饰不宜太多，太多则会少了些阳刚之气和潇洒之美。一条领带、一枚领带夹，某些特殊场合，在西装上衣胸前口袋上配一块装饰手帕就可以了。

鞋袜的作用在整体着装中不可忽视，搭配不好会给人头重脚轻的感觉。着便装穿皮鞋、布鞋、运动鞋都可以，而西装、正式套装则必须配穿皮鞋。男士皮鞋的颜色以黑色、深咖啡色或深棕色较合适，白色皮鞋除非穿浅色套装在某些场合才适用。黑色皮鞋适合于各色服装和各种场合。正式社交场合，男士的袜子应该是深单一色的，黑、蓝、灰都可以。女士皮鞋以黑色、白色、棕色或与服装颜色一致或同色系为宜。社交场合，女士穿裙子时以肉色袜子相配最好，深色或花色图案的袜子都不合适。长筒丝袜口与裙子下摆之间不能有间隔，不能露出腿的一部分，否则很不雅观，且不符合服饰礼仪规范。总之，配饰的选用要以和谐为美。

**案例分析一**

### 得体穿衣赢来工作机会

美国商人希尔清楚地认识到，在商业社会中，一般人是根据一个人的衣着来判断对方的实力的，因此，他首先去拜访裁缝。靠着往日的信用，希尔定做了三套昂贵的西装，共花了275美元，而当时他的口袋里仅有不到1美元的零钱。然后他又买了一整套最好的衬衫、领带及内衣裤，而这时他的债务已经达到675美元。每天早上他都会身穿一套全新的衣服，在同一时间与同一位出版商"邂逅"，希尔每天都和他打招呼，并偶尔聊上一两分钟。

这种例行性会面大约进行了一星期之后，出版商开始主动与希尔搭话，并说："你看来混得相当不错。"接着出版商便想知道希尔从事哪一行业。因为希尔身上的衣着表现出来的这种极有成就的气质,再加上每天一套不同的新衣服,已引起了出版商极大的好奇心,这正是希尔盼望发生的事情。希尔于是很轻松地告诉出版商:"我正在筹备一份新杂志,打算在近期内出版,杂志的名称为《希尔的黄金定律》。"出版商说:"我是从事杂志印刷和发行的。也许我也可以帮你的忙。"这正是希尔等候的那一刻,当他购买这些新衣服时,他心中已想到了这一刻。这位出版商邀请希尔到他的俱乐部,和他共进午餐。在咖啡和香烟尚未送上桌前,出版商已说服了希尔答应和他签合约,由他负责印刷和发行希尔的杂志。发行《希尔的黄金定律》这本杂志所需要的资金至少在三万美元以上,而其中的每一分都是从漂亮衣服所创造的"幌子"上筹集来的。

## 【评析】

商务交往中最重要的是人际交往,而人际交往中最重要的便是你给他人的第一印象。第一印象往往在对方心中形成首轮效应,而且很难改变。得体的着装不仅是你自身素质的展现,更是与他人交往具有诚意的展现。希尔正是深谙职场人士着装的重要性,才为自己赢得了宝贵的机会。

## ●●●●案例分析二

### 好莱坞的普拉达女王与中国的杜拉拉

好莱坞时尚影片《穿普拉达的女王》,讲述了一个刚从学校毕业想当记者的女孩子安迪在寻找工作无果的情况下,进了一家顶级时装杂志《天桥》给总编当助手。她平凡得一塌糊涂,着装打扮与那些摩登女郎形成鲜明对比。机缘巧合获得了一份令无数人艳美的时尚行业的工作后,第一天上班,居然连高跟鞋都没有准备;第一次接电话,居然问对方"戈巴纳怎么拼";第一次参加试装会,她居然认为两根在她看来大同小异的腰带没有什么特别而哑然失笑……这时的安迪,是一个典型的土妞,完全不懂时尚为何物,更不懂时尚行业是个怎样的行业。之后,为了工作,也为了更快、更好地适应环境,安迪在好心的同事纳秋的帮助下,开始了华丽的变身,从此华衣美服,造型百变。她从初入职场的迷惑到从自身出发寻找问题的根源,最后,成为一个出色的职场与时尚达人。

徐静蕾扮演的杜拉拉从一个刚刚在外企应聘成功的"菜鸟",到一路奋斗打拼成为这家全球500强企业的人事总监,成功完成职场三级跳。职场地位的变化肯定要带来气场的转变,而气场的转变又离不开职场着装的烘托,除了自身能力之外,恰当的穿衣打扮和合适的妆容绝对是职场加分的关键元素。

## 【评析】

这两部影片的特点是职场与时尚结合,职场新人往往一时之间难以摆脱校园气息,缺乏足够的自信与胆量,在衣着打扮方面,也会因为太过浓郁的学生气而导致他人对你能力的质疑,从而影响职场晋升。想要赢在起点,除了磨炼能力之外,形象至关重要。

## 案例分析三

### 电影中的服饰礼仪

电影《穿普拉达的女王》讲述了职场新人安迪从一个青涩的"丑小鸭"成长为游刃有余的职场女强人的故事。该片的女主角年轻女孩 Andrea Sachs 有着想当记者的梦想,在经过多次寻找工作后,终于进入一家时尚杂志《RUNWAY》,当总编 Miranda Priestly(米兰达)的助手。然而在第一天的面试中,她就因为穿着的问题而受到其他人的嘲笑,尽管最后通过自己的努力,成了米兰达最得力和最信任的助手,甚至取代了曾经的首席助手艾米莉,但是在进入职场初期,她也因为不懂办公室着装而遭受了很多挫折。这部电影不仅让我们了解了职场竞争的残酷,看到了安迪在职场中的努力和快速晋升,更让我们学到了宝贵的职场服饰礼仪。

《在云端》这部电影中,刚进入职场的菜鸟 Natalie 着装很适合初入职场的年轻女孩借鉴。比如,浅色衬衫＋职业套裙＋肤色丝袜＋黑色制式皮鞋是职业装的标准搭配。《在云端》中另一位资深的职场女性亚历克斯·戈兰,同样完美演绎了职场精英干练优雅的气质。她的着装风格大气简约,通过风衣、真丝衬衫、职业裙装、制式皮鞋打造出一位干练得体的熟女形象。

奥斯卡获奖影片《泰坦尼克号》忠实地再现了当年贵族们的服装风格,尤其是女主角 Rose 的服饰,给人们留下了深刻印象。在一辆老式福特车停下后,一只穿戴素色手套的女子的手伸出,在男士的搀扶下,Rose 走出了马车。观众们先看到的是深紫的尖头高跟鞋配上紫色的遮阳伞,随后映入眼帘的是偌大的紫色鸭绒帽搭配边沿呈紫色的素白束腰套裙,帽檐下是一张精心修饰过的绝美容颜。女主角的整体衣着符合着装搭配中色彩、风格一致的原则,端庄优雅,是标准的贵族女子的装扮。

【评析】

职场着装有一个通行的 TPOR 原则,也就是指人的着装要符合时间、地点、场合和角色的需要。在不同的场合、时间、地点以及扮演的角色不同,着装也是不一样的。电影里的服饰礼仪告诉我们,要从什么都不懂的职场菜鸟成长为身经百战的"白骨精",得到上司与同事的认可,需要我们不断地修炼。职场是我们最好的修炼场所,而服饰礼仪就是能助我们一臂之力的武器。

### 相关链接

《礼记》有言:"礼仪之始,在于正衣冠。"自古以来衣冠是文明的标志,随着时代的不同和社会的发展,也呈现出不同的形式。中华民族的服饰文化源远流长,相传在五千年前,皇帝的夫人嫘祖就发明了蚕桑丝绸,考古学者在浙江钱山漾遗址发现一块距今四千多年的残绢,这在全世界是绝无仅有的。古人的冠正衣洁,不仅是仪表礼仪的展现,也是身份的象征。先秦时期,只有成年男子才能戴冠。中国古代的"衣裳","衣"是指上衣,"裳"则是指"下裳",类似今天的裙子。衣服从古至今,它的功能不只是御寒、遮羞,更是展示人的修养和气质。人与人之间的接触,给对方最直接和最深刻印象的是穿着的服饰。随着时代变迁,人类文明的进步,现今仪表仪容对于社会人的作用更是相当重要,积极进取的人总是把精力集中在修身和学习上,同时也会选择符合自己的身份的服饰。

## 第三节 仪态落落大方,展现良好教养

### 情景导入 ▶▶▶

仪容礼仪

#### 三"紧"七"不"的古代仪态礼仪

大家一定听说过"站如松、坐如钟、行如风、卧如弓"这句话,可不一定听说过古代人的仪态礼仪:三"紧"七"不"。

所谓"七不",是指《礼记》里边说的"不敢哕噫、嚏咳、欠伸、跛倚、睇视;不敢唾洟;寒不敢袭;痒不敢搔;不有敬事,不敢袒裼;不涉不撅;亵衣衾不见里"七条规定。这些规定既适用于与父母、尊长共用的场所,也适用于工作场所。在严肃、正规的场合,打饱嗝、打哈欠、伸懒腰、吐唾沫、擤鼻涕、歪坐、斜视、跷二郎腿,或者只穿睡衣、内衣,甚至赤膊,都显得随便、懒散,缺乏敬意。

除此之外,还有"立必正方,常视毋诳"的仪态礼仪要求。这句话的意思是神色要庄敬,在正式场合,无论是坐还是站,都要端正;视线要有一定的方向。歪坐、斜站、眼睛到处乱看,都是怠惰不敬的表现。目光是心态最直接的流露,能反映出内心对人是否敬重。因此,在礼仪场合要注意自己视线的高度。视线过高,是傲慢之相;视线过低,则似有忧虑在心,不免令对方猜测;如果左右旁视,更会给人留下心术不正、狡诈善变的印象。平时或在私下场合,态度可以比较放松,但一旦进入正规场合或工作单位,就必须显得严肃、庄重。这种心态,在走路的姿势、步伐,甚至面部的表情上,都要有所体现。

由此可见,古人对仪态礼仪的要求是很严格的。无论是古代还是现代,人们对仪容与体态都十分的重视。不过,相比于现在这个比较推崇个性与自由的时代,古人在礼仪方面就显得更为讲究了。

### 知识详解

#### 一、仪态对形象的重要性

仪态,就是人的身体姿态,包括人的站姿、坐姿、走姿、表情以及身体展示的各种动作。仪态可以向他人传递一定的信息,因此,仪态又被称为人的体态语。

人的一举手、一投足、一弯腰乃至一颦一笑,并非偶然或随意的,这些行为举止自成体系,像有声语言那样具有一定的规律,并具有传情达意的功能。人们可以通过自己的仪态向他人传递自身的学识与修养,并能够以其交流思想、表达感情。正如艺术家达·芬奇所说:"从仪态了解人的内心世界、把握人的本来面目,往往具有相当高的准确性和可靠性。"美国知名心理学家梅拉比安提出过一个非常重要的公式:人类全部的信息表达＝7％语言＋38％声音＋55％体态语。这个公式证明,观察一个人的仪态,就可以了解这个人的素质、阅历以及思想感情,甚至一个人的仪态还能直接展示出他的气质与风度。

## 二、如何塑造落落大方的仪态

"站如松、坐如钟、行如风",这是我国古代对人体姿态美的要求。正确而优雅的仪态,会使你显得有风度、有教养,可以给人留下美好的印象。

### (一)站姿

#### 1.站姿的标准与要求

在人际交往中,站姿是任何一个人全部仪态的根本之点。如果站立姿势不够标准,一个人的其他姿势便根本谈不上优美而典雅。

站姿标准:三挺、两收、两平。三挺:挺腿、挺胸、挺颈。两收:收小腹、收下颌。两平:肩平、两眼向前平视。男生要气宇轩昂,女生要英姿飒爽。

站姿的特点:端正、挺拔、舒展、俊美。

站姿的基本要领:两脚跟相靠,脚尖分开 45°到 60°,身体重心放在两脚上。两腿并拢立直,腰背挺直,挺胸收腹。抬头,脖颈挺直,两眼向前平视,嘴唇微闭,面带微笑,微收下颌。

#### 2.几种不良的站姿

(1)身躯歪斜

站立时,若身躯出现明显的歪斜,例如,头偏、肩斜、身歪斜、腿曲,或膝部不直,不但会看上去东倒西歪,直接破坏人体的线条美,而且还会令人觉得此人颓废消沉、萎靡不振、自由放纵。

(2)弯腰驼背

弯腰驼背,其实是一个人身躯歪斜时的一种特殊表现。除去腰部弯曲、背部弓起之外,大都还会同时伴有颈部弯缩、胸部凹陷、腹部挺出、臀部撅起等一些其他的不良体态。凡此种种,显得一个人缺乏锻炼、无精打采,往往对个人形象的损害会更大。

(3)脚位不当

正常的情况下,双脚在站立之时呈现出 V 字式、丁字式、平行式、人字式等脚位,通常都是允许的。所谓人字式脚位,指的是站立时两脚脚尖靠在一处,而脚后跟之间却大幅度地分开来。有时,这一脚位又叫"内八字"。

(4)手位不当

不当的手位在站立时主要有:一是将手放在衣服的口袋之内;二是将双手抱在胸前;三是将两手放在脑后;四是将双肘支于某处;五是将两手托住下巴;六是手持私人物品。

(5)浑身乱动

在站立时,是允许略做体位变动的。不过从总体上讲,站立乃是一种相对静止的体态,因此不宜在站立时频繁地变动体位,甚至浑身上下乱动不止、手臂挥来挥去、身躯扭来扭去、腿脚抖来抖去,这样都会使一个人的站姿变得十分难看。

## (二)坐姿(图 2-1)

### 1.坐姿的标准与要求

坐姿是体态美的主要内容之一。对坐姿的要求是"坐如钟",即坐相要像钟那样端正稳重。端正优美的坐姿,会给人以文雅稳重、自然大方的美感。

坐姿标准:上半身挺直,两腿自然并拢,脊背与臀部呈 $90°$ 直角,男性稳如泰山,女性则庄重典雅。

坐姿的特点:安详、雅致、大方、得体。

坐姿的基本要领:入座时走到座位前,转身后把右脚向后撤半步,轻稳坐下,然后把右脚与左脚并齐。坐在椅子上,上体自然挺直,头正,表情自然亲切,目光柔和平视,嘴微闭,两

图 2-1 坐姿

肩平正放松,两臂自然弯曲放在膝上,也可以放在椅子或沙发扶手上,掌心向下,两脚平落在地面上,起立时右脚先后收半步然后站起。

为使你的坐姿更加正确优美,应该注意:入座要轻柔和缓,起立要端庄稳重,不可弄得座椅乱响,就座时不可以扭扭歪歪、两腿过于叉开,不可以高跷二郎腿,若跷腿时悬空的脚尖应向下,切忌脚尖朝天。坐下后不要随意挪动椅子,或腿脚不停地抖动。女士着裙装入座时,应用手将裙装稍稍拢一下,不要坐下后再站起来整理衣服。正式场合与人会面时,10分钟左右不可松懈,不可以一开始就靠在椅背上。就座时,一般要坐满椅子的三分之二,不可坐满椅子,也不要坐在椅子边上过分前倾;沙发椅的座位深广,坐下来时不要太靠里面。

### 2.最为常用的坐姿

(1)正襟危坐式

这是最基本的坐姿,适用于求职、参加正式会议、拜访长辈等正规的场合。要求:上身与大腿、大腿与小腿、小腿与地面,都应当成直角,双膝双脚完全并拢。

(2)垂腿开膝式

这种坐姿多为男性所使用,也较为正规。要求:上身与大腿、大腿与小腿,皆成直角,小腿垂直地面。双膝分开,但不得超过肩宽。

(3)双腿叠放式

这种坐姿适合穿短裙的女性或处于身份地位高的场合采用。这种造型极为优雅,有一种大方高贵之感。要求:将双腿完全地一上一下交叠在一起,交叠后的两腿之间没有任何缝隙,犹如一条直线。双腿斜放于左或右一侧,斜放后的腿部与地面呈 $45°$,叠放在上的脚尖垂向地面。

(4)双腿斜放式

这种坐姿适用于穿裙子的女性在较低处就座使用。要求:双膝先并拢,然后双脚向左或向右斜放,力求使斜放后的腿部与地面呈 $45°$。

### (三)行姿(图 2-2)

#### 1.行姿的标准与要求

行姿,指的是一个人在行走时所采取的具体姿势。在很多时候,行姿又称为走姿。它以人的站姿为基础,实际上属于站姿的延续动作。与其他姿势所不同的是,它自始至终都处于动态之中,它体现的是人类的运动之美和精神风貌。

对行姿的要求虽不一定非要做到古人所要求的"行如风",但至少也要做到不慌不忙、稳重大方。当然,不同情况对行姿的要求是不同的。一般来说,标准的行姿,要以端正的站姿为基础。

图 2-2　行姿

行姿的基本要领:两眼向前平视,面带微笑,微收下颌。上身挺直,头正,挺胸收腹,重心稍向前倾。手臂伸直放松,手指自然弯曲,摆臂时要以肩关节为轴,上臂带动前臂向前,手臂要摆直线,肘关节略屈,前臂不要向上甩动,向后摆动时,手臂外开不超过 30°。前后摆臂的幅度为 30～40 厘米。

走路用腰力才有韵律感。如果走路时腰部松懈,就会有吃重的感觉,不美观;如果拖着脚走路,更显得没有朝气,十分难看。优雅的行姿口诀:"以胸领动肩轴摆,提髋提膝小腿迈,跟落掌接趾推送,双眼平视背放松。"

#### 2.几种不良的行姿

不良的行姿有横冲直撞、阻挡道路、蹦蹦跳跳、步态不雅、制造噪声等。

### (四)表情神态

表情神态泛指一个人面部所呈现出来的具体形态。所谓表情,指的是人通过面部形态变化所表达的内心的思想感情。所谓神态,则是指在人的面部所表现出来的神情态度。在一般情况下,二者往往是通用的。它们所指的主要是人脸上所表现出来的态度变化。

据专家研究分析,健康的表情留给人们的印象是深刻的,它是优雅的风度的重要组成部分。

人类是生物界的宠儿,人类的表情变化多样。罗兰就曾感慨道:"面部表情是多少世纪培养成功的语言,是比嘴里讲的要复杂千百倍的语言。"尽管如此,表情却大多具有共性,它超越了地域文化的界限,成为一种人类的世界性"语言",民族性、地域性差异较少。这与举止有着很大的不同,表情在世界上几乎可以通用,而举止则达不到这一点。

表情礼仪主要探讨的是目光、笑容两方面的问题。其总的要求是,要理解表情、把握表情,在交往场合努力使自己的表情热情、友好、轻松、自然。

#### 1.目光

眼睛是心灵之窗,它能如实地反映出人的喜怒哀乐。在与陌生人交往时,不敢对视或死盯住对方,这都是不礼貌的。良好的交际目光应是坦然、亲切、和蔼、有神的。做到这一点的要领是:放松精神,把自己的目光放虚,不要聚焦在对方脸上的某个部位,这样好像是在用自己的目光笼罩住对面的整个人。

目光是富有表现力的一种"体态语",适当运用能给交往带来好的作用,否则会带来不必要的误解。斜视、瞟视、瞥视的眼神少用为好。泰戈尔曾说过,一旦学会了眼睛的语言,表情的变化将是无穷无尽的。

与交往对象相接触,应注意目光的注视范围。目光注视区分为:公务注视区(额中至双眼部)、社交注视区(双眼至下颌)、亲密注视区(双眼至前胸)、侧扫式(亲密关系或非常厌恶关系)。注视区的选择视场合而定。

**2.笑容**

笑容,指的是人含笑的面容,亦指人在含笑时的神情。有时,人们也称之为笑貌或笑脸。

著名画家达·芬奇的杰作《蒙娜丽莎》是文艺复兴时期最出色的肖像作品之一。画中女士的微笑给人以美的享受,使人们充满对真、善、美的渴望,至今让人回味无穷。

微笑,是一种特殊的语言——情绪语言。它可以和有声语言及行动相配合,起互补作用,沟通人们的心灵,架起友谊的桥梁,给人以美好的享受。工作、生活中离不开微笑,社交中更需要微笑。

微笑的主要特征:面含笑意,但笑容不显著。一般情况下,人在微笑之时,是不闻其笑声,不见其牙齿的。

微笑的基本方法:先放松自己的面部肌肉,然后使自己的嘴角微微向上翘起,让嘴唇略呈弧形。最后,在不牵动鼻子、不发出笑声、不露出牙齿尤其是不露出牙龈的前提下,轻轻一笑。真诚和谐的微笑应注意以下几点:

(1)整体配合

微笑其实也是人的面部各部位的综合运动。若忽视其整体的协调配合,微笑便往往会不像微笑。通常,一个人在微笑时,应当目光柔和发亮,双眼略微睁大;眉头自然舒展,眉毛微微向上扬起。除此之外,还应避免耸动自己的鼻子与耳朵。

(2)表里如一

真正的微笑,理当具有丰富而有力度的内涵。它应当渗透着自己的一定情感,而渗透着一定情感的微笑,才真正具有感染力,这就是所谓笑中有情,笑以传情。真正的微笑还应当体现一个人内心深处的真、善、美。表现自己心灵之美的微笑,才会有助于双方的沟通与心理距离的缩短。真正的微笑,还应当是一种内心活动的自然流露。它来自人的内心深处,而且绝无任何外来的包装或矫饰。

(3)兼顾谈话对象

如果你的谈话对象出了洋相而感到极其尴尬时或谈话对象满面哀愁时,你就不应当微笑了。

**(五)手势**

不论是在日常生活中,还是在人际交往中,手臂都是人们运用最多的一个身体部位。手臂有时候是特立独行、单独行动;有时候则是与身体的其他部位协调配合、相互呼应。

手臂姿势,通常称作手势,指的是人在运用手臂时,所出现的具体动作与体位。在一般情况下,手势既有处于动态之中的,也有处于静态之中的。

手势是人们在交往中不可缺少的、最有表现力的一种体态语言,它体现的是一种动态美,若得体适度,会在交际中起到锦上添花的作用。适当地运用手势,可以增强感情的表达。与人谈话时，手势不宜过多，动作不宜过大，要给人一种优雅、含蓄而彬彬有礼的感觉。

一般认为，掌心向上的手势有一种诚恳、尊重他人的含义；掌心向下的手势意味着不够坦率、缺乏诚意等；攥紧拳头的手势暗示进攻和自卫，也表示愤怒；伸出手指来指点的手势是要引起他人的注意，含有教训别人的意味。因此，在引路、指示方向等情况时，应注意手指自然并拢，掌心向上，以肘关节为支点，指示目标，切忌伸出食指来指点。

## 案例分析

### 奥运颁奖礼仪小姐：身姿仪态靓丽 展现东方美

2008年的奥运会，向世人展示了一个全新的中国。此次奥运会的成功举办，是因为有很多无名英雄的奉献，礼仪小姐就是其中的一员。

高梳云鬓，淡扫蛾眉，嘴角边总是挂着优雅的笑容，这就是奥运礼仪小姐给世界的第一印象。为了更好地服务、更好地展示东方美，礼仪小姐们进行了长时间的魔鬼训练。训练的宗旨是，身上要流露出中国女性之美。例如，走路的步伐要像中国传统戏曲京剧演员那样轻盈；向客人抬手指路时，要让人感受到优雅等。训练内容包括芭蕾形体和健美操等。其中，学习芭蕾舞可以增强她们的肢体线条，同时培养她们的气质以及美感与感受能力。体能训练可以使她们更长时间地站立和服务，包括腿部力量训练、柔韧性训练、压腿、踢腿、腹背肌力量训练等，以增强礼仪小姐的腿力和体力。

站姿是所有礼仪动作的基础。据介绍，训练站姿时，礼仪小姐要穿上五厘米以上的高跟鞋，有时候一站就是四十五分钟，头顶一本书，膝间夹一张纸。训练期间，正值北京最热的季节，训练房里没有空调、电扇，站几分钟就汗如雨下，训练中虽然有人晕倒，但没人放弃。

专门负责颁奖的礼仪小姐，她们动作也是细化到厘米，手臂与侧腰是一拳远，端托盘时大拇指是不能露在托盘外的。这还不是最困难的，难度最大的是控制步速，几名颁奖礼仪小姐无论行走多远，之间的间距始终应该控制在30～40厘米。同时，还要时刻留意颁奖嘉宾的步伐，保证托盘不与颁奖嘉宾发生碰撞。

负责嘉宾引领的礼仪小姐说，一个普通的引领动作，规定是以髋关节为轴，前倾15°，角度不能多也不能少。

笑容，也是服务的关键。奥组委要求露6～8颗牙齿，礼仪小姐经常要咬着筷子笑一天，经过几十天的刻苦训练，礼仪小姐已经能够进行专业的服务了。

【评析】

2008年的奥运会，礼仪小姐无疑是赛场上一抹亮丽的色彩，她们端庄的仪表，优雅的仪态，犹如一张张中国的名片，让世人重新认识了中国，感受到传统的东方美。对于普通人来讲，对仪态的要求虽然不像礼仪小姐那样严格，但是落落大方的仪态是塑造自身形象的关键。

## 相关链接

威廉王子与凯特·米德尔顿于 2011 年 4 月 29 日完婚,众多商家瞄准王室大婚商机,不仅制造相关种类繁多的纪念品,甚至还开设"王妃礼仪培训班"等相关课程。该培训班招生对象为 7～11 岁的女孩,学费为 4 000 美元。

教学内容包括当代及历史上知名王妃或公主的历史、电话交谈礼仪、如何回应别人赞美之词,以及与别人共餐时食物残屑卡在牙齿间要如何处理等。小学员还要学习如何向女王行屈膝礼,及如何回答女王的问话。

### 【技能训练】

#### 一、单项选择题

1. "三一律"指的是(　　)

A. 女士的发带、鞋子、服装颜色相同

B. 男士的衣服、鞋子、公文包颜色相同

C. 女士的服装、鞋子、袜子颜色相同

D. 男士的公文包、鞋子、腰带颜色相同

2. 女士穿着西式套裙时,最佳搭配是什么鞋(　　)

A. 高跟皮鞋　　　　B. 平跟皮鞋　　　　C. 凉鞋　　　　D. 布鞋

3. 以下服装在公务场合不宜穿着的是(　　)

A. 女士套裙　　　B. 运动装　　　C. 男士西装　　　D. 庄重保守的服装

4. 男士两颗扣子的西装正确的扣法是(　　)

A. 只扣上面一颗　　B. 只扣下面一颗　　C. 都扣上　　D. 以上扣法都不对

5. 关于女士在隆重场合穿着旗袍,正确的做法是(　　)

A. 宜穿长至脚背的旗袍　　　　　　B. 旗袍的长度可在膝盖以上

C. 旗袍两边开叉须高于膝盖以上两寸　　　D. 旗袍搭配低筒袜

#### 二、多项选择题

1. 女士服装在正式场合整体搭配很重要,除了服装还有哪些是值得注意的(　　)

A. 发型　　　　B. 化妆　　　　C. 鞋袜　　　　D. 饰品

2. 化妆应该注意哪些方面(　　)

A. 化妆的场合　　B. 化妆的顺序　　C. 化妆品的质量　D. 化妆要避开人

3. 要根据不同的场合选择不同的着装,要在以下哪些场合注意自己的着装(　　)

A. 喜庆的场合　　B. 正式的场合　　C. 悲哀的场合　　D. 上班的场合

4. 男性的配饰包括(　　)

A. 公文包　　　B. 皮带　　　C. 鞋袜　　　D. 手表

5. 下列哪些站姿是不良站姿(　　)

A. 身躯歪斜　　B. 手脚位置不当　　C. 弯腰驼背　　D. 浑身乱动

#### 三、判断题

1. 女性在正式场合一定要化浓妆。

2.男性在正式场合一般要穿深色的西装。

3.和人交谈要正视对方的眼睛,一般是看眼睛、鼻子、嘴巴这部分的区域。

4.笑容是社交的润滑剂。

5.手势是肢体语言的一种,所以我们社交中的手势越多越规范。

### 四、案例分析题

1.以下案例中的仪态在运用中是否恰当? 它们各自的特点是什么?

在电梯里,我站在四个陌生人的身后,看衣着和言谈,很容易判断出四个人的组合模式是:两个是总公司的高层领导,一个是分公司领导,而另一个是女秘书。

这个分公司的领导衣着得体,身着日式小腰身西装和米色长裤,风衣搭在小臂上,他同时说着流利的英语和地道的上海话,分别与身旁的上司和秘书小姐低语,我只默默看在眼里,有这样一群在被外来文化同化的过程中成长起来的上海人,他们早就已经不是我们这所城市的异类,而是司空见惯的一族了。

可是出人意料的,我最后对这个男人非常失望。

他们的楼层到了,电梯门开。他立刻很有风度地伸出手去,用自己的胳膊挡住门,好让他的上司先他而过,而不至于被门夹到。可是他竟然把他的女同事落在了后面,她险些撞到门上,幸好反应敏捷,飞快地闪了出去,她的"啊哟"的惊呼声在即将关合的门的缝隙中飘进了我的耳朵。

我觉得这番影像惨不忍睹,从而便为我们所接受着的文化熏陶悲哀了起来。

带着这颗悲哀的心,我走入了自己的办公室。

褪下外套的时候,我发现原先挂外套的那个衣架,已经被另一件衣服抢占了。那是件咖啡色呢料男式长大衣,式样似乎已经过时,比较难看,想不起来曾经见过谁穿过,因而也就猜不出是谁的。我于是有些不高兴,以为是那位同事要抢我的"风水宝地",在思量中,还是把外套挂了上去,靠在那件陌生大衣的外面。渐渐才知道,那件大衣属于一位从总公司过来的短期出差的人,大家叫他小王,他后来也感觉自己已经不小心侵犯了别人的地方,于是,以后的每一次,他总是小心翼翼地把我的衣服拿下来,把自己的挂进去,再把我的衣服重新挂到上面,然后,还仔细地整理一下我的衣领,却不在意自己的衣领被压到。我坐在远处,偷偷看他做这些事情,慢慢地就对他敬佩了起来。他走的那天,和大家道别,就穿着那件我一度认为过时而难看的大衣,大衣居然被他穿得很有形,绝对是下一年的时尚款式。

2.请结合以下案例,谈谈安娜的仪表美在哪里,给我们的启示是什么?

俄国著名作家列夫·托尔泰的名著《安娜·卡列尼娜》有这样一段情节:在安娜和渥伦斯基相识的舞会上,安娜穿着全黑的天鹅长裙,长裙上镶威尼斯花边,闪亮的边饰把黑色点缀得既美丽安详,又神秘幽深,这同安娜那张富有个性的脸庞十分相称,当安娜出现在舞会的门口时,吸引了所有人的视线,吉蒂看到安娜的装束后,也强烈地感受到安娜比自己美。安娜的黑色长裙在轻淡柔曼的裙海中显得高贵典雅、与众不同,也与安娜藐视世俗的个性融为一体。

### 五、思考题

1.正式场合女士着装的礼仪有哪些?

2.介绍一下姿势礼仪(选择站、坐、行其中一种姿势礼仪)。

# 第三章

## 社交礼仪

### 🔵 学习导引

马克思说过:"人是一切社会关系的总和。"这一论点充分说明了一切复杂的社会关系,无论是人际关系还是公共关系,都在每个个体和群体中体现出来。人们生活在一定的社会环境之中,就要参与学习、工作等实践活动,也会与一些社会群体发生或多或少的关系,也就是说,人在社会中离不开社会交往。而现代社会是信息社会,随着社会的发展,人与人之间的交往日趋频繁、紧密。

## 第一节 语言礼仪,君子欲讷于言而敏于行

### 📢 情景导入 ▶▶▶

#### 外交语言的智慧

外交语言一般要求比较委婉、含蓄。委婉就是把不愿、不便或不能直说的话用委婉而含蓄的语言表达出来,但又不失本意,能被对方领悟。例如,说会谈在"坦率"的气氛中进行或者双方进行了"坦率"的对话,其实这意味着会谈双方分歧较多;对某事表示"遗憾",这里的遗憾有两种意思,一是对别人表示不满,二是为自己含蓄地表示歉意,或委婉地承认自己不对;说某个外交官进行了"不符合身份的活动",就是指他干了间谍活动或其他危及驻在国安全的活动;宣布某人为"不受欢迎的人",就是把他驱逐出境或拒绝其入境的一种外交辞令;"无可奉告",就是拒绝回答。又例如,会谈双方未能取得实际成果,分歧依然如故,而又不愿意否定会谈的意义,影响各方解决问题的愿望或现存的关系,只好在会谈公报中避实就虚地说一些冠冕堂皇的话,如这次会谈"增进了双方的了解""双方的态度是积极的,气氛是友好的""深入地交换了意见"等。

## 知识详解

### 一、善于倾听,用心感受

在人际交往中,倾听是很重要的礼节。心理学告诉我们,每个人都渴望得到他人的尊重,而倾听是交往的第一步。很多时候,我们急于表达自己的想法,而忽视了重视别人的看法。倾听是一门学问,也是一门艺术,是尊重别人的表现,也是人际交往的基础。外国有句谚语:"用十秒钟的时间讲,用十分钟的时间听。"

倾听不仅在社交中非常重要,在商务活动中也尤为重要。美国谈判学家卡洛斯也说过:"如果你想给对方一个你丝毫无损的让步,这很容易做到,你只要注意倾听他说话就成了,倾听是你能做的一个最省钱的让步。"善于倾听他人的想法的人,总能给对方留下友善、关心人、尊重人的印象,能树立愿意成为对方朋友的好形象。另外,倾听也能让你沉着冷静,让你有足够的时间正确地表达看法。

#### (一)专注有礼

倾听要神情专注,目视对方,要让对方感觉到你重视他。倾听者可以两眼正视对方的眼睛,通过目光给说话者以激励。切忌表现出不耐烦、不情愿、开小差、东张西望的情绪。如果不专心倾听,那么记住对方的话语会很少。所以,倾听别人讲话一定要全神贯注,努力排除环境及自身因素的干扰。

#### (二)适时反馈

强调专心致志地倾听别人,并不是被动或静止的,而是要不时通过表情和手势,给说话者以反馈。若能适时插入一两句话,效果更好,如"你说得对""请你继续说下去"等。这样便能使对方感到你对他的谈话很感兴趣,因而会很高兴地将谈话继续下去。同时,在倾听的空隙里,还应该认真思索,回味对方的话,为交谈打好基础。

#### (三)克己冷静

倾听时,一定要克制自己的情绪。一个善于倾听的人,总能控制自己的感情,过于激动,无论对讲或听的人来说,都会影响表达或听取的效果。对于难以理解的话,不能避而不听,尤其是当对方说出自己不愿意听,甚至触怒自己的话时,只要对方未表示说完,都应倾听下去,不可打断其讲话,甚至离席或反击,以免失礼;对于不能马上回答的问题,应努力弄清其意图,不要匆忙回应,应寻求其他解决办法。有时,谈话并不是一下子就能抓住实质的,应该让对方不慌不忙地把话说完,即使对方为了理清思路作短暂的停顿,也不要打断他的话,影响他的思路。另外,不要表现得自己无所不知、无所不晓,随意否定别人的看法,这也是不礼貌的。

### 二、乐于交谈,拉近距离

#### (一)慎选话题

交谈的双方如果能选择一个合适的话题,那么交谈就能愉快地开展下去。话题的选择反映了谈话者品位的高低,选择一个好的话题,就找到了双方的共同语言,往往也就预示着谈话成功了一大半。宜选的话题是:事先拟谈的话题、格调高雅的话题、轻松愉快的话题、时尚流行的话题、对方擅长的话题等。

## (二)语言清晰

交谈时,语言得体。多用雅言,少用秽语。语气平和自然,态度谦和。

发音准确,要注意语音、语调尽量达到规范标准。读错音、念错字、口齿不清、含含糊糊都让人听起来费劲,而且有失自己的身份。在公共场合交谈时,应用标准的普通话,不能用方言、土话,这也是尊重对方的表现。

语速适中,表达流畅。既不能"快人快语",也不能半天才说一个字。合适的语速,能让你交谈起来从容不迫,思路清晰。

## (三)适时提问

适时提问可以引导交谈按照预期的目的进行,调整交谈的气氛。由于人的知识水平和所处的社会环境不同,交谈时必须仔细观察、了解对方的身份,然后巧妙提问,激起对方的兴趣。

## 三、勤于演讲,展示自我

### (一)演讲者的形象礼仪

演讲者的服饰应以整洁、朴实、大方为原则。男士的服装一般以西装、中山装等为宜。女士不宜穿戴过于奇异精细、光彩夺目的服饰,服装过于艳丽,容易分散听众的注意力。

### (二)演讲者的身体语言

#### 1. 得体亮相

演讲开始前,演讲者由站起到走向讲台面对听众站立的十几秒钟里,给广大听众留下的印象非常重要,应注意:在主持人介绍后,演讲者应向主持人颔首微笑致意,然后稳健地走到讲台前,自然地面对听众站好,向听众行举手礼、注目礼或微微鞠一躬,而后以亲切的目光环视听众,以示招呼,并借以镇场。

#### 2. 完美谢场

走下讲台时的礼仪应该是向听众点头示意或稍鞠一躬,然后含笑退场,如遇听众鼓掌应表示感谢并面向听众敬礼,态度应真诚、谦逊。避免退回座位时过于激动、匆忙,或洋洋得意,或羞怯、忸怩。

### (三)演讲者的语言礼仪

#### 1. 幽默生动的语言

演讲时,语言应当尽量生动、形象、幽默、风趣,可以多举例证,多打比方,多使用名言警句,但不要乱开玩笑,尤其不要讲脏话。

#### 2. 正确使用目光语言

亲切而自然的目光,在演讲中是非常重要的。有的人演讲时,像做了错事的孩子,一副手足无措的样子,不仅自己没信心,也让观众没信心。也有的人演讲时,两眼看着天花板,与其说是演讲,不如说是背书,跟观众没有交流,还留下了傲慢无礼的印象,也就谈不上触动观众的心灵。正确使用目光语言,针对不同情况应该采取不同的方法。在演讲过程中,演讲者除运用炯炯有神的目光正视听众外,还可运用扫视法与直视局部法。

扫视法是用目光迅速环顾全场,照顾到每一位听众,让每一个人都觉得你在看着他,容易使听众集中精力,沉浸在演讲所营造出的一种氛围中,慢慢地被吸引、被打动,与演讲者达成一种默契。但如果只使用这种扫视的方法,时间一长,演讲者本人容易感到疲劳,而且不容易表达出爆发的情感。采用直视局部法可以弥补这个缺陷。演讲者的目光可以停留在一定范围内的人的脸上,好像专为他们而演讲,而实际上从台下听众的角度看,更大范围内的人都可以感受到演讲人执着的、热情的目光,而不由自主地与之相呼应。用这种方法会使听众觉得仿佛在聆听一个知心朋友的倾诉,非常投入、非常专注地去感受、去体会,这样就增强了演讲的效果。当然,这种方法免不了会忽视一些人,因此以上方法应穿插使用,不可一成不变。

## 案例分析

### 乔·吉拉德因何丢掉了生意

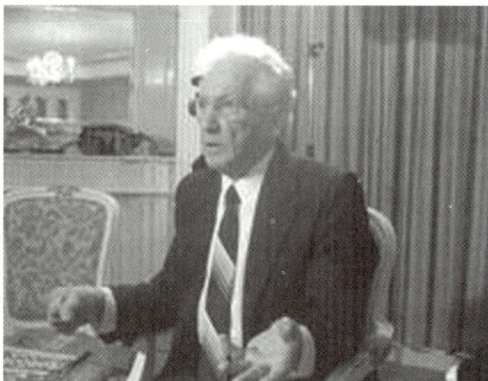

乔·吉拉德是世界上最伟大的销售员,连续12年荣登吉尼斯纪录大全世界销售第一的宝座,他所保持的世界汽车销售纪录是:连续12年平均每天销售6辆车,至今无人能破。他也是全球最受欢迎的演讲大师,曾为众多世界500强企业精英传授他的宝贵经验,来自世界各地数以百万的人被他的演讲所感动,被他的事迹所激励。他非常擅长和客户打交道,在每笔交易成交之后,他总能赢得客户的极力认可,而他赢得客户认可的方式就是认真地倾听客户的故事,在和客户的交谈中拉近与其心理的距离。

可是,早年的乔·吉拉德并不是一个擅长倾听的人,他曾经因为不擅长倾听而丢掉生意。

乔·吉拉德向一位客户推销汽车,交易过程十分顺利。当客户正要掏钱付款时,另一位推销员跟乔·吉拉德谈起昨天的篮球赛,乔·吉拉德也是个篮球迷,于是他一边跟同伴津津有味地说笑,一边伸手去接车款,不料客户突然掉头走掉,连车也不买了。

原来客户在付款时,跟乔·吉拉德谈到了他的小儿子,他的小儿子是他的骄傲,并且刚刚考上密西根大学。可是就在客户说这些的时候,乔·吉拉德根本没有听进去,他只顾着兴高采烈地跟同伴讨论篮球赛,一点都没有听见客户说什么。

(孙海芳.社交礼仪中的心理学.北京:机械工业出版社,2010)

**【评析】**

乔·吉拉德丢掉了一笔生意,根本原因是他没有认真倾听客户谈论自己最得意的儿子。后来,乔·吉拉德打电话询问客户突然改变主意的原因,才得知是因为忽视了客户,而让客户失去了对自己的信任。由此可见,倾听不仅是尊重别人的表现,更是人际交往的基础。

**知识链接**

**1. 中国传统礼貌用语**

初次见面说久仰,看望别人说拜访。
请人勿送用留步,对方来信叫惠书。
请人帮忙说劳驾,求给方便说借光。
请人指导说请教,请人指点说赐教。
赞人见解说高见,归还原物叫奉还。
欢迎购买叫光顾,老人年龄叫高寿。
客人来到说光临,中途要走说失陪。
接待客人说看茶,求人原谅说包涵。
麻烦别人说打扰,托人办事用拜托。
与人分别用告辞,请人解答用请问。
请人受礼说笑纳,好久不见说久违。

**2. 演讲中避免这样的语言**

(1)"大家让我来讲几句,本来我不想讲,一定要讲就讲吧。"

(2)"同志们,我没什么准备,实在说不出什么。既然让我讲,只好随便讲点,说错了请大家原谅。"

(3)"同志们,这几天实在太忙了,始终抽不出时间,加上身体欠安,恐怕讲不好,请大家原谅。"

# 第二节  联络礼仪,用心使用通信工具

**情景导入**

### 大学教授传统书信礼仪 中文系女生感叹不会写信

毛泽东写给老师的信是什么样的?鲁迅为什么在信中称许广平为兄?为什么日本、韩国以及我国香港和台湾地区的书信里面有那么多生僻的字?我们现在写书信需要什么样的格式和礼仪?3月18日晚,清华大学历史系教授彭林给选修他的中华传统礼仪课的一百五十余名清华大学的学生上了一堂生动活泼的书信礼仪课程。这堂课程长达两个小

时,彭教授用生动幽默的语言以及丰富的资料和实例为学生们讲解了应该怎样写信。

彭教授先是给大家讲解了中国古代书信礼仪的悠久历史、文化和一些鲜为人知的典故。他介绍说:"春秋战国时期的信是写在竹简上的,为了防止别人偷看就在上面用木板覆盖起来用绳子扎好,那个绳子就叫作'缄'。我们现在说'三缄其口'就是封好、扎好的意思,后来用封泥把信封好,再在封泥上盖章,表明这封信没有被拆开过。封泥上的文字就是现在的文字学家研究的封泥文字。"

在中国古代的书信中,最著名的是秦朝李斯的《谏逐客书》,还有司马迁的《报任安书》。从这些书信里可以看到比较规范的书信格式和用语,这些书信都成了书信礼仪的典范。彭教授还介绍了在魏晋时就出现了专门记录书信礼仪的文献《书仪》。

一位中文系女生惊呼:"我学了这么多年中文,现在才发现其实我连一封信都不会写,也不知道写信原来有这么多讲究。"

## 知识详解

电话是一种常见的通信、交往工具。如果缺乏使用电话的基本常识和素养,不懂得打电话和接电话的礼仪要求,往往会损害大学生的个人形象。因此接打电话的礼仪也是大学生礼仪教育的重要内容。

### 一、使用手机的礼仪

手机的出现和广泛使用,使得人们之间的联系更为便捷,但如果在使用时不注意礼仪,就会干扰别人,给别人带来不便。

#### (一)手机放置的常规位置

在一切公共场合,手机在没有使用时,都要放在合乎礼仪的常规位置,不要在并没使用的时候放在手里或是挂在上衣口袋外。

放手机的常规位置有:

一是随身携带的公文包里,这个位置最正规;

二是上衣的内袋里,也可以放在不起眼的地方,如手边、背后、手袋里,但不要放在桌子上,特别是不要对着对面正在聊天的客户。

#### (二)注意场合

1.不要做声音污染源,在公共场合接电话时要注意控制自己的音量,避免影响到周围的人,例如,不要大声通话,不要开着扩音器玩游戏或看电影。在要求"保持安静"的公共场所,如音乐厅、美术馆、影剧院等处参观展览或观看演出时,应关闭手机或将手机设置为静音状态。

2.排队办理业务时不要长时间接电话,以免影响业务人员的工作和其他排队的客户。

3.在展览会场不要拍摄展品、标记和分享未取得他人同意的照片及影片。

4.身处会客、会议或聚会等社交场合时不要沉溺于翻看手机,以免给别人留下用心不专、不懂礼貌的坏形象。

5.给别人去电注意时间,中午休息时间、晚上10点以后勿给他人打电话,以免影响他人休息。

### (三)安全使用手机

1.行车时,不要使用手机通话或查看信息,以免分散注意力,造成交通事故。

2.不要在加油站、面粉厂、油库等处使用手机,免得手机所发出的电磁波引起火灾、爆炸。

3.不要在病房内使用手机,以免手机信号干扰医疗仪器的正常运行,或者影响病人休息。

4.不要边走路边打电话,或发短信、看手机资讯。

5.不要在飞机飞行期间使用手机,以免给航班带来危险。

6.最好不要在手机中谈论商业秘密或国家安全事项等机密事件,因为手机容易出现信息泄漏,产生不良后果。

7.不要在有禁止无线电发射标志的地方打手机。

### (四)注意通话方式

在人员较多的场合,如地铁、公交车等处,切忌旁若无人地面对众人大声通话。正确的做法是侧身通话,或找个僻静的场所交谈。在大街或其他公共场合通话时,最好不要边走边谈。

### (五)选择适合的铃声

由于网络技术的进步与发展,手机铃声不仅可以从网络上下载,而且可以自行编制,特别是彩铃的出现,很受年轻人的喜爱。彩铃变化多样,乐曲、歌声、仿人声、仿动物叫声应有尽有。有些彩铃很搞笑或很怪异,与千篇一律的铃声比较起来确实有独特之处,但是彩铃是给打电话的人听的,如果你需要经常用手机联系业务,最好不要用怪异或格调低下的彩铃,以免影响正常工作。

### (六)尊重他人隐私

手机是个人隐私的重要组成部分,为了尊重他人,体现自己的涵养,不要翻看他人手机中的任何信息,包括通讯录、短信、通话记录等;一般情况下,不要借用他人的手机打电话,万不得已需要借用他人手机打电话时,请不要走出机主的视线,并且尽量做到长话短说,用毕要表示感谢。

## 二、电话礼仪

### (一)接电话礼仪

#### 1.迅速接听

电话礼仪

接电话首先应做到迅速接听,力争在铃响三遍之前就拿起话筒,这是避免让打电话的人产生不良印象的一种礼貌。电话铃响过三遍后才做出反应,会使对方焦急不安或感到不愉快。正如日本著名社会心理学家铃木健二所说:"打电话本身就是一种业务。这种业务的最大特点是无时无刻不在体现每个人的特性。""在现代化大生产的公司里,职员的使

命之一是一听到电话铃声就立即去接。"接电话时,应首先自报单位、姓名,如"您好!这是×××。"如果对方没有马上进入正题,可以主动请教:"请问您找哪位通话?"

**2. 积极反馈**

作为受话人,通话过程中要仔细聆听对方讲话,并及时作答,给对方以积极的反馈。通话听不清楚或意思不明白时,要马上告诉对方。在电话中接到对方邀请或会议通知时,应热情致谢。

**3. 热情代转**

如果对方请你代转电话,应弄明白对方是谁,要找什么人,以便与要接电话的人联系。此时,请告知对方"稍等片刻"并迅速找人。如果不放下话筒喊距离较远的人,可用手轻捂话筒或按保留按钮,然后再呼喊要接电话的人。如果你因别的原因决定将电话转到别的部门,应客气地告知对方,再将电话转到处理此事的部门或适当的职员。

**4. 做好记录**

如果要接电话的人不在,应为其做好电话记录,记录完毕,最好向对方复述一遍,以免遗漏或记错。可利用电话记录卡片做好电话记录。

### (二)打电话礼仪

**1. 选择适当的时间**

一般来说,私人电话不要在公务时间打,公务电话不要在私人时间打。有午休习惯的人,也请不要中午时给他打电话。电话交谈时间不宜过长,一般以 3~5 分钟为宜。

**2. 有所准备**

通话之前应该核对对方公司或单位的电话号码、公司或单位的名称及接电话人姓名。写出通话要点及询问要点,准备好在应答中使用的备忘纸和笔,以及必要的资料和文件。

**3. 多用礼貌用语**

打电话要坚持用"您好"开头、"请"字在中、"谢谢"收尾,态度温文尔雅。若你找的人不在,可以请接电话的人转告,如"对不起,麻烦您转告",最后别忘了向对方道谢,并且问清对方的姓名。打电话结束时,要道谢和说"再见",这是通话结束的信号,也是对对方的尊重。注意声音要愉快,听筒要轻放。一般来说,打电话的人先搁下电话,接电话的人再放下电话。但是,假如是与上级、长辈、客户等通话,无论你是接电话还是打电话的人,都最好让对方先挂断。

## 三、收发电子邮件礼仪

电子邮件,是一种重要的通信方式,使用者越来越多,尤其是在国际通信交流中更是优势明显。对待电子邮件,应像对待其他通信工具一样讲究礼仪。

### (一)书写规范

虽然是电子邮件,但是写信的内容与格式应与平常书信一样,称呼、敬语不可少,签名则仅以打字代替即可。写电子邮件语言要简略、不要重复、不要闲聊,写完后要检查一下有无错误。写邮件时最好在主题栏内写明主题,以便让收件人一看就知道来信的主旨。

## （二）发送讲究

最好不要将正文栏留有空白而只发送附件,除非是因为各种原因出错后重发的邮件,否则不仅不礼貌,还容易被收件人当作垃圾邮件处理掉。重要的电子邮件可以发送两次,以确保发送成功。发送完毕后,可通过电话等通信工具询问是否收到邮件,通知收件人及时阅读。尽快回复来信,如果暂时没有时间,就先简短回复,告诉对方自己已经收到其邮件,有时间可详细说明。

## （三）注意安全

电子邮件是计算机病毒重要的传染源和感染病毒的主要渠道。收发电子邮件都要注意远离计算机病毒。发送电子邮件时要注意尽可能不使邮件携带计算机病毒。因此如果没有反病毒软件进行实时监控,发送电子邮件前务必要用杀毒程序杀毒,以免不小心把有毒信件寄给对方。要是没有把握不妨用帖文的方式代替附加文档。

## 四、书信礼仪

我国历史文化悠久,是有名的"礼仪之邦",人们的社会交往和思想感情交流大多通过一定的礼仪形式和一定的文化活动方式来进行。在实际生活中,人们经常使用书信进行沟通,因此书信交往包含着丰富的礼仪内容,具有浓厚的中华民族文化色彩。

### 1. 准确称呼对方

一般来说,求职信的收信人应该是单位里有实权录用你的人,要特别注意此人的姓名和职务,书写要准确,最初印象如何对这份求职信件的最终效果有着直接影响,因而要慎重为之。

### 2. 真诚问候对方

向对方问候一声是必不可少的礼仪。问候语可长可短,即使短到仅有"您好"二字,也体现出写信人的一片真诚,为之后的应酬语(承启语)起开场白的作用。无论收信人是经常通信的还是素昧平生的,信的开头都应有问候语。

### 3. 言简意赅表述正文

正文是书信的主体,即写信人要说的事。一般书信内容要求把想要说的事情说清楚、把要想说的话都写上就可以了,只要收信人能读懂你写的全部意思,就算达到了目的。如果是商务往来或其他经济业务性质的书信,在内容的叙述上就要讲究一些,重要的因素必须全部包括在内容中,不得遗漏。例如,商务往来的业务信函要说明商品名称、牌号、规格、数量、质量、价格、起运时间、出厂时间、合约签订情况或规定,交付款项的时间、地点、方式,运输过程中的保护、保险、到货时间、提取方式,发生意外之后如何赔偿等。并且商务和其他经济业务方面的往来信函要留下底稿,收到来函要妥善保存,以便将来查询,万一出现问题就可作为可靠的证据。

### 4. 恰当贴切地署名

书信的最后要署上写信人的名字和写信日期,为表示礼貌,在名字之前加上相应的"弟子""受业"等谦称。给用人单位领导写信,可署"求职者"或"您未来的部下"。

正文后的祝颂语虽然只几个字,但表示写信人对受信人的祝愿、钦敬,也有不可忽视的礼仪作用。祝颂语有格式上的规范要求,一般分两行书写,上一行前空两格写,下一行顶格写。祝颂语可以套用约定俗成的句式,如"此致""敬礼""祝您健康"之类。

### 五、QQ与微信礼仪

如今,QQ、微信已经成为我们工作和生活中必不可少的沟通工具。在使用QQ和微信聊天时,懂礼仪也成为人们的必备素养。

#### 1.头像及信息设置

头像使用健康、积极的图片。大多数人还是喜欢和积极向上的人做朋友,客户都喜欢和专业的人士打交道,如果QQ和微信用于商务交往,头像最好用本人职业照,且尽可能接近本人,这样见到你本人的时候容易对上号。尽量别用合照做头像,不然不易辨认,同时也对合照的人不太礼貌。在自我介绍部分应提供适当的信息,也有助于对方了解。

#### 2.添加礼仪

(1)扫码添加好友应按照长幼有序、主客适宜的原则,即"晚辈(下属、级别次之、乙方、主人等)"扫"长辈(上司、领导、甲方、客人等)"的微信或QQ。不论是晚辈还是长辈提出添加微信,都应该晚辈去扫描长辈的二维码。

(2)加别人为好友,如一次没通过,第二次最好说明你是谁、添加的目的是什么,如果三次都没通过,请勿再尝试。

(3)主动添加好友时应简单备注个人信息及添加理由。谁先加的对方,谁就应该先自报家门。第一时间打个招呼,简单介绍下自己,会给人留下更好的第一印象。

(4)不管是你主动加别人好友,还是别人加你好友,通过后第一时间增补备注信息,以免日后遗忘失礼。

#### 3.发消息礼仪

(1)注意发消息的时间。不要在晚22时至早7时之间和别人的其他休息时间里发,提示音会打扰别人休息。

(2)直接说事,不用问"在吗";若说了"在吗",则要把沟通事项顺便说出来,这样好让对方决定是否回答"在不在"。

(3)不熟不要打语音电话,打之前要先问问对方是不是方便,视频通话也是同样。

(4)如果是发快递地址或其他需要编辑的文件信息给别人,最好以文字的方式发给对方,别发截图。

(5)不要直接转个帖子给别人或转到群里,然后一声不吭,请一定说明转发缘由。

(6)如果要发送文件,先问下对方想通过QQ、微信还是电子邮件收。因为不是每个人都刚好可以在电脑上使用QQ和微信,如果是直接发文件到对方的微信上,一是文件可能占了别人的手机内存,二是对方之后还得再把文件从手机上转发到电脑。

(7)原则上尽量不发语音信息,特别是与工作相关的语音信息。无论是给领导,给下属,还是给同事,都优先选择文字沟通。工作中很多场合都不适合发出声音,比如在办公室开会,大家都选择将手机调至震动或者静音,给收听造成一定的麻烦。此外,语音信息不能截图,不能转发,要从信息当中找一段内容,非常麻烦。

(8)工作中的QQ微信也要注意排版。写信息要有条理,有思路,要编辑好,不要一行几个字,也不要几百字一大段,该分段的分段,该加句号的加句号,该加逗号的加逗号。通常一件事情放在一条信息里,多件事情就发多条信息。

(9)工作消息最后要指明工作内容。比如发通知,可以加上"收到请回复";发请示,可以加上"请领导批示";发提醒,可以加上"FYI",也就是英文 for your information 的缩写,也就是让他了解一下,并不需要回复。

(10)朋友闲聊,如果聊得太晚,尤其在别人很久都没回你消息的情况下,请适可而止。

(11)除非你没有跟对方继续聊天的欲望,请尽量少用单个字回复,比如"哦""嗯""喔"等。

### 4.回复消息礼仪

(1)及时回复。每个人发消息时都希望别人能够快速回复,请将心比心。

(2)假如下属向你请示,请及时明确答复,如果还需要时间考虑,也及时回复"我考虑一下"。

(3)对于重要的联系人最好置顶。把对你而言,重要的群和联系人放在消息列表最上面,这样不容易遗漏重要的信息。

(4)如果是接收语音类的工作消息,不方便接听时可以回复"现在不方便接听语音,如有急事,可以发送文字",也可以选用微信的"语音转文字"功能,不过前提是对方普通话标准。

(5)如果收到工作上的信息,但暂时没空处理的话,建议先回复"已收到,现在手头有其他工作,在外出中或开会中,晚点再回复你",让对方知道你已经收到信息,及时放心。

(6)在工作时收到消息,不想立刻处理,又怕以后忘了,或者收到文件仅保存却忘了看,都可以用"提醒"功能。

### 5.群礼仪

(1)拉群。拉群之前一定要征求被拉对象的意见。群主应该向群成员介绍群的功能。如果是工作群,在人数不多的情况下,要遵循把晚辈介绍给长辈、把下级介绍给上级、把男士介绍给女士的原则。

(2)能私聊的不群聊。群交流中如果两个人的对话较多,不要当着所有成员的面交流,可以加好友进行私聊,避免打扰他人。

### 6.朋友圈礼仪

(1)朋友圈八不发:

一是不要发个人生活中琐碎或烦恼的事,这样既影响别人的情绪,浪费别人时间,也泄露了个人的隐私。

二是不要发涉及国家和工作单位的机密,哪怕是"一对一"发也不妥,网络时代信息都有被记录和泄露的可能。

三是不要发带有明显不恰当的政治色彩的内容和图片。

四是不要发低级、庸俗的内容和图片。

五是不能发粗俗、咒骂的话语。

六是不要发布他人的隐私。不经同意发他人的隐私和图片，也是侵犯他人的肖像权和人权。

七是不发谣言，对于不确定的新闻和谣言不要发，以免引起社会恐慌。

八是不发太过直白的广告。过于直白的广告不仅非常俗气，还会引起他人的不适。

（2）点赞、评论要礼尚往来。对朋友圈中一直给你点赞、留言的人，如果不是特别反感，你也要主动在别人的朋友圈点赞。同时，不要盲目点赞，在点赞评论前最好仔细研读内容。

## 六、微博礼仪

俗话说，有人的地方就有江湖，有江湖的地方就有规矩。现实中的人们每时每刻都要遵守交往的基本礼仪。而如今，当微博将庞大的虚拟社交网络呈现在我们面前时，人们不免发问，这个江湖讲的又是什么规矩？微博让最遥远的距离变得可以忽略不计，让最熟悉的人也呈现出不为人所知的一面。微博社会同样需要礼尚往来，这一切交往发生在关注与被关注、评论与回复、转发与再转发之间。

那么，怎样才是有教养、有素质的微博行为呢？

### 1. 不恶语相向

媒介素养是真实世界文化素养的延伸。除了对媒介具有辨识能力，新时代的媒介素养还要求公众以媒介公民的身份要求自身。微博上不乏"水军""马甲"，当微博上的辩论失去理性、硝烟渐起时，这些网络"水军"就会乘虚而入，如病毒般侵蚀来自两方对立观点的讨论，使其最后演变成人身攻击和迂阔的概念层面的讨论，结果往往两败俱伤。

"微博辩论硝烟弥漫，热点话题层出不穷，但大多是各说各话，难获共识，四处起火，一地鸡毛。乱象丛生最主要的原因是网友的逻辑能力欠缺。"科学松鼠会会员、新浪微博社区委员会专家成员"奥卡姆剃刀"这样总结多年来的网络辩论经验。

### 2. 不以讹传讹

制造微博谣言以哗众取宠的人别有用心，但是否转发、评论，还取决于每个人自己的素养。"转发"的本质是一种投票行为，包含或"赞成"或"反对"或"弃权"的意图。"转发"同时也是一种"筛选"与"推荐"，会形成因广大微博用户共同参与的一种"集智"效应。因为网络的匿名性质，因此一言一行成为对他人形象、品格的唯一判断依据。如果对某个方面知识不是很熟悉，建议找几本书看看再开口，避免无的放矢，贻笑大方。

不随波逐流，应在信息冗杂的微博界面保持思维独立。不要急于表达自己的观点和看法，有时候，"反应慢一点"是优点，可以有效防止传讹。

### 3. 把握尺度

微博语言要符合文明礼貌的规范，不使用粗俗的语言来宣泄自己的情绪。微博上的言论一旦引来强势围观，往往是"评论并转发一线，口水与子弹齐飞"。因为无知言论触及道德伦理的边界导致网友群起而攻之现象比比皆是，关于微博言论尺度的话题从不曾间断。

### 4.保持个人谈话的私密性

在微博上发布个人内容和回复对方是完全没问题的,但是请记住,所有人都可以看见你的状态。所以在发布或者转发一些内容的时候要注意保护好自己的隐私,这样才不会泄露个人信息,以免造成不必要的损失。

### 5.注重消息来源

如果一个主意、话题、链接、观点等不是自己的原创,而是从某人那里得到的信息和启发,就要用"@"和"转发"标明来源。

## 案例分析一

### 去无踪的接线员

一位消费者新买的某品牌电脑出现了故障。她忘了该电脑的维修电话,于是从查号台问到该公司电话后打了过去。一位小姐接了电话后,犹豫了几秒钟后说道:"我帮你找人来说,你稍等。"谁知这一等就是好几分钟,这位消费者能听到办公室嘈杂的声音,但就是没人再接电话,那位小姐好像也不知去向。她非常生气,从此对这个品牌印象大打折扣。

### 【评析】

案例中,该公司接电话的员工没有及时代转客户的电话,导致公司形象受到了影响。正确的做法是及时告知客户具体情况,获得客户的理解。

## 案例分析二

### 彬彬有礼接电话带来新订单

电话销售人员:您好,××公司,请问有什么可以帮助您?

客　户:我想咨询一下你们的产品!

电话销售人员:请问怎样称呼您?

客　户:我姓刘。

电话销售人员:刘女士您好,请问您要咨询哪一类产品?

客　户:是关于电话销售系统方面的产品。

电话销售人员:请问您是想了解单机版的,还是多机版的?

客　户:单机版。

电话销售人员:好的,单机版的现在正在促销,价格是500元。您需要马上装吗?

客　户:怎么装呢?

电话销售人员:刘女士,请别着急,程序非常简单,我们会有专业人员给您指导,我十分钟之后叫他给您回一个电话好吗?

客　户:好的。

电话销售人员:非常感谢您的来电,同时也非常感谢您对我工作的支持。谢谢!

**【评析】**

这个案例中,电话销售人员非常注意打电话的礼节,耐心解释,礼貌周到,自然获得了订单,也为公司和产品获得了良好的评价。

## 案例分析三

王女士前几天在健身房锻炼的时候,发现健身卡快要过期了。锻炼结束的时候,她加了健身房经理的微信,咨询续费事项。可是后来和他在微信上聊天的时候发现,他每说一句话都要加一个感叹号,这让王女士非常不舒服。

"我们健身房课程很多!教练很负责!月底续费的话!有优惠!什么时候有空来健身房!可以办下手续!确定时间的话!可以帮您预约!"

王女士总有一种被催着的感觉,好像有人在她耳边怒吼。王女士问这位经理是不是很忙,若真的很忙可以闲下来的时候再回复。

"不忙!有问题您都可以问!"

真是让人哭笑不得。

**【评析】**

其实,我们聊天时所使用的标点符号就代表了当下的心情和语气,对方隔着屏幕是能够感受到的。主持人孟非曾经在节目中吐槽过,说有些人发微信就喜欢用感叹号,好像天下只有这一种标点符号。"你在哪里!吃饭了吗!我很想你!一起聚聚!"这无形中会给对方带来一种紧迫感,好像急于结束一段谈话。当然,如果实在是纠结于不知如何使用标点,那就让万能的表情包来替你说话吧。

### 知识链接

2006年,明星经济学家谢国忠在其任职的摩根士丹利即将进入第十个年头时忽然辞职,金融圈一片哗然。此次风波的原因是一封批评新加坡的内部邮件泄露。谢国忠本人虽然在事后表示不会发表评论,但在接受《华尔街日报》采访时还是坦承:"这封信写得很仓促,有些文字只是随手写出来的,并不恰当""一些措辞也不适合在公开场合出现"。谢国忠说,如果内容在公开场合发表,措辞就会非常慎重。看来,以后谢国忠在邮件中不仅要注意措辞,还得要注意邮件的安全。

## 第三节　馈赠礼仪,如何送礼有讲究

### 情景导入 ▶▶▶

#### 千里送鹅毛

唐朝贞观年间,西域回纥国是大唐的藩国,回纥国为了表示对大唐的友好,便派使者缅伯高带了一批珍奇异宝去拜见唐太宗。在这批贡物中,最珍贵的要数一只罕见的珍禽——白天鹅。

这天，缅伯高来到沔阳河边，只见白天鹅伸长脖子，张着嘴巴，吃力地喘息着，缅伯高心中不忍，便打开笼子，把白天鹅带到河边让它喝个痛快。谁知白天鹅喝足了水，合颈一扇翅膀，"扑喇喇"一声飞上了天！缅伯高向前一扑，只拔下几根鹅毛，却没能抓住白天鹅，眼睁睁看着它飞得无影无踪，一时间，缅伯高捧着几根雪白的鹅毛，直愣愣地发呆，脑子里来来回回地想着一个问题："怎么办？进贡吗？拿什么去见唐太宗呢？回去吗？又怎敢去见回纥国王呢！"思前想后，缅伯高决定继续东行，他拿出一块洁白的绸子，小心翼翼地把鹅毛包好，又在绸子上题了一首诗："天鹅贡唐朝，山重路更遥。沔阳河失宝，回纥情难抛。上奉唐天子，请罪缅伯高。物轻人意重，千里送鹅毛！"

缅伯高带着珠宝和鹅毛，披星戴月，不辞劳苦，不久就到了长安。唐太宗接见了缅伯高，缅伯高献上鹅毛。唐太宗看了那首诗，又听了缅伯高的诉说，非但没有怪罪他，反而觉得缅伯高忠诚老实，不辱使命，就重重地赏赐了他。

从此，"千里送鹅毛，礼轻情意重"的故事广为流传开来。

## 知识详解

现代社会人际交往中，互赠礼品很常见。在社会交往中，赠礼是一项重要的活动。互赠礼品主要是为了向对方表达自己的友情。

### 一、选择礼品

#### （一）量力而行

礼最重要的是显示心意，所谓"千里送鹅毛，礼轻情意重"。著名作家萧乾当年访问一位美籍华人朋友，特意捎去几颗生枣核。他深深地知道：朋友身在异国他乡，年纪越大，思乡越切。送去几颗故乡故土的生枣核，让它们在异国他乡生根、开花、结果。果然，那位美籍朋友一见到那几颗生枣核，勾起了缕缕乡情，他把枣核托在掌心，仿佛比珍珠、玛瑙还贵重。因此选择礼品时，勿忘一个"情"字，应挑选价廉物美、具有一定纪念意义，或具有某些艺术价值，或受礼人所喜爱的小艺术品，如纪念品、书籍、画册等。

#### （二）富有意义与特色

礼物是感情的载体，任何礼物都表示送礼人特有的心意，或表示酬谢或联络感情等。所以，选择的礼品必须与受礼人心意相符，并使受礼人觉得礼物非同寻常，倍感珍贵。实际上，最好的礼品应该根据对方的兴趣爱好进行选择，富有意义、耐人寻味、品质不凡却不显山露水。1972年，尼克松总统准备访华，急于寻求能代表国家的礼物。美国保业姆公司闻讯后，趁此良机，向尼克松总统献上公司生产的一尊精致的天鹅群瓷器珍品，因为瓷器的英文名为"china"，也具有"中国"的意思，尼克松一见，大喜过望，于是把这尊具有双重意义而且具有很高艺术价值的瓷器珍品带到了中国。

#### （三）了解禁忌

送礼前应了解受礼人的身份、爱好、民族习惯，免得送礼送出麻烦来。有个人去医院看望病人，带去一袋苹果以示慰问，哪知引出了麻烦，正巧那位病人是上海人，上海人说"苹果"跟"病故"二字发音相同。也不要送钟，因为"钟"与"终"谐音，让人觉得不吉利。

## 二、送礼的时机

向别人赠送礼品的时机是非常讲究的。最重要的是要切合时机送礼，不顾时机的乱送不仅没有价值，还会适得其反。

### (一)向对方道贺时

你的同学、朋友升学、毕业、就业、生日、获奖时，可向他们送上表示你心意的礼物。

### (二)获得对方帮助时

如果你获得了你交往对象的帮助，可向他们送上你的礼物以感谢他们对你的帮助。

### (三)时逢节庆时

在一些重要的节庆之日，如春节、妇女节、母亲节、父亲节、儿童节、教师节等，可向你的交往对象备薄礼以送上节日的问候。

### (四)进行慰问时

当自己的同学或朋友遇到挫折或不幸的时候，可在探望对方的时候，赠送表示慰问、鼓励的礼物。

## 三、馈赠礼品的礼仪

### (一)精心包装

送给他人礼品，尤其是在正式场合赠送于人的礼品，在相赠之前，一般都应当认真进行包装。可用专门的纸张包裹礼品或把礼品放入特制的盒子、瓶子里等。礼品包装就像给礼品穿了一件外衣，这样才能显得正式、高档，而且还会使受赠者感到自己备受重视。

### (二)表现大方

现场赠送礼品时，要神态自然、举止大方、表现适当。千万不要像做了"亏心事"一样，小里小气，手足无措。一般在与对方会面之后，将礼品赠送给对方，应起身站立，走近受赠者，双手将礼品递给对方。若同时向多人赠送礼品，最好先长辈后晚辈、先女士后男士、先上级后下级，按照次序，依次有条不紊地进行。

## 四、接受馈赠的礼仪

### (一)受礼坦然

一般情况下，对于对方真心赠送的礼物不能拒收，因此没完没了地说"受之有愧""我不能收下这样贵重的礼物"这类话是多余的，有时还会使人产生不愉快的感觉。即使礼物不合你心意，也不能表露在脸上。接受礼物时要用双手，并说上几句感谢的话语。千万不要虚情假意，反复推辞；或是心口不一，嘴上说"不要、不要"，手却早早伸了过去。

### (二)当面拆封

如果条件许可，在接受他人相赠的礼品后，应当尽可能地当着对方的面，将礼品包装拆封。这种做法在国际社会是非常普遍的。在拆封时，动作要井然有序，舒缓得当，不要乱扯、乱撕。拆封后，还不要忘记用适当的动作和语言，显示自己对礼品的欣赏之意，如将他人所送鲜花捧在身前闻闻花香，然后再插入花瓶，并置放在醒目之处。

## （三）拒礼有方

有时候，出于种种原因，不能接受他人相赠的礼品。在拒绝时，要讲究方式、方法，处处依礼而行，要给对方留有退路，使其有台阶可下，切忌令人难堪。可以使用委婉的、不失礼貌的语言，向赠送者暗示自己难以接受对方的好意，如当对方赠送自己一部手机时，可以告之："我已经有一部了。"可以直截了当向赠送者说明自己之所以难以接受礼品的原因。在公务交往中，拒绝礼品时此法最为适用，如拒绝他人所赠的大额贵重礼品时，可以说："依照有关规定，你送我的这件东西，必须登记上缴。"

## ●●● 案例分析

### 法国政要的"华人赠礼"

2011年2月3日下午，法国总统萨科齐在爱丽舍宫为亚裔人士举行春节招待会，他收到了一份特殊的礼物——中国玻璃雕刻大师吴子熊设计并手工雕刻的一件带有萨科齐总统头像的艺术品，由其旅居法国的女儿吴冰代为转交。总统在随后的感谢信中表示十分欣赏这件水晶肖像雕刻艺术品，感谢吴子熊先生为创作这件艺术精品所付出的努力，并认为这是中法友好的象征。

2011年，是法国和中国建交47周年，近年来，法中关系大事连连、可圈可点，法国政要也在不同场合都收到过来自中国的礼物，这成为中法关系的一种见证。

2010年，在欢度中国春节之际，以画猫著称的旅法画家高醇芳向萨科齐总统及其夫人赠送了她的小猫国画挂历，祝愿总统与其夫人新年快乐，虎年吉祥。作为巴黎中国电影节创办主席，高醇芳还献给总统与其夫人电影节的介绍画册，作为法中友谊的美好象征。萨科齐总统立即向高醇芳热情致函表示感谢。

2010年10月17日，法国副总理帕特里克·德维让代表法国总统萨科齐在北京向著名华裔作家亚丁授予了法国荣誉军团骑士勋章，以此表彰亚丁先生多年致力于中法政治、经济、文化、社会交流活动的杰出成就，以及对促进中法关系做出的卓著贡献。授勋仪式上，亚丁先生还将他特意挑选的礼物——中国艺术家王开方的雕塑《家族》系列中的一款，回赠给为他颁奖的法国副总理。

2007年，萨科齐总统出访亚洲，首站抵达西安，中国文化部部长孙家正到西安咸阳国际机场迎接。随后的4个小时中，萨科齐总统一行参观了秦始皇兵马俑、秦始皇陵铠甲坑和汉阳陵博物馆。汉阳陵博物馆向前来参观的法国总统萨科齐赠送仕女俑复制品。

**【评析】**

赠礼既是礼仪,同时也是一门艺术,大到国际交往,小到老百姓的人情世故,赠礼都是不可缺少的。案例中我国所赠手工雕刻的艺术品、小猫国画挂历、雕塑、仕女俑复制品等礼品,体现了历史悠久的中华文化,是国际交往中最佳的礼品。

## 知识链接

1.《麦琪的礼物》是美国著名文学家欧·亨利写的一篇短篇小说。圣诞节前一天,一对小夫妻互赠礼物。为了给丈夫买一条白金表链作为圣诞礼物,妻子卖掉了一头秀发。而丈夫出于同样的目的,卖掉了祖传金表给妻子买了一套发梳。尽管彼此的礼物都失去了使用价值,但他们从中获得比物质更重要的东西——爱,它却是无价的。

2.英国女王无疑是世界上收礼最多的人了。2003年的登基50周年纪念日、2006年的80大寿、2007年的结婚60周年纪念日,更是被隆重纪念和庆祝,这些日子也是她收礼最多的日子。在她80岁生日当天,别的礼物不说,仅收到来自世界各地的大约2万多张生日贺卡和1.7万多封祝寿电子邮件,就是惊人的数字。女王在一份声明中说:"我感谢来自世界各地,成千上万向我发出生日祝福的人们。对于你们的祝福,我非常感动。我要向你们所有人表示感谢,是你们使我的生日成为特别有意义的一天。"

**【技能训练】**

**一、单项选择题**

1.选择礼品应该注意的方面不包括(　　　)。

A.量力而行　　　B.注意禁忌　　　C.富有意义与特色　　　D.越贵重越好

2.接受馈赠的礼物应该(　　　)。

A.直接拒绝接受礼物

B.当面拆封并表示感谢之情

C.嘴上说"不要、不要",手却早早伸了过去

D.不接受不喜欢的礼物

3.下面关于打电话的礼仪错误的是(　　　)。

A.打电话要坚持用"您好"开头、"请"字在中、"谢谢"收尾,态度温文尔雅

B.私人电话不要在公务时间打,公务电话不要在私人时间打

C.通完话后总是由拨打方挂断电话

D.通话之前最好准备好笔和纸以做好通话的记录

4.下面关于接听电话的礼仪错误的是(　　　)。

A.接电话时,应第一时间询问对方姓名与单位

B.迅速接听,最好在三声以内接听电话

C.电话中接到对方邀请或会议通知时,应热情致谢

D.如果对方请代转电话,应弄明白对方是谁,要找什么人,以便与要接电话的人联系

5.收发邮件的礼仪不正确的是(　　　)。

A.写电子邮件语言要简略、不要重复、不要闲聊,写完后要检查一下有无错误

B.重要的电子邮件可以发送两次,以确保能发送成功

C.发送邮件前务必要用杀毒程序杀毒,以免不小心把有毒信件寄给对方

D.发送邮件的正文最好留有空白页

## 二、多项选择题

1. 语言礼仪包括( )。

A.倾听礼仪 　　　B.交谈礼仪 　　　C.演讲礼仪 　　　D.对话礼仪

2. 交谈中最好选择的话题有( )。

A.事先拟谈的话题 　　　　　B.格调高雅的话题

C.对方擅长的话题 　　　　　D.时尚流行的话题

3. 演讲者的目光注视的方法有( )。

A.扫视法 　　　B.直视法 　　　C.局部法 　　　D.专注法

4. 接电话的礼仪包括( )。

A.迅速接听 　　　B.积极反馈 　　　C.热情代转 　　　D.做好记录

5. 收发电子邮件的礼仪包括( )。

A.书写规范 　　　B.及时发送 　　　C.注意安全 　　　D.可以群发

## 三、判断题

1. 交谈中,一定要倾听对方的谈话,所以绝对不可以打断对方的谈话。 ( )

2. 交谈时,应用标准的普通话,一定不能用方言、土话,这也是尊重对方的表现。 ( )

3. "同志们,我没什么准备,只好随便讲点,说错了请大家原谅。"这句话在演讲中是不得体的。 ( )

4. 赠送礼品要注意包装,越精美越好。 ( )

5. 发送邮件要注意安全,不能发送带病毒的邮件。 ( )

## 四、案例分析题

1. ××公司销售部文员马小姐要结婚了,为了不影响公司的工作,在征得上司的同意后,她请自己最好的朋友小王暂时代理她的工作,时间为一个月。小王大专刚毕业,比较单纯,马小姐把工作交代给了她,并鼓励她努力干,准备在蜜月回来后推荐她顶替自己。某天,经理外出了,小王正在公司打字,电话铃响了,小王与来电者的对话如下:

来电者:"是××公司吗?"

小王:"是。"

来电者:"你们经理在吗?"

小王:"不在。"

来电者:"你们是生产塑胶手套的吗?"

小王:"是。"

来电者:"你们的塑胶手套多少钱一打?"

小王:"1.8美元。"

来电者:"1.6美元一打行不行?"

小王:"不行的。"

说完，"啪"地挂上了电话。

上司回来后，小王也没有把来电的事告知上司。过了一星期，上司提起他刚谈成一笔大生意，以1.4美元一打卖出塑胶手套，因为对方订2 000万打。小王脱口而出："啊呀，上星期有人问1.6美元一打，我说不行的。"上司当即脸色一变说："你被解雇了！"小王哭丧着脸说："为什么？"

小王在电话礼仪方面犯了哪些错误？

2.林一帆上周日被一个朋友拉黑。因为朋友发微信约他晚上一起喝咖啡，他当时正忙着公司会议的事情，看到信息后在心里默念"好的"，然后就把手机丢在一边继续做PPT去了。傍晚他忙完，想着和朋友约了在老外滩喝咖啡，决定在朋友圈怒刷一波存在感，便发了个状态："晚上在老外滩偶遇的有吗？"发完没多久，朋友发来信息说："你这样有意思吗？我特意约你喝咖啡，你不回我信息也就算了，还在朋友圈里和别人约，呵呵。"

请问林一帆在微信沟通礼仪方面犯了哪些错误？

### 五、思考题

1.送礼应把握哪些原则？

2.拨打电话应注意哪些事项？

3.请谈谈朋友圈要注意哪些方面的礼仪。

# 第四章

## 职场礼仪

### 学习导引

谁拥有丰富的内涵,并遵守传统的礼仪道德规范,谁就能在成功的道路上走得稳重踏实。随着改革开放的逐渐深入,求职日益平常和频繁,无论是刚从学校毕业的新人,还是等待谋求新职的人,无论他的主观条件和客观环境如何,都必须面临求职面试这一关。求职的成功与否与职业人士的礼仪修养,以及在求职中的具体运用密切相关。

## 第一节　求职礼仪,恰当表现赢得机会

### 情景导入 ▶▶▶

#### 四川省公务员面试注重礼仪举止

四川省迄今为止规模最大的一次公务员面试将在成都集中进行,来自全国各地的2 684名大学生在17个考点竞争849个选调生职位。为保证考生公平竞争,四川省委组织部昨日专门对将出任考官的144个县(市、区)人事部门负责人进行培训。从培训会上获悉,面试主要考查考生的综合素质和能力,但衣着、礼仪、举止等也在考查范围内,如果考生临阵怯场,不小心跷二郎腿,很可能影响成绩甚至被淘汰。

"公务员代表政府形象,除了试题本身,精神面貌、言谈举止、衣着礼仪都要好好考查。"昨日,四川省委党校、省行政学院公共管理教研部副主任王蓉担任教官培训考官,给考官们传授掌握评分标准、把握评分尺度等技巧。

面试时还要考查考生的综合素质,"比如衣着,至少要得体;比如举止,至少要符合一般的礼仪规范……"王蓉举例说,面试考场是一个正式场合,尽管不要求着正装,但至少不能穿奇装异服,否则很难说这名考生态度严肃。语言表达方面除了清楚、流畅、有条理之外,考生说话的音色、音质、音调、音量也应该考查,因为这些都是公务员协调人际关系、联系群众等必不可少的要素。此外,通过举止、礼仪、临场表现等也可以考查考生的综合素质,比如某个考生进门、退场连招呼都没打,或者在考场上做出抖脚、抓耳挠腮、跷二郎腿等"多余"动作,至少说明他(她)不懂得基本礼仪,或者因为应变能力较差而过于紧张。

## 知识详解

### 一、求职形象就是你的推荐信

应聘者的外在形象,是给主考官的第一印象。外在形象的好坏在一定程度上会影响到应聘者能否被录用。面试时一定要注意,恰当的着装能够弥补自身条件的某些不足,树立起自己的独特气质,使你脱颖而出。

某家招聘单位根据收到的求职材料约见一位女同学作为预选对象。面试时,这位女同学涂着鲜红的嘴唇,烫着时髦的发式,衣着低领、紧身,给人以一种很轻佻的感觉,就是因为第一印象使她落选了。一位人事总监说:"我认为你不可能仅仅由于戴了一条领带而取得一个职位,但是我可以肯定你可能因为戴错了领带而失去一个职位。"服饰仪容既是一个人审美观的集中表现,也是文化素养的具体反映。

前不久,一个年轻女孩去应聘一家电脑公司的职位,年龄、长相、学历样样合格,偏偏面试时出了问题。原来这个女孩那天去见老总时穿了一件比较暴露的吊带衫,光脚穿着凉鞋,脚趾上涂着很醒目的指甲油。

以上失败的求职事例,给人以启迪。作为求职者,不仅应该注意内在的礼仪修养,还应该重视外在仪表和自我形象设计。

#### (一)男性职业形象

男性职业形象的基本要求是沉着稳重,具体要求为以下方面:

注意脸部的清洁,胡子一定要刮干净,头发梳理整齐。查看领口、袖口是否有脱线和污浊的痕迹。

春、秋、冬季,男士面试最好穿正式的西装。夏天要穿长袖衬衫,系领带,不要穿短袖衬衫或休闲衬衫。

西装的色调要主要选用给人稳重感觉的深素色,如藏青色、蓝色、黑色、深灰色等。配套的衬衫最容易的选择是白色。领带应选用丝质的,领带上的图案可以根据自己的爱好选择,最好是单色的,它能够和各种西装和衬衫相配。单色为底,印有规则重复出现的小圆点的领带,格调高雅,也可以用。斜条纹的领带能表现出一个人的精明。领带在胸前的长度以达到皮带扣为好。如果一定要用领带夹,应夹在衬衫第三和第四个扣子中间的位置。

最好选择深色的袜子、黑色的皮鞋。皮带要和西装相配,一般选用黑色。男士着装有"三一律"原则:皮鞋、皮带、皮包颜色一致,一般为黑色。

眼镜要和自己的脸形相配,镜片擦拭干净。钢笔一定不要插在西装上衣的口袋里,西装上衣的口袋是起装饰作用的。

#### (二)女性职业形象

女性职业形象的基本要求是端庄大方,具体要求为以下方面:

#### 1.服装

面试时的服装要简洁、大方、合体。职业套装是最简单,也是最合适的选择。裙子不宜太长,这样显得不利落,但是也不宜穿得太短。低胸、紧身的服装,过分时髦和暴露的服装都不适合面试时穿。春秋的套装可用花呢等较厚实的面料,夏季用真丝等轻薄的面料。衣服的质地不要太薄、太透,薄和透有不踏实、不庄重的感觉。色彩要表现出青春、典雅的格调,用能表现你的品位和气质的颜色,不宜穿抢眼的颜色。

### 2.丝袜

丝袜被称为女性的第二层皮肤,以透明近似肤色的颜色最好,要随时检查是否有脱线和破损的情况,最好带一双备用的。

### 3.皮鞋

穿样式简单、没有过多装饰的皮鞋,后跟不宜太高,但一定要有高度,穿着适当高度的高跟鞋,能够让你的身材更加挺拔,让你的形象更加职业。颜色和套装的颜色一致,如果不知道如何配色,最简单的办法就是穿黑色的皮鞋。凉鞋在面试时最好不要穿。

### 4.皮包

如果习惯随身携带包,那么包不能太大、卡通、劣质。款式可以多样,颜色要和服装的颜色相搭配。最好不要背书包,那会显得很幼稚,影响职业形象。

### 5.化淡妆

淡妆让你更精神、更有专业感。如果抹香水,应该用清新、淡雅的香型,头发要梳理整齐,前额刘海儿不要超过眉毛。

### 6.饰物

佩戴饰物应注意和服装整体的搭配,最好数量较少且以简单朴素为主。

出发前,最好从头到脚再检查一遍,看看扣子、拉链是否扣好、拉好,领子袖口是否有破损,衣服是否有褶皱,鞋子是否干净光亮。

## 二、精心制作个人简历

应聘者制作简历时往往抱着尽善尽美的心态,总觉得为了突出自己,充分展示自己的才能,就要把简历制作得面面俱到,生怕疏漏一些用人单位比较关注的细节部分,从而使自己在最初的竞争中处于下风。因此,制作精美、内容翔实往往是应聘者制作简历时普遍的心理标准。

从用人单位的角度考虑,他们在招聘过程中往往会收到许多应聘者的简历,长篇累牍式的简历会让招聘者头昏眼花。因此,他们对简历篇幅的要求是简短、精练。

一份简历里包含了应聘者的个人信息,同时也是一种个性的体现。在过度借鉴别人简历的风格、形式、内容的同时,大力宣扬自己的优点,包装出一个"完美"的自我,也就意味着对真实性的掩盖,这是用人单位所不愿意看到的。在这一点上,用人单位和大学生存在一定的出入。因为用人单位需要招聘到有真才实学、对企业能做出贡献的人,对那些弄虚作假的人唯恐避之不及。这也是大学生和用人单位在这一点上的认识误差所造成的。

撰写简历应注意以下几个方面:

### (一)避免冗长

应聘者撰写简历形成了这样的现象:博士生一张纸,硕士生几页纸,本科生一叠纸,中专生一摞纸，文凭越低，简历越厚。应聘者生怕简历薄，不够分量，引不起招聘者的重视。殊不知看简历的大多是企业领导，领导们日理万机，那些冗长、空洞的简历，还来不及看完开头就被扔到了一边。有时候，甚至因为简历太厚，放进人才档案库都嫌挤占空间。所以，撰写简历还是以简洁精练、重点突出为好。

### (二)避免虚夸

有的应聘者错误地认为简历写得越奢华、越夸饰越好，知识无所不懂，技能无所不通，极尽夸饰，任意拔高。其实，脱离自身能力的虚夸，往往适得其反，会给招聘者留下不诚实、不踏实的印象。尤其到了面试时，张口结舌，露出狐狸尾巴，落得"聪明反被聪明误"的下场。

### (三)避免过谦

有的应聘者从一个极端走到另一个极端，简历写得过于谦虚。行文小心翼翼，措辞扭扭捏捏，胆小怕事，缺乏自信。招聘者看了，还以为你真的"没料"，对你胜任工作的能力产生怀疑，最终与成功失之交臂。所以，简历还是应当实事求是，适当突出自己的优势。

### (四)避免遗漏要点

有的应聘者，尤其是刚毕业的求职者，缺乏社会经验，写简历眉毛胡子一把抓，无关紧要的经历写一大堆，捡了芝麻丢了西瓜，把真正的要点遗漏了。一份简历通常要写明：个人基本情况、学历、资历、特长、求职意向、应聘要求、联系方法等。这些要点遗漏了，就会给应聘者带来不必要的麻烦和损失。

### (五)避免喧宾夺主

有的应聘者为了突出自己一专多能的素质，在写简历时，主次不分，轻重无别，甚至对业余爱好浓墨重彩，喧宾夺主。招聘者看后分不清你的特长和优势到底是什么。所以，写简历一定要重点突出，主次分明，以便人尽其才。

### (六)避免书面差错

现在，应聘者写简历多是电脑打印，简历写完后，一定要调整格式，符合行文规矩，选择适当字号和字体，使版面整洁、美观，然后要反复检查，认真校对。如能写一手漂亮的钢笔字，那么可以手写求职信，这样更能凸显你的优势和诚意。

## 三、面试在告诉你之前已经开始

被誉为中国近代史上最后一个能成大事者的曾国藩就有过这样的经历。一日，曾国藩正在家读书，突然接到圣上口谕，要他入宫见驾！曾国藩朝服笔挺地就进宫了，被太监带着来到故宫某花园一个亭子里面。"在这儿候着"，太监说完就走了。曾国藩穿戴整齐也不敢坐着，就那么等着，时值盛夏，等了一下午，傍晚又来个太监，说皇上口谕是"回去吧"，曾国藩一头雾水，又不能问，就回家了。到家越想越郁闷，吃了晚饭就去老师家串门，向老师说起了这件事，问及是福是祸。老师沉吟半晌最后问他："亭子上的对联写的是什么？"曾国藩说当时心里又慌又乱，站立不宁，没仔细看。老师说："赶紧去找个太监，让他给你抄出来，准没错！"于是曾国藩照办，第二天上朝皇帝果然问他那亭子里的对联寓意如何,曾国藩对答如流,当即放外省巡抚,赏双眼花翎。

这个故事告诉我们,从你进入人家的视野,面试就已经开始了。主试官通常会在面试之前跟应聘者聊几句,比如,坐什么交通工具来的,家庭情况,怎么知道我们招聘信息,等等,其实这都是面试中不太方便收集的信息,但是确实有用,所以实际上这已经是面试的一部分了,回答起来要跟面试一样谨慎! 问你交通工具或家住哪里是希望了解你家离公司有多远,如果超过一小时路程,上班以后打算怎么办呢? 父母年纪大在外地,而且你是独生子女又该怎么办?

## 四、求职中的举止礼仪

在现代生活中比较重要的礼仪,如服饰打扮、言谈举止、气质风度、文明礼貌,无一不在影响着你的形象,决定着你的前程和命运。因为举止得体,面试获得了机会,这个机会既是工作机会也是学习机会,你将在工作中不断提高自己的能力。反之,如果职场上不注重礼仪,本来很好的机会,可能由于言谈举止的某一个失误,导致面试失败。

### (一)举止见优雅

#### 1. 面试守时,尊重为先

迟到是不尊重主试人的一种表现,也是一种不礼貌的行为。如果你不按时到场,让主试人久等,主试人必定会心烦,而且会认为你这个人面试都迟到,平时工作时怎么可能会守时呢? 特别是外国老板最讨厌不守时的人,已经雇佣的职员如上班不守时,随时都有被解雇的可能。你面试不守时,又怎么可能被录用呢? 而且大公司的面试往往一次要安排很多人,迟到了几分钟,就很可能永远与这家公司失之交臂了,因为这是面试的第一道题,你的分值就被扣掉,后面也会因状态不佳而搞砸。所以,你最好提前10～20分钟到达面试地点,一来可以先熟悉一下环境,找出准确的面试地点;二来可以稍做休息和稳定一下情绪,免得一到就气喘吁吁、慌里慌张地走进面试室。

但招聘人员是允许迟到的,对招聘人员迟到千万不要太介意,也不要太介意主试人的礼仪、素养。如果他们有不妥之处,你应尽量表现得大度开朗一些,这样往往能使坏事变好事。否则,招聘人员一迟到,你的不满情绪就流于言表,面露愠色,招聘人员对你的第一印象会大打折扣,甚至导致满盘皆输。因为面试也是一种对人际磨合能力的考查,你得体、周到的表现,自然是百利而无一害的。

#### 2. 耐心等待,注意细节

一位多年从事人力资源招聘的主试人说:"等待面试的时候你都做什么呢? 据我观察大多数人是干坐着,有些人则参观,有些人读书,有些人找前台服务人员聊天,这其实都能反映出各自的性格。性格没有优劣之分,比如,做销售工作,如果干坐着就会被打问号,为什么不利用这个时间了解些信息呢? 总的来说,起来四处看看没什么坏处。"

进入公司前台,要把到访的主题、有无约定、访问者的名字和自己的名字,报给对方。到达面试地点后,应在等候室耐心等候,并保持安静及正确的坐姿。如果面试地点准备了公司的介绍材料,应该仔细阅读以了解其情况,也可自带一些试题重温,而不要来回走动显得浮躁不安,也不要与别的面试者聊天,因为他们可能是你未来的同事,你的谈话对周围的影响是你难以把握的。要坚决制止的是以下几种情况：大声说话或笑闹、吃口香糖、抽烟、接手机。对等候室外或面试室外的接待人员要以礼相待，不要忘记向他（她）多说几声"谢谢""请你……"之类的客套话。要把接待人员当主人看待，也许接待人员就是公司经理的秘书、办公室主任或人事部门的主管人。如果你目中无人，没有礼貌，在决定是否录用时，他们可能也有发言权。

**3. 礼貌入门，显示教养**

先说一声"先生（女士），早晨好（下午好）！"然后转身，静静地把门关好。若听到主试人亲切地问候"你好！很高兴见到你"等，则应该视情况回答"你好"或"见到您我也很高兴"或"感谢您给我这次面试的机会"之类的话。

**4. 大方握手，显示诚意**

当主试人的手朝你伸过来时，不要只是关节握关节，要坚实有力，传达出力量、自信、真诚和友情，通过握手让主试人知道你是怎样的一个人。握手不要太使劲，不要使劲摇晃；不要用两只手，用这种方式握手在西方公司招聘人员看来不够专业。你的手应当是干燥、温暖的。如果你刚刚赶到面试现场，用凉水冲冲手，可使自己保持冷静。如果手心发凉，就用热水捂一下。在主试人未说"请坐"之前，切勿坐下。若听见主试人说"请坐"之后，应该说一声"谢谢您，先生（女士）"。坐下时，女士应先用手在背后扫一扫裙子，然后将公文包放在大腿上。

**5. 眼神交流，亲切自然**

交流中目光要注视对方，但万万不可死盯着对方看。如果不止一个人在场，要时不时用目光扫视一下其他人，以示尊重和平等。回答问题时要正视提问者的眼睛和眉毛部位，与对方的目光接触是很有必要的，若不敢正视对方，会被人认为害羞、胆怯，严重时会让对方觉得你不够诚实或者有所隐瞒。

**6. 正襟危坐，优雅举止**

不要紧贴着椅背坐，也不要坐满椅子，坐下后身体要略向前倾。一般以坐满椅子的三分之二为宜，这既可以让你腾出精力轻松应对主试人的提问，也不至于让你过于放松。

**（二）谈吐见风度**

语言是求职者的第二张名片，它客观反映了一个人的文化素质和内涵修养。面试时对所提出的问题要对答如流、恰到好处，又不能夸夸其谈、夸大其词。语言艺术是一门综合艺术，包含着丰富的内涵。一个语言艺术造诣较深的人需要多方面的素质，如具有较高的理论水平、广博的知识、扎实的语言功底。谦虚、诚恳、自然、亲和、自信的谈话态度会让你在任何场合都受到欢迎。动人的公关语言、艺术性的口才将帮助你获得成功。面试时要在现有的语言水平上，尽可能发挥口才的作用。自我介绍是很好的表现机会，应把握以下几个要点：

首先，要突出个人的优点和特长，并有相当高的可信度。语言要概括、简洁、有力，不要拖泥带水、不分轻重。

其次，要展示个性，使个人形象鲜明，可以适当引用别人的言论，如用老师、朋友的评论来支持自己的描述。

第三，坚持以事实说话，少用虚词、感叹词。

第四,要注意语言逻辑,介绍时宜层次分明、重点突出。尽量不要用简称、方言、土语和口头语,以免对方听不懂。当不能回答某一问题时,应如实告诉对方,含糊其词和胡吹乱侃会导致失败。

第五,当主试人提出的问题令你感觉受到冒犯或者与工作无关时,可以有礼貌地委婉回答"对不起,我不知道这个问题与我应聘的职位有什么关系""我能不能暂时先不回答这个问题"等。面谈结束,向主试人致谢。

### (三)聆听见修养

在面试过程中,主动的交谈传递出主试人需要的信息,展示出你的能力和风采。而聆听也是一种很重要的礼节,不会听也就无法回答好主试人的问题。好的交谈是建立在聆听的基础上的。聆听就是要对对方说的话表现出有兴趣。在面试过程中,主试人的每一句话都是非常重要的,你要集中精力认真地去听。要记住说话人说话内容的重点,并了解说话人的希望所在,而不要仅仅注重说话人的长相和语调。即使说话人所说的内容确实无聊、乏味,你也要转变自己的想法,认真听对方的谈话。

倾听对方谈话时,要自然流露出敬意,这才是一个有教养、懂礼仪的人的表现。认真聆听要做到以下方面:

(1)记住说话人的名字。

(2)用目光注视说话人,保持微笑,适时地频频点头。

(3)身体微微倾向说话人,表示对说话人的重视。

(4)了解说话人谈话的主要内容。

(5)适当地做出一些反应,如点头、会意地微笑、提出相关的问题。

(6)不离开对方所讲的话题,巧妙地通过应答,把对方讲话的内容引向所需的方向和层次。

### (四)结束表感谢

在一次公司面试中,一位男青年进入面试办公室,不到三分钟,主试人就对他说"谢谢你的光临"便婉言送客了。可是男青年并没有一走了之,在临走之前对主试人说:"很感谢贵公司给我这次机会,让我知道我还需努力!"主试人意识到这位青年正是他们要聘用的人员,随即就把这位青年录为了名额以外的附加人员。

面试结束后诚恳地说声"谢谢您的面试""再见,希望能再见到您"后及时退出面试室。当主试人宣布面试结束后,求职者应礼貌道谢,及时退出面试室,不要再提什么问题(如果你认为确有必要的话,可以事后写信或回访),以免影响他人面试。离开时要将椅子放回原位,安静地走出面试室。

## 五、面试后勿忘礼

许多求职者只注意面试时的礼仪,忽略了应聘后的善后工作,可事实上,面试结束并不意味着求职过程的完结,求职者不应该袖手以待聘用通知的到来,有些事情你还需要加以注意。

## （一）写信表示感谢

面试结束以后，即使对方表示不予录用，也应通过各种途径表示感谢。面试后的两三天内，你最好给招聘人员打个电话或写信表示感谢。感谢电话要简短，最好不要超过三分钟。请注意，面试后表示感谢是十分重要的，因为据调查，十个求职者有九个不会向招聘人员写感谢信，你如果没有忽略这个环节，则显得别具一格而又注重礼节，说不定会使对方改变初衷。感谢信要简洁，最好不超过一页纸。感谢信的开头应提及你的姓名及简单情况，以及面试的时间，并对招聘人员表示感谢。感谢信的中间部分要重申你对该公司、该职位的兴趣，增加一些对求职成功有用的新内容。感谢信的结尾可以表示你对自己的信心，以及为公司的发展壮大做贡献的决心。

微软公司的前副总裁史蒂文斯曾经在一个软件公司做了八年程序员。正当他工作得心应手之时，公司却倒闭了，他不得不为生计而重新找工作。这时，微软公司要招程序员，待遇相当不错，史蒂文斯便信心十足地去应聘。凭着过硬的专业知识，他轻松地过了笔试关，对两天后的面试，史蒂文斯也很有信心。然而，面试时主考官问的却是关于软件未来发展方向的问题，这点他从来没有考虑过，因此他最终惨遭淘汰。然而史蒂文斯觉得微软公司对软件业的理解令他耳目一新，让他深受启发、受益匪浅，于是他给微软公司写了一封感谢信："贵公司花费人力、物力为我提供笔试、面试的机会，虽然我没有应聘成功，但通过应聘使我大长见识、获益匪浅。感谢你们为之付出的劳动，谢谢！"这封信后来被送到总裁比尔·盖茨的手中。没多久，史蒂文斯收到了微软的录用通知。十几年后，凭着出色的业绩，史蒂文斯终于成了微软公司的副总裁。

## （二）不要过早打听结果

在一般情况下，每次面试结束后，招聘主管人员都要进行讨论和投票，然后送人事部门汇总，最后确定录用人选，这个阶段可能需要三五天的时间。求职者在这段时间内一定要耐心等候消息，不要过早打听面试结果。这个时候你可以收拾心情，重新调整。如果你同时向几家公司求职，在一次面试结束后，则要注意调整自己的心情，准备全身心投入应对第二家面试的考验当中去。在接到聘用通知之前，面试结果还是个未知数，所以你不应该放弃其他机会。

一般来说，如果你在面试的两周后，或主考官许诺的时间到来时还没有收到对方的答复，就应该写信或打电话给招聘单位，询问面试结果。

应聘中不可能每个人都是成功者，万一你在竞争中失败了，也不要气馁。这一次失败了，还有下一次，就业机会不止一个，关键是必须总结经验教训，找出失败的原因，并针对这些不足重新做准备，以谋求"东山再起"。

### ●∙●∙● 案例分析一

### 应聘礼貌必不可少

这两天，大学生小周有点心神不宁。前一阵，他向一家心仪已久的文化公司投递了求职简历，却迟迟没有回音。无奈之下，他决定打电话询问，不料竟被告知公司今年不招应届生。明明有用人需求，却为何独独排斥应届大学生，难道自己遭遇了职场歧视？百思不解的小周拨通了某报热线，寻求帮助。与此同时，在昨今两天举行的大型招聘会上，有此遭遇的人还不止小周一人。

小周告诉记者，他是在网站上看到这家公司的招聘启事的，招聘的是专题策划编辑。小周在大学里做过学生刊物主编，也曾与校外的企业一起策划过校园活动，毕业后很想投身于文化产业。于是他一眼看中了这家公司，并自认条件不错，不料却吃了"闭门羹"。

按照小周提供的电话，记者找到了这家公司的人事部负责人。据该负责人表示，拒招大学生的决定事出有因。去年年终总公司组织京沪穗三地分公司老总开总结会议时，大学生员工不懂礼貌，竟成了大家一致"投诉"的焦点。上海老总称，年轻人见到领导不打招呼，挤电梯时装作不认识把老总挤出去，而受到一点批评，却冲到老总办公室吵闹。一次公司员工乘火车到外地出差，一个年轻人抢先占了靠车窗的座位，然后把杯子递出来，让老总帮他泡杯茶。而另一个年轻人得知下车后可以放半天假时，竟连招呼也不打就开溜了，留下领导将一堆演示仪器搬到宾馆。

受过高等教育的大学生为何待人接物如此幼稚？上海分公司在今年年初的会议上，不仅公开批评了公司年轻人的德行，同时也指示人事部门，在现在的年轻人"改造"好之前，不再招收应届大学生。

针对小周的遭遇，在昨今两天举行的本市大型招聘会上，记者特意做了一番观察后发现，不少用人单位确实十分注重求职者的礼仪修养。

一个男生挤到招聘席前，高举简历，大声叫嚷："喂，收一下我的应聘材料！"但招聘人员看了他一眼，继续和其他应聘者交谈。事后，招聘人员告诉记者："像这样没礼貌的人，谁也不敢要。"

另外，一些大学生的"生硬"语言，听来也格外刺耳。"某某岗位有什么待遇""不录取就把我的简历退给我"等诸如此类的话，让招聘单位感叹现在的大学生没礼貌。一位民营企业的老总告诉记者，有的学生应聘时单手递简历，单手接登记表，回答问题时左顾右盼，应聘结束后立即转身离开，也不会说"谢谢"。

**【评析】**

现在的大学生虽然头脑灵活，但思维方式习惯以自我为中心，不太考虑别人的感受，这确实是不少新员工的通病。在就业竞争激烈的今天，能力固然重要，但如果忽略了"礼仪细节"，如本案例中的大学生不懂见面礼仪、电梯礼仪、交谈礼仪，很多机会就会悄悄溜走。

## 案例分析二

### 让人瞠目结舌的求职者

某高校招聘一位政治老师，一位研三男生捧着简历进入了考场。这位男生戴着厚厚的如玻璃瓶底的眼镜,看得出来他从来不擦眼镜,因为镜片灰蒙蒙的,给面试官雾里看花的感觉。外套是中老年样式的浅灰色的夹克,里面的衬衣领子已经泛黑,衬衣上面的扣子没有扣,里面青色的保暖内衣若隐若现,头发油光可鉴。面试官们互相交换了一下无奈的表情。

正当这位男生要开始介绍自己时,突然他的手机响了,于是他以迅雷不及掩耳之势跑出了考场。面试官们面面相觑,一分钟以后,这位求职者回来了,向面试官们道歉,但此时,结局已不可挽回了。

**【评析】**

这位求职者显然犯了求职的大忌。邋里邋遢的形象让人对他的第一印象已坠入谷底,要么让人觉得是书呆子,只知道读书不知道职场规则,要么让人觉得是求职者不重视面试官和招聘单位。尤其令人瞠目结舌的是,在面试那么重要的场合没有关闭手机,而且还旁若无人地出去接听手机。这位求职者显然没有做好学生向职场人士转变的准备,不录取他也在情理之中。

### 案例分析三

#### 《当幸福来敲门》里的面试礼仪

《当幸福来敲门》是一部非常励志的电影。影片讲述了一位濒临破产,老婆离家的落魄业务员,如何刻苦耐劳称为股市交易员,最后成为知名的金融投资家的励志故事。男主角除了头脑灵活以外,求职面试中的成功与失败也值得我们好好体会。

男主角克里斯加纳在推销医用扫描仪的时候,无论多忙,都是西装革履,看起来干净利落。工作中,他特别注意礼貌用语。谈话时,尽量保持一种精神饱满的,愉悦的状态。因未交汽车罚款而被拘留在警察局,第二天,当他从警察局出来的时候,离金融公司约定的面试时间只有45分钟了,时间紧迫,他来不及更换衣服,为了专注唯一的机会,竭尽全力赶到现场,一身生活妆与当时面试场景中的职业装显得相形见绌。在谈话中他自行笃定、说话很真诚等方面的优势终于弥补了他在服饰上的缺陷,赢得了实习机会。当他一身脏分分地走进面试场地,面对满脸嫌恶、疑惑的面试官,克里斯.加纳并没有忘记平时的见面礼仪-问好握手,再次是说一番真诚的话,取得面试官的理解

**【评析】**

西装革履的克里斯加纳与衣着邋遢的克里斯加纳,哪种形象才符合面试呢?毫无疑问,无论任何时候,在工作场合和求职面试中,都应该注意自己的形象,西装革履是职业精神的体现。对于只剩下45分钟的克里斯来说,是选择回去换衣服再来面试还是不换衣服直接冲到面试现场?在换衣服和避免迟到两难中,他选择了避免迟到无疑是正确的。及时赶到可以为自己衣冠不整做出解释,可是如果选择了换装,赶来时已经没有解释的机会了。当然,我们在求职中,不会遇到这么戏剧化的情节,衣冠整齐和避免迟到都是应该做到的。

知识链接

1.战国时齐国有个丑女叫无盐,奇丑无比,却要当王后,就去自荐,让人禀报说齐国嫁不出去的女人要给齐王当嫔妃。这事看着荒唐,却让齐王觉得很稀奇,感觉来者不凡,赶紧召见。问她有何本事,无盐说会隐语之术,于是扬眉、切齿、两臂前挥,口称:"殆哉,殆哉。"齐王更是糊涂了,问是什么意思,无盐才说:"赵国陷我鄄邑,大王却闭塞不知,而是身边左俳右优,长夜沉湎酒色,危险呀,危险呀,愿大王尽快驱俳优,逐佞臣,进贤人,治国家。"齐王顿悟,感觉无盐是个人才,真的立她为王后,从此齐国大治。

2.伊尹是商汤的一个厨师,奴隶身份,他为了引起商汤的注意,就在饭菜上做文章,他有时把饭菜做得美味可口,有时却故意做得咸淡不均,商汤很纳闷,就把伊尹找来问是怎么回事。伊尹就说了:饭菜不能太咸,也不能太淡,只有把佐料放得恰到好处,吃起来才有味道。治理国家也一样,既不能操之过急,也不能松弛懈怠,只有把握好分寸和时机,才能把事情做好,国家才会兴旺。这几句话可是说到商汤心里去了,没想到一个厨房里的奴隶竟是如此人才,商汤大喜过望,就解除了伊尹奴隶的身份,任命他为右相。后来伊尹帮助商汤灭了夏朝建立了商朝。伊尹为商朝理政安民60余载,当了三朝元老,权倾一时,而且治国有方,后世称之为贤相。

## 第二节　办公室礼仪,不让办公室政治破坏和谐氛围

### 情景导入 ▶▶▶

#### 四大丫鬟的职场道路

在《红楼梦》中,四大著名丫鬟由于各自情商不同,她们的职场之路也迥然相异。晴雯是典型的完美主义者,严于律己、严于待人。她能干,本职工作做得比谁都好都巧,关键时刻更能"勇补孔雀裘"。可惜她各层面上的人际关系没有处理好,一句"风流灵巧招人怨"正是对她惨淡结局的最好诠释。相比晴雯,袭人在能力上虽有不足,但人际关系却处理得相当好。紫鹃是相当周到细心的丫鬟,办事也能准确把握时机和火候。天冷了会让雪雁给姑娘送手炉,会在宝黛关系扑朔迷离之际"妙语试宝玉"。平儿的岗位是紫鹃的"发展版"。作为陪嫁丫鬟的她要伺候两个主子,而这两个主子哪一边都不是省油的灯。平儿能够稳步发展的一大法宝,是在所有人面前保全两个主子的面子和尊严。在一系列危急事件中,她以忘我的态度服务领导,不为自己争辩,不为自己的委屈较真,以平实恳切为自己赢得了生存空间。

### 知识详解

职场中跟你相处时间最多的人就是你的同事。与同事相处得如何,直接关系到自己

的工作、事业的进步与发展。如果同事之间关系融洽、和谐,人们就会感到心情愉快,有利于工作的顺利进行,从而促进事业的发展。反之,同事关系紧张,相互拆台,经常发生摩擦,就会影响正常的工作和生活,阻碍事业的正常发展。要想在事业上获得成功,在工作中得心应手,就不得不深谙同事间相处的学问。

## 一、真诚友善

真诚友善是人际交往的基础,对于职场新人,只要本着真诚友善的原则,就会获得较好的印象。

与同事相处要以诚为贵。俗话说:"诚能动人,至诚可以胜天。"刘备三顾茅庐请诸葛亮,诸葛亮被刘备的真诚所感动,鞠躬尽瘁,为辅佐刘备成就兴汉大业付出了一生的心血。诸葛亮之所以如此是刘备的真诚所致。大事如此,小事也不例外。

以诚相待同样也体现在同事之间的互相帮助上。当同事在工作或生活上需要帮助时,你应该及时伸出援手,而不要抱着观望的态度,更不能幸灾乐祸、落井下石;当同事无意间冒犯了你时,你应该抱着宽容大度的心态,真心真意地原谅他。因为你们是朝夕相处的同事,每天将有一半的时间和他在一起。同事是你快乐工作中不可缺少的一部分。

但是,真诚不是写在脸上的,而是发自内心的,伪装出来的真诚有时候比真正的欺骗更令人心寒。

## 二、不即不离

在冷风瑟瑟的冬日里,有两只困倦的刺猬想要相拥取暖休息。但无奈双方的身上都有刺,刺得双方睡不安稳。分开了又冷得受不了,于是又凑到一起。几经折腾,两只刺猬终于找到了一个合适的距离,能互相取暖又不至于刺到对方。

同事之间的相处就像相互取暖的刺猬,需要调整距离。职场中,人与人距离太近,难免会产生摩擦,在职场交往中,零距离反而会让人失去应有的职场礼仪,犯了交往的大忌。最好的做法是,既不要冷若冰霜,拒人于千里之外,也不要拉拉扯扯,忘记了两个人之间应有的距离而显得过于随便。

一位心理学家做过这样一个实验。在一个刚刚开门的大阅览室里,当里面只有一位读者时,心理学家就进去拿把椅子坐在他或她的旁边。试验进行了 80 人次。结果证明,在一个只有两位读者的空旷的阅览室里,没有一个被试者能够忍受一个陌生人紧挨着自己坐下。

### (一)适当的身体距离

办公室同事无论男女,都要有适当的身体距离,尤其是异性同事更要重视这一点。

人际交往距离有亲密距离和个人距离。亲密距离是人际交往中的最小间隔或几乎没有间隔,即我们常说的"亲密无间",其近范围在半米之内,彼此间可能肌肤相触、耳鬓厮磨,以至相互能感受到对方的体温、气味和气息。身体上的接触可能表现为挽臂执手或促膝谈心,体现出亲密友好的人际关系。办公室中,这种交往情境属于私下情境,只限于在情感上联系高度密切的同性同事使用,对于异性同事就不太雅观。个人距离是人际间隔上稍有分寸感的距离,较少直接进行身体接触。个人距离的近范围为半米至一米之间,正好能相互亲切握手,友好交谈。这是一般同事的交往空间。

### (二)适当的人际距离

距离产生美,这不仅仅是一种物理现象,更是一种人际交往的学问,是我们身在职场的人必须要把握好的尺度。身在职场,如果你和一位异性同事交往过密的话,就容易产生绯闻,容易影响前程。如果你与某位上司有太多工作之外的接触的话,同事就会对你有看法,不利于你在公司的"生存"。所以,身在职场,我们一定要在真诚交往的基础上,保持好与同事之间的距离。

### 三、尊重隐私

中国有句俗话"谁人背后不说人,谁人背后无人说"。身在职场,人际关系复杂,利益纠葛让人们忽视了该有的礼貌,即尊重他人的隐私。同事之间相处不要刻意地去打听别人的家庭情况、工资收入、夫妻关系等。

人与人之间需要保持一定的空间距离。任何一个人都需要在自己的周围有一个可以把握的自我空间。而当这个自我空间被人触犯就会感到不舒服、不安全,甚至恼怒起来。尊重隐私还包括远离流言蜚语,"为什么××总是和我作对?这家伙真让人烦!""××总是和我抬杠,不知道我哪里得罪他了!"……办公室里常常会飘出这样的流言蜚语。要知道这些流言蜚语是职场中的"软刀子",是一种杀伤性和破坏性很强的武器,往往会造成对受害人心理上的伤害,它会让受伤害的人感到厌倦不堪。经常性地搬弄是非,会让其他同事对你产生一种避之唯恐不及的感觉。

### 案例分析一

#### 职场"菜鸟"和杜拉拉

小任有行政管理专业大专文凭,又自修了文秘专业的本科学历,找工作相对比较容易。但是毕业两年的她却换了好几家工作单位,最长的八个月,最短的一个月。可是她为什么跳槽如此频繁呢?

原来,小任被办公室人际交往所困扰,面对不了同事的议论。"我是个性格外向的人,可是由于职业需要我经常约束自己,有的同事就说我装模作样。另外我做事很认真,上司交给的工作都能一丝不苟地完成,有业务往来的同事就在背后议论我古板。"

她总觉得同事们在背后对她指指点点,认为自己条件优越找工作不难,可不承想每一家单位都有这样的矛盾。

但是,另外一些职场人士却没有这种烦恼,能很好地处理职场面临的问题。杜拉拉就是这群人的代表。杜拉拉可以说是现在中国知名度很高的职场女性。其实,她是职场小说《杜拉拉升职记》的主角,因代表了典型的中产阶级,所以引起了中国新兴都会白领的共鸣。杜拉拉的职场励志故事除了是畅销书,还被改编成电视剧、舞台剧和电影,俨然掀起了"杜拉拉"热潮。对于职场新人来说,杜拉拉的故事很精彩,体现了职场的百般生态。中国《新民周刊》评论说:"《杜拉拉升职记》不是心灵鸡汤,更像是在职场中摸爬滚打的芸芸众生的'葵花宝典'。"还有人认为:"她的故事比比尔·盖茨的故事更值得参考。"

杜拉拉的上司要求她关闭生产力不高的部门,为了避免招致同事不满,她编制了一套标准作业程序(Standard Operating Procedure,简称SOP),清楚列明无法达标部门的厄运,也让同事明白这是上层的要求,对事不对人。

【评析】

小任的人际交往困扰是很多职场新人都需要面对的问题。作为职场新人,不仅要熟悉职场规则,更要加强自己的心理素质。而杜拉拉则在职场中游刃有余,良好的情商让她的职场之路非常顺利。从职场"菜鸟"和杜拉拉中得到的启发是:要在职场中"生存",除了工作实力,也要肯拼及拥有良好的人际关系。

## 案例分析二

### 你的对手就是你的镜子

美术大师要选一个年轻人做他丹青事业的关门徒弟,前来考试的人很多,经过几轮严格的淘汰赛,只剩下两个年轻的画家:一个是从美院刚刚毕业的年轻人,他的作品已多次参加各种画展,并且获得了不少奖项,实力确实不俗。另一个年轻人则是刚从乡村来的,他酷爱绘画,画了不少上乘之作,自学成才,备受画坛称道。

大师说:"你们两位的作品我都看了,难分伯仲,各有千秋。现在我只有看你们各自的美术天赋了。"大师让他们两人各自为对方画一张白描画像,两个年轻人听了,立刻支好画板,迅速观察对方画起来。乡村来的这个年轻画家想,画人一定要抓住一个人美的形态,把一个人外在的美和心神的美完美地结合起来,使被画的对象更美。于是他就仔细观察对方所具有美的特质,一笔一画地谨慎给对方画像,对方的额头较窄,他就把额头画饱满些,对方的眼睛较小,他尽可能把眼睛画大些,使它更具熠熠神采。

而从美院刚毕业的这位年轻画家就不同了,他暗暗思索:对方现在是我唯一的竞争对手,把他画得太美,无疑将对自己不利,不如略微把他画得丑一些,这样对于向来喜欢洁净、纯美的大师来说,自己就不知不觉中多了一份胜算。于是,他就着意对方脸盘的粗糙,以及渲染对方脸上那个不太明显的痦子。

两个年轻人都很快画好了,应该说,这两幅作品都是他们难得的得意之作。他们把各自的作品交给大师,心怦怦地跳着等待大师的评判。大师拿起两幅画又再三瞧了瞧这两个实力都着实不俗的年轻人,最后大师对从美院刚刚毕业的那个年轻人说:"很遗憾我们两个没有师生的缘分。"这个年轻的画家很不解,问大师为什么这么快就做出了选择。大师叹了一口气说:"从事美术创作需要一种天赋,那就是从平凡中发现美、渲染美,不管他是你的敌人还是你的竞争对手,你都要观察和着意表达他的美,不能因为其他的因素而掩盖对方的美。画出你的对手美,画出你的敌人美,这才是一个人作为杰出画家所必需的天赋和胸怀,这样的画家才会有前途,才具有成为画坛大师的天赋。"这个年轻人明白了,惭愧地背起自己的画板低着头走了。

## 【评析】

心灵的善良,往往是一个人人生成功的最大天赋。不管他是你的对手或朋友抑或是办公室的同事,也不管他对你有什么潜在的敌意,用你宽容的心去客观地看待他,用你的善良去仔细发觉和渲染他那一点点的美,你会拥有一种博大的气度。

## 相关链接

草莓族指的是职场中"外表光鲜,一碰就烂"的一群人。他们重视享乐却受不了挫折,抗压性差,合群性不足,主动性和积极性均较差,不懂职场礼仪尤其是办公室礼仪。日本草莓族现在逐渐进入社会,让企业大伤脑筋,草莓族自己也胆战心惊,为了教导草莓族职场上的应对进退之道,除了各种相关书籍纷纷出笼之外,甚至还有厂商推出电玩游戏,有的草莓族干脆在求职之前,先到补习班进行职前训练。

# 第三节　谈判礼仪,互相尊重实现双赢

## 情景导入 ▶▶▶

### 电影中的谈判

谈判在日常生活中无所不在,电影中的谈判往往与危机有关,绑票、恐怖分子威吓、黑帮冲突或是国际争端等,而那些银幕谈判专家们的辩论技巧,绝对不亚于一些名牌大律师! 不用进哈佛大学与波士顿大学,只需要花点钱,买张电影入场券,你也可以现场体验刺激的谈判过程!

《千惊万险》中这些身强体壮、剽悍勇猛的谈判专家在安慰受害家属、交涉赎金后,义无反顾地深入敌区,千惊万险地抢救人质。

《王牌对王牌》中,过招的两位同样是高学历、高能力、高知名度的"明星级谈判专家"。丹尼原是芝加哥警局最顶尖的谈判高手,如今却陷入了生平最大的困境:他不但无故背负了盗用公款的罪名,还被陷害成为一宗杀警案的头号犯罪嫌疑人,在申诉无门的情况下,丹尼在20楼高的芝加哥警局总部绑架了一群人质。美国霹雳小组的狙击手很快便层层包围了这栋大楼,所有的枪口都瞄准了丹尼,紧张的情势一触即发,昔日的谈判高手,竟沦落为挟持人质的歹徒……事到如今,为了在有限的时间内找出真凶,洗刷自己的罪名,丹尼要求和另一管区(美国西部)的谈判专家克里斯谈话,于是,两位谈判专家展开了面对面的接触,一场意志力与言语的拉锯战就此上场。两位谈判专家都深谙人性,具有绝佳的推理力、决断力与行动力,并且保有无人能及的不败纪录。

除此之外,如《重庆谈判》中的国共谈判,《邓小平》中邓小平和英国撒切尔夫人谈判等。这些谈判电影里,谈判代表们展示了有礼有节的谈判技巧。

**知识详解**

### 一、谈判前的准备，知己知彼

知己知彼，百战百胜。谈判前的准备是不可缺少的，充分的准备让你成竹在胸，信心十足。

谈判代表要有良好的综合素质，谈判前应整理好自己的仪容仪表，穿着要整洁、正式、庄重。男士应刮净胡须，穿西装必须打领带。女士穿着不宜太性感，不宜穿细高跟鞋，应化淡妆。布置好谈判会场，采用长方形或椭圆形的谈判桌，门右手座位或门对面座位为尊，应让给客方。

谈判前应对谈判内容、主题、报价、策略等做好万全的准备。谈判之初的重要任务是摸清对方的底细，因此要认真听对方谈话，细心观察对方举止表情，并适当给予回应，这样既可了解对方意图，又可表现出尊重与礼貌。

### 二、谈判中，不卑不亢有礼有节

谈判之初，谈判双方接触的第一印象十分重要，言谈举止要尽可能创造出友好、轻松的良好谈判气氛。

#### （一）善于表达

作自我介绍时要自然大方，不可露傲慢之意。应微笑示意，可以礼貌地说"幸会""请多关照"之类的话。询问对方要客气，如"请教尊姓大名"等。如有名片，要双手接递。介绍完毕，可选择双方共同感兴趣的话题进行交谈。稍做寒暄，以沟通感情，创造温和气氛。

谈判之初的姿态动作也对把握谈判气氛起着重大作用，目光注视对方时，目光应停留在对方双眼至前额的三角区域正方，这样会使对方感到被关注，觉得你诚恳严肃。手势自然，不宜乱打手势，以免造成轻浮之感。切忌双臂在胸前交叉，那样显得十分傲慢无礼。

#### （二）多听少说

在谈判学中有句名言："最廉价的让步就是让对手清楚你在全神贯注地倾听他的发言。"商务谈判时一定要了解对方的想法，才能在接下来谈判中把握好自己的策略，有针对性地进行谈判。多听不仅能了解对手，还能有时间整理好自己的思路，以便在接下来的谈判中表达观点有理有据。在倾听的同时可以观察对方的表情、神态、举止等细节，通过身体语言来透视对方。全面的观察和整体的思考有助于谈判朝着有利于自己的方向进行，提高成功的可能性。

#### （三）巧妙应答

在商务谈判中，有问必有答，"问"有艺术，"答"也有技巧。总的来说，谈判者应该弄清对方提问的真正含义，不能随便答复。要掌握回答问题的原则，即什么能说，什么不能说，而不必考虑回答问题是否对题。要推测回答后果，并决定己方如何回答等。具体而言，对不同的提问,应该采取不同的方式回答,如正确回答、不彻底回答、不确切回答、回避回答、以问代答、要求对方再次阐明问题等。

### (四)无声语言

商务谈判中,谈判者通过姿势、手势、眼神、表情等非发音器官来表达的无声语言,我们通常称之为非语言(body language),非语言往往在谈判过程中发挥重要的作用,常见的形式有:与讲话人目光接触,微笑,点头,未听懂时表现出困惑不清的表情,感到奇怪时做出惊奇的表情。在有些特殊环境里,有时需要沉默,恰到好处的沉默可以取得意想不到的效果。

## 案例分析

### 西乡南州力挫巴克斯傲气

英国驻日公使巴克斯是个傲气十足的人,他在同日本外务大臣寺岛宗常和陆军大臣西乡南州打交道时,常常表现出不屑一顾的神态,还不时地嘲讽两人。但是每当他碰到棘手的事情时,总喜欢说"等我和法国公使谈了之后再回答吧!"寺岛宗常和西乡南州商量决定抓住这句话攻击一下巴克斯这种傲气十足的行为。一天,西乡南州故意问巴克斯:"我很冒昧地问你一件事,英国到底是不是法国的属国呢?"

巴克斯听后又挺起胸膛傲慢无礼地回答说:"你这种说法太荒唐了。如果你是日本陆军大臣的话,那么完全应该知道英国不是法国的属国,英国是世界最强大的立宪君主国!"

西乡南州冷静地说:"我以前也认为英国是个强大的独立国,现在我却不这样认为了。"

巴克斯愤怒地质问道:"为什么?"

西乡南州从容地微笑着说:"其实也没有什么特别的事,只是因为每当我们代表政府和你谈论到国际上的问题时,你总是说等你和法国公使讨论后再回答。如果英国是个独立国的话,那么为什么要看法国的脸色行事呢?这么看来,英国不是法国的附属国又是什么呢?"

傲气十足的巴克斯被问得哑口无言。从此以后他们互相讨论问题时,巴克斯再也不敢傲气十足了。

### 【评析】

西乡南州在谈判上善于抓住巴克斯语言上的弱点展开攻势,最后取得令人满意的效果。毫无疑问,任何人都不可能是十全十美的,难免有自己的弱点,而傲气者一旦被别人抓住弱点进行攻击,也就瓦解了其傲气的资本。

### 知识链接

诸葛亮初到江东,作为弱国的使者,而且独自一人,看上去势单力孤。江东的那些怕硬欺软的谋士们,倚仗着人多势众,个个盛气凌人。诸葛亮决心先打败他们的气焰,所以出手凌厉,制人要害,像张昭这样的江东首席谋士,凭他的嚣张气势,也不过勉强与诸葛亮周旋了三个回合。他突出的弱点是主张降曹,投降是既无能又无耻的表现。诸葛亮瞅准这一点,在历数刘备一方怎样仁义爱民、艰苦抗击曹操之后,话锋一转:"盖国家大计,社稷安危,是有主谋。非比夸辩之徒,应誉欺人;坐议交谈,无人可及,临机应变,百无一能,诚为天下笑耳!"这样就一下子点到了张昭的痛处,使他再也不能开口。

张昭以下的虞翻、步鹭、萍踪、陆绩、严峻、程德枢之流,都是上来一个回合就翻身落马的。如薛练与陆绩出于贬低刘备,抬高了曹操的身份,这就犯了当时士大夫阶层中的舆论大忌。诸葛亮一把抓住这点,斥责他们一个是"无父无君",一个是"小儿之见",说得两个人"满面羞愧",先后"语塞"。严峻与程德枢完全是迂腐儒生,一个问诸葛亮"适为儒者所笑",诸葛亮尖锐地指出:"寻章摘句,世之腐儒也,何能兴邦立事""小人之德……笔下虽有千言,胸中实无一策"。准确有力地击中对方的弱点,使对方垂头丧气,理屈词穷。这场谈判以诸葛亮的完胜而告终。

# 第四节　拜访礼仪,抓住生命中难得的见面机会

## 情景导入 ▶▶▶

### 五分钟改变一生

在电影《华尔街》中,主人公福巴德通过对股市大亨、VIP客户盖葛先生的一次商务拜访,抓住了难得的五分钟,从而赢得了事业的转机。

业务平平却不甘平凡的主人公福巴德,通过周密的安排和耐心地等候,运用出色的沟通技巧以及彬彬有礼的态度,最终获得了与盖葛先生沟通五分钟的机会。通过这五分钟的展示,他抓住了机会,改变了命运。

## 知识详解

### 一、拜访前的准备

#### 1. 提前预约

拜访之前必须提前预约,这是最基本的礼仪。一般情况下,要提前三天给拜访者打电话,简单说明拜访的原因和目的,确定拜访时间,经过对方同意后才能前往拜访。

#### 2. 准备好拜访资料及名片

古语有云:"多算胜,少算不胜,而况于无算乎?"这也说明了拜访前需要准备客户的信息资料。拜访最重要的目的是见到客户,以便获取对方的基本信息和需求信息。如何获得对方的信息呢?有以下几种办法:一是可以通过各项公司经营活动获取客户信息;二是可以通过熟人介绍等获取客户信息;三是可以通过户外宣传活动和通过物业公司、管理

处、政府机构等获取客户信息。

获取对方信息后,要对获取的信息进行整理,筛选出可能有需求的客户。见面后第一个环节就是互换名片,所以需要确认是否将名片准备妥当。如果没有准备好名片,对方很容易对你的工作能力和效率产生怀疑。

### 3. 明确拜访目的

拜访前要做到对此次拜访心中有数,比如,你希望对方为你解决什么问题,你想对对方提出什么要求,最终你想要得到什么结果,等等;这些问题的相关资料都要有所准备。

### 4. 登门要有礼物

拜访前要准备必要的礼品。无论是初次拜访还是再次拜访,礼物都不能少。礼物可以起到联络双方感情、缓和紧张气氛的作用。所以,在礼物的选择上还要下一番功夫。了解对方的兴趣、爱好及品位,有针对性地投其所好,就能把礼物送到对方的心坎里,也能为拜访创造一个良好的氛围。

### 5. 塑造良好的仪表形象

以肮脏、邋遢、不得体的仪表登门,是对被拜访者的轻视,被拜访者会认为你不把他放在眼影,会直接影响沟通的结果。一般情况下,登门拜访时,女士应着深色套裙,以中跟浅口制式皮鞋配肉色丝袜;男士最好选择以深色西装配素雅的领带,外加黑色皮鞋、深色袜子,手提公文包。公文包里要准备好必备的资料。

## 二、拜访时的表现

### 1. 预先告知

快要到达被拜访者家里或公司时,应先打个电话告知。此举有两个作用:一是和对方确认一下,落实预约时间;二是让对方有所准备,比如停止手上的工作,或者婉告当时在场的不方便留下的客人,等等。

### 2. 准时抵达

准时到达指既不要迟到,也不要早到。如果因故早到时间较多,可以在门外等一等,或事先跟对方说一声,因为对方可能还有另外一批客人。

### 3. 问候致意

应问候拜访对象、对方家人以及其他在场的客人。

### 4. 存放自身物品

自己带的包、需脱下的外套等,都要按照主人指定的地方放好。

### 5. 注意就座姿势

客人在主人的引导下进入指定的房间,应待主人落座以后,自己再坐在指定的座位上。一般来说,男士可以两腿之间有一定的距离,也可以跷腿,但不可跷得过高或者不停抖动。女士要两腿并拢或交叉,但不宜向前伸直,尽量不要跷腿。

### 6. 注意交谈时间

拜访中,掌握时间是第一要素。拜访时间不宜过长,否则会影响对方的工作安排。如果在拜访前已经设定了拜访时间,则必须要在规定的拜访时间内结束话题。如果没有对拜访时间有具体要求,那么就要在最短时间里讲清楚所有问题,然后起身告辞,以免影响被拜访者处理其他事务。

**7. 认真聆听谈话**

交谈要集中于正题,少说或不说废话。要认真聆听对方的讲话,注意对方的情绪变化,在适当的时候给予应对。不要用争辩和补充说明打断对方的话。

## 三、拜访后的道别礼仪

拜访必须做到善始善终,一般要按照预约时间或者提前五分钟告别。告别时,要向主人表示"打扰"的歉意,如果在场还有其他人,也需要向拜访中交谈的所有人道别。出门后,应回身主动与主人告别,说"请留步"。待主人留步后,走几步再回首,挥手致意后说"再见"。

## 四、拜访要注意的细节

**1. 只比主人着装好一点儿**

专家说:最好的着装方案是"客户+1",只比客户穿得好"一点儿",这样既能体现对主人的尊重,又不会拉开双方的距离。着装与被访对象差距太大反而会使对方不自在,无形中拉开了双方的距离。如建材销售人员经常要拜访设计师和总包施工管理人员,拜访前者当然要穿衬衫、系领带以表现你的专业形象;拜访后者若同样着装则有些不妥,因为施工工地环境所限,工作人员不可能讲究着装,如果你穿太好的衣服跑工地,不要说与客户交谈,可能连坐的地方都难找。

**2. 随身携带记事本**

拜访中随手记下时间地点和对方的姓名头衔、需求,答应对方要办的事情,下次拜访的时间,也包括自己的工作总结和体会。

**3. 礼貌应接茶水**

对对方或者对方公司接待人员送上的茶水,均应从座位上起身,双手接过来并表示感谢。

**4. 与客户交谈中不接电话**

如果拜访中突然有电话打来,那么这时候接还是不接?如果接电话前做到形式上请对方允许,一般来说对方也会很大度地说没问题。但是对方可能会想:"好像电话里的人比我更重要,否则为什么他会讲那么久。"所以,在进行初次拜访或重要的拜访时,应尽量不接电话。即使打电话的是重要人物,也要接通简单寒暄几句后迅速挂断,等会谈结束后再打过去。

**5. 尽量多说"我们"**

拜访者在说"我们"时会给对方一种心理暗示:我们是一起的,我是站在对方的角度想问题。"我们"虽然只比"我"多了一个字,但却多了几分亲近感。

### 案例分析一

公司新建的办公大楼需要添置一系列办公家具,价值数百万元。公司的总经理已做了决定,向 A 公司购买这批办公家具。

这天,A 公司销售部负责人打来电话,要上门拜访这位总经理。总经理打算等对方来了就在订单上盖章,定下这笔生意。不料,对方登门比预定的时间提前了两个小时。原来,对方听说这家公司的员工宿舍也要在近期内落成,希望员工宿舍需要的家具也能向 A 公司购买。为了谈成这件事,销售负责人还带来了一大堆资料,摆满了台面。总经理没料到对方会提前到访,刚好手边又有事,便请秘书让对方等一会。

这位销售负责人等了不到半个小时,就开始不耐烦了,一边收拾资料一边说:"我还是改天再来拜访吧。"这时,总经理发现对方在收拾资料准备离开时,将自己刚才递上的名片不小心掉在了地上,对方却并没发觉,走时还无意从名片上踩了过去。这个不小心的失误令总经理改变了初衷,A 公司不仅没有机会与对方商谈员工宿舍的设备购买,连几乎到手的数百万元的办公家具的生意也告吹了。

**【评析】**

案例里的销售负责人提前到访,让被拜访者措手不及。同时,他携带的资料并没有事先筛选,便摆满了对方的台面。在等待总经理处理手边事务的时候,销售负责人在语言和神色上都表现出了不耐烦,还从对方的名片上踩了过去,让十拿九稳的生意终究竹篮打水一场空。

### 案例分析二

小王是一名大学刚毕业的职场新人,今天准备去拜访某公司的王经理。由于事先没有王经理的电话,所以小王没有预约就直接去了王经理的公司。小王刚入职不久,也没有该公司的制服,所以他选择了休闲运动装扮。他到达王经理办公室时,王经理正在接电话,便示意他在沙发上坐下等。小王往沙发上一靠,跷起二郎腿,一边抽烟一边悠闲地环视着王经理的办公室。在等待的过程中,小王不断地玩手机,不时从沙发上站起来,在办公室里走来走去,还随手翻了翻放在茶几旁边的资料。

**【评析】**

小王作为职场新人,明显不懂职场里的拜访礼仪。首先,没有预约就冒失前往,做了不速之客。其次,休闲运动装扮也不符合商务拜访的需要。再次,小王在等待过程中坐立不安,还乱翻对方公司的资料,不仅表现出缺乏礼仪修养,更是有偷窥对方公司秘密的嫌疑。

## 第五节　接待礼仪，细节决定成败

### 情景导入 ▶▶▶

#### 以礼仪之名，承认中国崛起之实

2015年10月，中国国家主席习近平对英国进行了首次国事访问。对这次时隔多年的中国国家元首的到访，英国方面给予了空前的重视与高规格的礼遇。英国王室三代多位成员出动陪同，鸣放103响迎接礼炮，皇家卫队全程护送，爱丁堡公爵菲利普亲王陪同习主席在皇家骑兵卫队阅兵场检阅仪仗队。习主席乘坐御用黄金马车，被安排下榻白金汉宫"比利时套房"，女王以中文发布推特信息。英国王室秀出了接待礼仪中的"十八般武艺"。首相卡梅伦不仅在唐宁街10号正式会晤习主席，还精心安排习主席下榻其官方乡间别墅契克斯庄园，带习主席品尝英国"国民美食"炸鱼与薯条，泡乡间酒吧，并陪同习主席参观曼城足球集团，在访问结束时去机场送行。其满满诚意、殷殷之情，在英国历届首相接待外宾史上实属罕见。不仅如此，英国最大反对党——工党领袖杰里米·科尔宾也前往白金汉宫拜会习主席。英国对到访的中国国家元首给予如此盛大隆重的款待，除表达其想与中国合作，分享中国崛起之经济利益的急切心情外，实际上更是以一场精心安排的世纪典礼，以此来承认中国的和平崛起。

### 知识详解

在社交礼仪活动中，首要的礼仪动作就是与人见面，它是其他社交活动的起点。因此，见面礼仪在整个社交礼仪中有特殊的重要地位。

称呼礼仪

#### 一、称呼礼仪

称呼是指人们在正常交往应酬中，彼此之间所采用的称谓语。在日常生活中，称呼应当亲切、准确、合乎常规。正确恰当的称呼，体现了对对方的尊敬或亲密程度，同时也反映了自身的文化素质。一个得体的称呼，会令彼此如沐春风，为以后的交往打下良好的基础；不恰当或错误的称呼，可能会令对方心里不悦，影响到彼此的关系乃至交际的成功。

#### (一)常用的称呼方法

##### 1.称呼姓名

一般的同事、同学，平辈的朋友、熟人，均可彼此之间以姓名相称，例如"李刚""赵大亮""刘军"，等等。长辈对晚辈也可以如此称呼，但晚辈对长辈却不可这样做。为了表示亲切，可以在被称呼者的姓名前分别加上"老""大""小"字相称，而免称其名。例如，对年长于己者，可称"老张""大李"，等等；对年幼与己者，可称"小吴""小周"，等等。

**2. 称呼职务**

在工作中,以交往对象的职务相称,以示身份有别、敬意有加,这是一种最常见的称呼方法。可以仅称呼职务,例如"局长""经理""主任",等等;可以在职务前加上姓氏,例如"王总经理""李市长""张主任",等等。

**3. 称呼职称**

对于有职称者,尤其是有高级、中级职称者,可以在工作中直接以其职称相称。可以只称职称,例如"教授""研究员""工程师",等等;可以在职称前加上姓氏,例如"张教授""王研究员""刘工程师",等等。

**4. 称呼学衔**

在工作中,以学衔作为称呼,可增加被称呼者的权威性,有助于增强现场的学术氛围。可以在学衔前加上姓氏,例如"张博士",等等;可以在学衔前加上姓名,如"张明博士",等等。一般对学士、硕士不称呼学衔。

**5. 称呼职业**

称呼职业,即直接以被称呼者的职业作为称呼。例如将教员称为"老师",将教练员称为"教练"或"指导",将专业辩护人员称为"律师",将财务人员称为"会计",将医生称为"大夫",等等。一般情况下在此类称呼前,均可加上姓氏或姓名。

**6. 称呼亲属**

面对外人,对亲属可采取谦称或敬称。称辈分或年龄高于自己的亲属,可以在其称呼前加"家"字,例如"家父""家叔",等等;称辈分或年龄低于自己的亲属,可在其称呼前加"舍"字,例如"舍弟""舍侄",等等;称自己的子女,则可在其称呼前加"小",例如"小儿""小女""小婿",等等。对他人的亲属,应采用敬称,对其长辈,宜在称呼前加"尊"字,例如"尊母""尊兄",等等;对其平辈或晚辈,宜在称呼之前加"贤"字,例如"贤妹""贤侄",等等。

*(二)称呼的技巧*

**1. 初次见面要注意称呼**

初次与人见面或谈业务时,要称呼姓+职务,要一字一字地说得特别清楚,例如:"王总经理,你说得真对……"如果对方是个副总经理,可删去那个"副"字;但若对方是总经理,不要为了方便把"总"字去掉,而变为经理。

**2. 称呼对方时不要一带而过**

在交谈过程中,称呼对方时,要加重语气,称呼完了停顿一会儿,然后再谈要说的事,这样能引起对方的注意。如果你称呼得很轻又很快,有种一带而过的感觉,对方听着不会太顺耳,有时也听不清楚,就引不起听话的兴趣。如果没有注意对方的姓名,而过分强调要谈的事情,那就会适得其反,对方不会对你的事情感兴趣。所以一定要把对方完整的称呼很认真、很清楚、很缓慢地讲出来,以显示对对方的尊重。

**3. 关系越熟越要注意称呼**

与对方十分熟悉之后,千万不要因此而忽略了对对方的称呼,一定要坚持称呼对方的姓+职务(职称),尤其是有其他人在场的情况下。人人都需要被人尊重,越是朋友,越是要彼此尊重,如果熟了就变得随随便便,"老王""老李"甚至用一声"唉""喂"来称呼,这样就极不礼貌。

## 二、介绍礼仪

介绍,就是人际交往中与他人进行沟通、增进了解、建立联系的一种最基本、最常规的方式。懂得介绍的礼仪要求,不仅可以给人良好的第一印象,而且可以缩短交际的距离。

介绍礼仪

### (一)自我介绍

在社交活动中,如欲结识某个人或某些人,而又无人引见,如有可能即可自己充当自己的介绍人,自己将自己介绍给对方。自我介绍可以分为下述五种具体形式:

**1. 应酬式**

应酬式的自我介绍,适用于某些公共场合和一般性的社交场合,它的对象主要是进行一般接触的交往对象。

**2. 工作式**

工作式的自我介绍的内容,应当包括本人姓名、供职的单位及其部门、担负的职务或从事的具体工作等。

**3. 交流式**

交流式的自我介绍,是一种刻意寻求与交往对象进一步交流与沟通,希望对方认识自己、了解自己、与自己建立联系的自我介绍。交流式自我介绍的内容,大体应当包括介绍者的姓名、工作、籍贯、学历、兴趣以及与交往对象的某些熟人的关系。

**4. 礼仪式**

礼仪式的自我介绍,适用于讲座、报告、演出、庆典、仪式等一些正规而隆重的场合。它是一种意在表示对交往对象友好、敬意的自我介绍。礼仪式的自我介绍的内容,也包含姓名、单位、职务等项,但是还应多加入一些适宜的谦辞、敬语,以示自己礼待交往对象。

**5. 问答式**

问答式的自我介绍,一般适用于应试、应聘和公务交往。问答式的自我介绍的内容,讲究问什么答什么,有问必答。

### (二)介绍他人

决定为他人做介绍之前,最好先征求一下双方的意见,以免为原本相识者或关系恶劣者做介绍。在为他人做介绍时,先介绍谁,后介绍谁,是一个比较敏感的礼仪问题。介绍他人要注意以下三个方面:

**1. 介绍时机**

介绍他人要把握好时机,一是打算介绍某人加入某一方面的交际圈时;二是陪同的上司、长者、来宾遇见了不相识者,而对方又跟自己打招呼时;三是受到他人做介绍的邀请时。

**2. 介绍顺序**

为他人做介绍,一定要了解介绍的顺序。总体来说,介绍遵循"尊者优先了解情况"的原则,先介绍位卑者,后介绍位尊者。具体说来,要把年轻人介绍给长者;把晚辈介绍给长辈;把下级介绍给上级;把男士介绍给女士;把后来者介绍给先到者。

### 3. 注意事项

介绍人准备做介绍前,一定要征求双方意见,切勿唐突开口让双方感到尴尬;介绍人和被介绍人应起立,以示尊敬;介绍完毕后,被介绍双方应彼此问候对方。问候语有"很高兴认识你""幸会,久仰大名"等。

## 三、握手礼仪

握手礼仪

握手、拥抱与吻礼是当今世界交际场合流行的、以身体接触来传递情感信息的礼貌举动,属于一种触摸语言,具备很强的可感受性。中国传统礼仪文化与世界礼仪文化,主要是与西方交际礼仪相结合,融合了这两方的精华。这样的融合在传统礼仪的潜在影响下,具有一定的分寸感,并不是无选择无节制的全盘接受、全盘模仿。所以,目前我们国家普遍流行的身体接触礼仪交往行为,主要就是握手。

### (一)握手的顺序

握手的顺序应当根据握手双方的社会地位、年龄、辈分、性别和宾主身份来确定,按照"尊者在先"的原则,即尊者先伸手才能相握。上级与下级之间、长辈与晚辈之间,应是前者先伸手,后者先问候,待前者伸手后才能相握。

在男士与女士之间,女士伸手后,男士才能相握,如女士无握手之意,男士可点头或鞠躬致意即可;若男士已是祖辈年龄,则男士先伸手也是适宜的。

宾主之间,客人来访抵达,主人应首先伸手表示欢迎,客人告辞时,应由客人先伸手表示辞行,主人才能相握,否则便有逐客之嫌。如果有必要同许多人握手,其礼仪顺序是先尊而卑,依次进行,以职务和辈分为准,仍然执行先女后男法则。

### (二)握手的要素

一般要注意到握手的姿势、握手的时间长短和握手的力度等。

相握的双方在别人介绍之后,或者相互问候的同时,各自伸出右手,彼此之间保持一步左右的距离,手略向前下方伸出,拇指张开,其余四指自然并拢并微微内曲,以手掌和手指与对方的手扣合。伸手的动作要稳重、大方、迅速,不能有迟疑的感觉,态度要亲切、友善、热情。右手与人相握时,左手一般贴大腿外侧下垂,以示用心专一。

握手一般应当站着,不能坐着握手,除老弱残疾者。为了表示尊敬,握手时,上身应略微前倾,头部略低一些,面带笑容,注视对方眼睛,边握手边说:"您好!""见到您很高兴!""欢迎您!"。切忌握着一个人的手却看着另一个人,这样极易造成误会。相握的手可以上下微摇以表示热情,但不宜左右晃动或僵硬静止、一动不动。对尊敬的长者,可以取双握式,即右手紧握对方右手的同时,再用左手加握对方的手背和前臂。

握手时相握时间的长短可因人因地因情而异,握的时间太长使人感到局促不安,太短则表达不出应有的情感,有敷衍之嫌。初次见面时握手以 3 秒钟左右为宜。多人相聚,不宜只与某一人长时间握手,以免冷落其他人并引起误会。

握手的力度也要适中,有力牢固而对方不感疼痛为度。"虎钳式"的抓握显得过分热情近乎虚假;握得过轻,仅轻拢对方指尖,又显得妄自尊大和敷衍了事。男性与女性握手时,只需轻轻握一下女性的四指即可,异性握手一般不用双手。

## 四、名片礼仪

中国古代就有名片,据记载,刘邦在沛县当亭长时,有一次和朋友一起到吕公家去贺喜,因为没有带钱而不得上堂入座,便拿出来木头做的名片"谒",吕公大惊,赶忙请刘邦入座。这"谒"就是汉代的名片。谒是下级对上级、晚辈对尊长通名时用的名片,平时在亲朋同僚之间使用的是一种比较简易的名片,叫作"刺"(札)。刺的出现比谒略晚,但至少到东汉时也已十分流行了。由于刺比谒更轻巧、灵便、实用,在使用的过程中,刺逐渐取代了谒。隋唐以后,纸张普及了,刺不再使用木片,而改用纸来书写了。于是,它的名称也就逐渐改称为"帖"了。但有意思的是,刺传到日本后,也被日本人所接受,他们至今仍把名片叫作"刺"。

名片礼仪

名片是商务人士的必备的交流工具,名片像一个人简单的履历表,递送名片的同时,也是在告诉对方自己姓名、职务、地址、联络方式。由此可知,名片是每个人重要的书面介绍材料。初入职场,设计及印制名片是首要任务,于名片空白处或背面写下个人资料,以帮助相互了解。精美的名片使人印象深刻,也能体现你的个人风格,但发送名片的时机与场合可是一门学问。

### (一)名片的递送

首先准备好名片,整齐地放在名片夹、盒或口袋中,要放在易于掏出的口袋或皮包里。不要把自己的名片和他人的名片或其他杂物混在一起,以免用时手忙脚乱或掏错名片。出席重大场合,一般要自备好名片。

递送名片的场合也要注意。如果你正好处在一群陌生人中,最好的办法是让别人先发名片。不要在一群陌生人中到处传发自己的名片,会让人觉得你是推销员。最好是有选择地递送名片。递送名片的顺序一般是先客后主、先低后高。当与多人交换名片时,应依照职位高低的顺序,或是由近及远依次进行,切勿跳跃式地进行,以免对方误认为有厚此薄彼之感。递送时应将名片正面面向对方,双手奉上。眼睛应注视对方,面带微笑,并大方地说:"这是我的名片,请多多关照。"

### (二)名片的接受

当别人递名片时,你就要做好接受名片的准备了。接受名片时应起身,面带微笑注视对方。接过名片时应说"谢谢",随后微笑阅读名片,可将对方的姓名、职位念出声来,并抬头看看对方,使对方产生一种受重视的满足感。然后,回敬对方一张本人的名片,如身上未带名片,应向对方表示歉意。在对方离去之前,或话题尚未结束,不必急于将对方的名片收藏起来。

### (三)名片的存放

接过对方的名片,切不可随意地放在桌上、茶几上、衣服兜里。应该放在西装左胸的上衣口袋里或者名片夹里以示尊重。如果是女士,可以放到自己的手提包的内层里。

## 五、引导礼仪

在商务活动中,接待人员应懂得基本的引导礼仪,带领客人到达目的地,应该使用正确的引导方法和引导姿势,从礼节上多多注意,不可失礼于人而有损自己和公司的形象。

### (一)引导的原则

1. 随时准备好引导。在商务活动中,接待人员要随时准备做好引导工作。

2. 要明确引导对象,了解有关引导对象的基本情况。

3. 引导人员的选择。引导人员可以是己方的接待人员,可以是秘书,相关人员要随时做好引导的准备。

### (二)引导的具体地点

**1. 门口的接待引领**

手势为五指并拢,手心向上与胸齐,以肘为轴向外转。引领者应在客人左前方一米左右引领。

**2. 楼梯的引导礼仪**

引导客人上楼时,应让客人走在前面,接待人员走在后面。下楼时,应该由接待人员走在前面,客人走在后面。上下楼梯时,应注意客人的安全。

女士引领男宾,则宾客走在前面。男士引领女宾,则男士走在前面。男士引领男宾,上楼时宾客走在前,下楼时引领者在前。若宾客不清楚线路,则引领者在前。

**3. 途中要注意引导提醒客人**

拐弯或有台阶的地方应使用手势,并提醒客人"这边请"或"注意楼梯"等。

**4. 电梯的引导礼仪**

按电梯按钮让客人先进。若客人不止一人,则引领者先进入电梯,一手按开门键,一手按住电梯侧门,做出"请进"的手势。到达目的地后,引领者一手按开门键,一手做出"请"的手势,表示"到了,您先请"。乘坐电梯应遵循"先下后上"的原则。电梯内空间狭小,每人占据空间应尽量减少。若实在拥挤,也尽量不要面对面接近他人,以背部或侧面接近为好。应不说或少说话,以免影响他人。实在要说话时,声音要低,尽量使嘴避开别人脸部,以免将唾沫溅到他人脸上,或将口腔中不良气味散到别人脸前。走出电梯时,应尽量让主宾、女宾在前。在电梯内,引领者尽量离主宾近些,以便照顾或回答主宾问话。

**5. 客厅里的引导礼仪**

客人走入客厅,接待人员应用手示意,请客人坐下,待客人坐下,行点头礼后离开。如客人错坐下座,应请客人改坐上座(一般靠近门的一方为下座)。

**6. 走廊的引导礼仪**

接待人员应在客人二三步之前,使客人走在内侧。

**7. 送客礼仪**

在客厅外,引领者应掌握宾主谈话进程,一旦谈话完毕,应马上出现在客厅里,待宾主告别时,及时引导客人离开。引领者一般应送客至停车处,再与客人握手告别,待客人汽车启动时,挥手、目送客人离去。

### （三）引导的注意事项

1.不可无人接待和引导,这样会冷落拜访人员和其他客人。

2.引导必须有始有终。事前引导者和事后引导者最好是同一个人,这样不会使客人有陌生感。

## 六、座次礼仪

作为职场人士,应该清楚轿车和会议的上位在哪里。中国的习惯是以左为尊,所以左边的座位通常是尊长、客人坐的。西方的习惯是以右为尊,故上位时是在右边。

座次和电梯礼仪

### （一）乘车座次礼仪

如果是专职司机开车,此时座位的尊位在后排的右座,座次同时变化为后排为上,前排为下。如果是主人开车,一般前排为上,后排为下;以右为上,以左为下。乘坐主人驾驶的轿车时,最重要的是不能令前排座空着。一定要有一个人坐在那里,以示相伴。

上下车时,基本原则是尊长、女士、来宾先下车。如果主人亲自驾车,要后上车,先下车,以便照顾客人上下车,总之以方便易行为宜。乘坐多排座轿车,通常应以距离车门的远近为序。上车时,距车门最远者先上,其他人随后由远及近依次而上。下车时,距车门最近者先下,其他人随后由近及远依次而下。

### （二）会议座次礼仪

商务接待常常会安排会议,作为职场人士坐对位置是非常重要的。在座次安排上,首先要看会议的性质。政务会议、国企内部的大型会议,一般仍然遵守"以左为上"的原则;其他商务、社交、涉外活动一般遵循"以右为尊"的国际惯例。座次礼仪遵循"面门为上""远门为上"的原则。只要明白了会议座次的尊位在哪里,我们就会避免犯座位错误了。

## 七、电梯礼仪

电视剧《东京爱情故事》里,完治第一天上班在电梯碰到人就大声介绍自己,让同事们对他刮目相看,这是日剧里的"电梯礼仪"。

职场无小事,当你踏进办公大楼的时候,就进入了工作场所,在办公室中应该注意的事情,在搭乘电梯时同样应该注意。当你站在电梯口,突然发现公司领导的身影,想走楼梯却已来不及;当你硬着头皮与领导一同进入电梯,却发现在这个一平方米的空间里,弥漫着沉默的尴尬气息。你可能并没有意识到,这不过几十秒的时间,很可能是你与机会的一次邂逅,你却把它变成了一次尴尬的遭遇。

### （一）出入电梯要有礼貌

当伴随客人、尊长、领导、女士乘坐电梯时,可先行进入电梯,一手按"开门"按钮,另一手按住电梯侧门,礼貌地说"请进"。进入电梯后,按下客人、尊长、领导、女士要去的楼层按钮。若电梯行进间有其他人员进入,可主动询问要去几楼,帮忙按下。到达目的楼层,请客人、尊长、领导、女士先出电梯。

## （二）电梯内的寒暄

电梯内,如果有熟识的同事、长辈、领导等,可视情况决定是否寒暄。打破沉默,增进同事和上下级的了解,寒暄是最好的方法。

但是如果电梯里还有别的客人,那么寒暄不可大声,尽量不影响他人。

## 八、鞠躬礼仪

鞠躬起源于中国。商代有一种祭天仪式——鞠祭:祭品为猪、牛、羊等,将整体弯卷成圆的鞠形,摆到祭处奉祭,以此来表达祭祀者的恭敬与虔诚。这种习俗一直保持到现在,不少地方逢年过节祭拜祖先天地时,人们总把整只鸡、鸭卷成圆的鞠形,或把猪头、猪尾放在一起,表达头尾相接,这就是由鞠祭演变而来的。人们在现实生活中,逐渐援引这种形式来表达自己对地位崇高者或长辈的崇敬。于是,弯一弯腰,象征性地表示愿把自己作为鞠祭的一个牺牲品而奉献给对方,这就是鞠躬的起源。

(1)欠身礼:头、颈、背成一条直线,目视对方,身体稍向前倾。

(2)15°鞠躬礼:头、颈、背成一条直线,双手自然放在裤缝两边(女士双手交叉放在体前),前倾15°,目光约落于体前 1.5 米处,再慢慢抬起,注视对方。

(3)30°鞠躬礼:头、颈、背成一条直线,双手自然放在裤缝两边(女士双手交叉放在体前),前倾30°,目光约落于体前 1 米处,再慢慢抬起,注视对方。

行鞠躬礼一般在距对方 2～3 米的地方。在与对方目光交流的时候行礼,且行鞠躬礼时必须真诚微笑,没有微笑的鞠躬礼是失礼的。

## 九、送客礼仪

许多人接待工作做得很好,可却没有良好的结尾,这是很可惜的。做好"后续服务",可以使客人意犹未尽,依依不舍,愿意和你交往。那么,送客时要注意哪些礼仪呢?

### （一）送客的形式

#### 1. 在办公室道别

在办公室,道别要由来宾先提出。当来宾提出告别时,主人应当在对方起身之后再站起来。宾主双方握手道别时,应由客人先伸手,主人随后伸手。如果与对方常有来往,主人可以送到办公室门口或电梯门口;如果对方是初次来访,主人应该适当送远些,至少由接待人员送至办公区域之外。

#### 2. 设宴饯别

设宴饯别是指主人为来宾专门举行一次饯别宴会,这是对外地客人常用的送别方式。饯别宴会可以视对方的情况和饮食喜好来安排,一切应该以客人为主。

### （二）送客的表现

#### 1. 握手致意,亲切相送

送客时主人应表达依依不舍之情,并表示希望再次见面的期待之意,握手就含有不忍离别的意义。特别是销售界、餐饮界的管理者,于送客时向客人握手致意,往往发现客人很快又会光临。

**2. 注意客人遗留的物品**

客人临走时,主人要帮忙留意是否有物品遗漏,这是一种体贴客人的行为,既避免了客人回头再来一趟,也减轻了自己保管客人物品的麻烦及责任,对双方都有好处。

**3. 送远道访客要告诉路线**

客人离开前应询问他是否熟悉回程路线,及搭乘交通工具的地点和方向,尤其对远道而来的访客更应表达关切之情。

**4. 送客真诚,送离视线**

一般公司在送客时可送至大门外、电梯口,甚至送上车并帮客人关好车门。

身份地位愈高的贵宾通常受到愈高的礼遇,往往于上车后将车窗摇下挥手道别,因此主人不可于客人上车后即刻离去,应等待客人座车离开自己的视线后再离去。

主人应陪同客人到接待区,不要想当然地以为客人自己能找到出去的路。对不熟悉环境的人来说,办公室走廊有时就像迷宫一样。而且,送客时不陪同一起出去是不礼貌的。

主人应陪同客人一起等候电梯,并在分别前应酬几句,比如“感谢您的光临”等。如果客人磨蹭不走,主人可以说“我还有个约会”或让助手提醒自己还有下一个约会。

**5. 微笑目送**

送客时一定要注意身体语言,微笑与细致的关照都会在无形中增进双方的好感,为将来的合作打下良好的基础。

## 案例分析

### 《红楼梦》中关于称呼的那些事儿

《红楼梦》一书是优秀传统文化的集大成者,其中的称呼纷繁复杂。《红楼梦》中,林黛玉和薛宝钗都是贾家的表亲,但是众人对她们的称呼却不同。一个叫“林姑娘”,一个却叫“宝姑娘”,按理说应当称为“薛姑娘”。这里不得不说作者曹雪芹写作技艺的高超,他只用了一字之差就暗示了人物身份、地位的不同。林黛玉的父亲林如海是大名鼎鼎的探花郎,又是兰台寺大夫外放巡盐御史,可谓仕途开阔,而且入阁指日可待。可以说,贾家有林如海这样的东床快婿也会很有面子,而林黛玉是林如海唯一的女儿,以林为姓呼之“林姑娘”,更是为了突出林黛玉非凡的家世。薛宝钗一家本是来投靠王夫人的,虽然极为富有,但终究只是商贾之家,身为书香门第的贾家对此十分介怀,所以称呼薛宝钗为“宝姑娘”。

王熙凤是作者重点刻画的人物形象,许多场合都有王熙凤的影子,给人们留下了深刻的印象。因而,对她的议论也较多。书中描写的诸多称呼和外号充分体现了王熙凤的为人与性格。林黛玉进贾府,初见王熙凤时,贾母笑道:“你不认得她,她是我们这里有名的一个泼皮破落户儿,南省俗谓作‘辣子’,你只叫他‘凤辣子’就是了。”众姐妹告诉黛玉:“这是琏嫂子。”黛玉便以“嫂”呼之。“泼皮破落户儿”“凤辣子”这样的称谓是贾母的戏称,只有贾母敢这样称呼王熙凤,表现出贾母对王熙凤特有的喜欢与信任。

贾元春与秦可卿一样,在红楼梦中出场不多,却是非常重要的人物,而且身份还很神秘。只是与秦可卿的神秘不同,贾元春的身份没有确定,书中给出了两种叫法:一种是贵妃,一种是妃。红楼梦第18回中,贾元春首次出场时的仪仗队,其中有一处细节也揭开了贾元春的神秘身份是贵妃,而不是妃。

《红楼梦》里经常出现的一个称谓是"哥儿",这个"哥儿"的意思和"哥哥"虽然看起来差不多,意思却有很大的差别。哥哥表示的是亲属关系,是没有儿化音的;而"哥儿"有儿化音,表示的是尊称,旧指官宦人家的子弟,与老爷、太太、奶奶等敬称是类似的,《红楼梦》里经常出现的就是"蓉哥儿""兰哥儿""芸哥儿""蔷哥儿",等等。此外,长一辈的亲人称呼小辈,或者长一辈的奴仆称呼少主人也做"哥儿",例如贾母称贾珍为"珍哥儿",王夫人称贾环为"环哥儿";王一贴称呼贾宝玉为"菩萨哥儿""哥儿"。

还有其他有趣的称呼,你发现了吗?

【评析】

《红楼梦》是一部家谱式的小说,人物洋洋大观,且多沾亲带故,称呼语也就纷繁复杂,具有特殊的语用价值。读《红楼梦》时,弄清这些称呼,仔细地品味一下这种种复杂的称呼,有助于了解作品的内容,更有助于领会这部作品的作者的艺术手腕。一个称呼常常是如此传神地表现出人物的感情,这种现象也许在新时代的生活中是不可多见的。

## 知识链接

1.《三国演义》中有很多英雄冤死,许攸便是其中一位。曹操做了宰相后,他的部下、熟人、朋友均改口称他为"曹丞相",只有从小跟曹操一块玩大的同学许攸仍然叫他的小名阿瞒。曹操统领众将入冀州城,将入城门,许攸纵马近前,以鞭指城门而呼操曰:"阿瞒,汝不得我,安得入此门?"大意相当于:阿瞒,你小子没有我,怎么攻入此城!曹操大笑。众将闻言,俱怀不平。许攸由于口无遮拦,不注重称呼的礼仪,在曹操当了丞相之后仍然叫曹操小名阿瞒,遂引来了杀身之祸。

2.春秋战国时,晋文公重耳在流亡之时,饥渴交加,臣子介之推毅然割下自己大腿上的肉煮汤给重耳喝。重耳当朝执政后,介之推就跑到山里隐居起来。重耳便派人去寻访介之推,但他不肯下山受封赏。有人建议放火烧山,介之推就会救母下山。重耳真的这样做了,谁知介之推仍然没有走,而与他的老母亲抱在一棵树上活活被烧死。为纪念介之推,晋文公命令立祠封号,并派人上山将介之推母子抱过的树砍下来做了一双木屐。晋文公穿着这双木屐,每当他低头看着木屐时,就想起介之推割股之功,因此手拍双膝悲鸣:"足下,悲乎!""足下"后来便演变成一个敬辞。

3.清末流行照片名片。19世纪50年代,摄影术诞生地的法国,在社会交往中互赠名片已经成为习惯,那时的名片比现在的名片稍微小一些,在一张光滑的硬纸上印着自己的名字。伴随着摄影术的诞生,很多人开始把自己的肖像照片贴在名片的硬纸上送给亲戚朋友。照相馆看到这一商机,开始专门为顾客制作纸托和照片。为了宣传自己,照相馆还在纸托背面印上照相馆的名字和地址,这种裱好的照片名片慢慢地在法国流行起来。

在摄影术传入中国后,照片名片技术也登陆中国并成为照相馆中第一批正式作品。

西方人的照片名片有全身照,有半身照,也有头像特写,而在中国,照相馆所拍摄的照片名片中,基本上是全身照。鲁迅先生在《论照相之类》所说:"只是半身像是大抵避忌的,因为像腰斩……所以他们所照的多是全身。"传统的迷信观念使中国的照片名片缺失了更加真切的近照和特写镜头,不过,这倒成了鉴别照片是西方摄影师还是中国摄影师拍摄的一个重要依据。

## 【技能训练】

### 一、单项选择题

1. 面试中谈吐不得当的是(    )

A. 语言要概括、简洁、有力,不要拖泥带水、轻重不分

B. 尽量不要用简称、方言、土语和口头语,以免对方难以听懂

C. 面谈结束,向主考官致谢

D. 面试中对自己的能力夸夸其谈

2. 同事间的个人距离是(    )

A. 半米之内　　　　B. 半米到一米　　　　C. 一米以上　　　　D. 以上都不对

3. 下面对于称呼礼仪的说法不正确的是(    )

A. 一般的同事、同学关系,平辈的朋友、熟人,均可彼此之间以姓名相称

B. 在工作中,以交往对象的职务相称,以示身份有别、敬意有加

C. 晚辈对长辈可以直呼姓名

D. 在工作中,以学衔作为称呼,可增加被称呼者的权威性,有助于增强现场的学术氛围

4. 下面对于握手礼仪说法不正确的是(    )

A. 男士与女士之间,男士应该主动握女士的手

B. 上级和下级之间,上级主动伸手,下级方可握手

C. 长辈和晚辈之间,长辈主动伸手,晚辈方可握手

D. 以上说法都不对

5. 下面关于名片礼仪的说法不正确的是(    )

A. 出席重大场合,一般要自备好名片

B. 递送名片的顺序一般是先主后客,先高后低

C. 递送时应将名片正面面向对方,双手奉上

D. 与多人交换名片时,应依照职位高低的顺序,或是由近及远依次进行,切勿跳跃式地进行

### 二、多项选择题

1. 撰写简历应注意的礼仪要点是(    )

A. 避免冗长　　　　B. 避免浮夸　　　　C. 避免遗漏要点　　　D. 自信并夸大才能

2. 求职中礼貌的举止包括(    )

A. 尊重的功能　　　B. 教化的功能　　　C. 约束的功能　　　　D. 调节的功能

3.面试后的礼节包括(    )

A.向面试单位表示感谢

B.不要过早打听结果

C.立即投入到下一场面试中

D.立即打电话给招聘单位询问结果

4.办公室同事相处的原则是(    )

A.真诚友善    B.不即不离    C.打成一团    D.尊重隐私

5.谈判中的礼节包括(    )

A.善于表达    B.多听少说    C.巧妙应答    D.无声语言

### 三、判断题

1.简历越厚越能在众多应聘者中脱颖而出。

2.面试前可向周围人尽量多打听一些消息。

3.面试时落座应该坐满座位。

4.面试时适当地做出一些反应,如点头、会意地微笑、提出相关的问题。

5.同事之间的关系最好亲密无间、如胶似漆。

### 四、案例分析题

1.下面场合中的见面礼仪有无不符合礼仪的地方。若有,请指出来,并指出正确的做法是什么。

王峰在大学读书时学习非常刻苦,成绩也非常优秀,几乎年年都拿特等奖学金,为此,同学们给他起了一个绰号"超人"。大学毕业后,王峰顺利地获取了在美国攻读硕士学位的机会,毕业后又顺利地进入了美国公司工作。一晃8年过去了,王峰已成为公司的部门经理。

今年国庆节,王峰带着妻子女儿回国探亲。一天,在大剧院观看音乐剧,刚刚落座就发现有3个人向他们走来。其中一个人边走边伸出手大声地叫:"喂!这不是'超人'吗?你怎么回来了?"这时,王峰才认出说话的人正是他的高中同学贾征。贾征没考上大学,自己跑到南方去做生意,赚了些钱,如今回到上海注册公司当起了老板。今天正好陪着两位从香港来的生意伙伴一起来看音乐剧。这对生意伙伴是他交往多年的香港夫妇。

此时,王峰和贾征彼此都既高兴又激动。贾征大声寒暄之后,才想起了王峰身边还站着一位女士,就问王峰身边的女士是谁。王峰这才想起向贾征介绍自己的妻子。待王峰介绍完毕,贾征高兴地走上去,给了王峰妻子一个拥抱礼。这时贾征想起了该向老同学介绍他的生意伙伴。大家相互介绍、握手、交换名片和简单的交谈后,就各自回到自己的座位上观看音乐剧了。

2.结合本章所学知识,谈谈李娜究竟错在哪里。

李娜是一家大公司的高级职员,平时工作积极主动,表现很好,待人热情大方,跟同事关系也不错。可是,一个小小的动作却使她的形象在同事眼中一落千丈。

有一天,公司要开一场员工大会,在大家等待总经理到来之前,其中有一位同事觉得地板有些脏,便主动拖起地来。而李娜并不关注,一直站在阳台旁边。突然,李娜走过来,坚持拿过同事的拖把替他拖地。本来地已差不多拖完了,根本不需要她的帮忙。可李娜却执意要求,那位同事只好把拖把给了她。刚接过拖把不一会儿,总经理推门而入。总经理见李娜在勤勤恳恳地拖地,微笑地表示赞扬。李娜这种虚假的面孔被同事知道了,在公司的人际关系越来越差了。

3．职场礼仪中，王莹犯了什么禁忌？

王莹刚参加工作没多久，见了本部门的同事就跟见了亲人似的。大家每天一块上班，说着笑着就把活干了；中午一起到食堂吃饭，其乐融融就像一家人；晚上一干人等时而泡吧，时而保龄，时而蹦迪，真是相见恨晚！王莹感叹，谁说工作以后不容易交到朋友！既然是朋友，自然无话不谈，尤其是发牢骚的时候。变态的大老板、偏心的二老板、马屁的他、无知的她，在场人人点头称是，英雄所见略同。谁人背后不说人，哪说哪了，王莹不觉得自己卑鄙。然而，没多久，王莹的宏论陆续辗转从各个渠道有了反馈，当事人看来都及时地听取了她的意见，有的对她怒目而视，有的偷偷给她准备了"小鞋"，有的干脆以牙还牙。王莹惊诧、愤怒，最后伤心，却发现伤心都找不到理由，再亲密的同事也不是朋友，谈不上背叛；同事是你的，也是大家的，有仇必报，有什么错！

4．结合本章所学职场礼仪知识，谈谈总经理和应聘者各自的表现。

某大公司招聘总经理助理，由总经理亲自面试。应聘者小钱来到总经理办公室，总经理一见到小钱就说："咱们好像在一次研讨会上见过，我还读过你发表的文章，很赞赏你所提出的关于拓展市场的观点。"小钱一愣，知道总经理认错人了。但转念一想，既然总经理对那人那么有好感，不如将错就错，对我肯定有好处。于是就接着总经理的话说："对，对。我对那次研讨会也记忆犹新，我提出的观点能对贵公司有帮助，我感到很高兴。"

第二个来应聘的是小高，总经理对他说了同样的话。小高想：真是天助我也，他认错人了。于是说："我对您也非常敬佩，您在那次研讨会上是最受关注的对象。"

第三个来应聘的是小孙。总经理再次说了同样的话，但小孙一听就站起来："总经理先生，对不起，您认错人了。我从来没有参加过那样的研讨会，也没提出过拓展市场的观点。"总经理一听就笑了，说："小伙子，请坐下。我要招聘的就是你这样的人，你被录用了。"

五、思考题

1．介绍礼仪包括哪些内容？

2．请结合自己的亲身经历，谈谈如何在谈判中有礼有节。

# 第五章

## 宴请礼仪

### 学习导引

　　宴请是为了表示欢迎、答谢、祝贺、喜庆等举行的餐饮活动,用以增进友谊、促进交流,是国际、国内常见的交际活动方式。宴请的形式多样,礼仪繁多,掌握基本的宴请礼仪能提高人际交往能力、促进沟通、融洽氛围,因此宴请礼仪是非常重要的。

## 第一节　中餐礼仪,吃出博大精深的中国文化

### 情景导入 ▶▶▶

中餐礼仪

#### 《红楼梦》中的进餐礼仪

　　《红楼梦》描述贾府一次中秋赏月的宴饮活动:凡桌椅皆是圆的,特取团圆之意。上面居中,贾母坐下。左边是贾赦、贾珍、贾琏、贾蓉,右边是贾政、宝玉、贾环、贾兰,团圆围坐。宴会在圆桌上进行,座次仍是"尊卑有序""长幼有序"。贾母是"老祖宗",居中而坐;贾赦是大房,所以成左;贾政是二房,所以居右。这是封建社会的礼仪。

　　封建社会的宴饮活动,不但座位安排很讲究,"面东为尊""以左为上",而且迎接宾客要打躬作揖,席间宾主频频敬酒劝菜,筷子要同时举起,席终"净面"后要端茶、送牙签等。

### 知识详解

　　《礼记·礼运》有云:"夫礼之初,始诸饮食。"可见,中国人在传统进餐中是非常讲究礼仪的。据记载,最晚在周代,我国就已经有了一套比较完备的餐饮礼仪规范。用餐礼仪的日趋成熟与规范,在我国古代社会中发挥了巨大的作用。时至今日,我们细细品味古人的用餐礼仪,也能从侧面体会到古人修身养性的智慧。

## 一、座位礼仪

座位礼仪是中国食礼中最重要的一项。座位礼仪是中国的传统文化，长、幼、老、少、上级、下级如何安排座次，在中餐中是有讲究的。从古到今，因为桌具的演进，所以座位的排法也相应变化。总的来讲，座次礼仪遵循"尚左尊东""面朝大门为尊"等原则。

### （一）桌次与座次的尊位

两桌的宴会时，从面向门口站立的方向来看，右边的桌次为主桌，右边则为次桌。

三桌时，从面向门口站立的方向来看，中间的桌次为主桌，右边为次桌，左边为辅桌。

四桌如排成环状，从面向门口站立的方向来看，则中间离门最远第一列桌为主桌，第二列从右边顺序排列为第二桌次和第三桌次，离门最近的第三列桌是第四桌次；如排成一字形，从面向门口站立的方向来看，则右边第二桌为主桌，第三桌为第二桌次，右边第一桌为第三桌次，最左边的这桌则为第四桌次。

五桌如排成轴心环绕状，从面向门口站立的方向来看，中央这桌为主桌，离门较远的一列右边一桌为第二桌次，左边一桌为第三桌次，靠门较近的一列右边一桌为第四桌次，左边一桌为第五桌次；如排成梅花状，从面向门口站立的方向来看，离门最远的第一列桌为主桌，第二列右边一桌为第二桌次，左边一桌为第三桌次，靠近门的第三列右边一桌为第四桌次，左边一桌为第五桌次。

如果是圆桌，则正对门口为上座，并遵循以左为尊，这样的目的是为了地位高的人能对全场的情况一目了然，少受打扰。国际上习惯的座次高低以离主桌的远近而定，一般为右高左低。桌数较多时，要摆桌次牌。同一桌上，席位高低以离主人的座位远近而定。男女穿插安排，以女主人为准，主宾在女主人右上方，主宾夫人在男主人右上方。我国习惯按每个人的本身职务排列以便于谈话。两桌以上的宴会，其他各桌第一主人的位置可以与主桌主人位置同向，也可以以面对主桌的位置为主位。

### （二）从容得体地入座

如果是在高级饭店或酒店，通常由接待员带位入座；参加宴席则应听从主人或接待人员安排落座；如果座位上已经有事先安排好的座位卡，一般依照指示入座。

中国人讲究长幼有序，进食用餐时也是一样。通常主宾坐定后，客人再依顺序坐下，最后才是主人坐下。若有长辈在场，由长辈先入座，坐定后晚辈再坐下。如果没有长辈和主宾，就由女士优先就位，服务员或邻近男士应替女士或年长者拉开椅子，然后自己再以右手拉开自己的椅子，从椅子左边入座。入座时，轻轻拉开椅子，不要粗鲁地制造声响或者是用脚踢开椅子。

## 二、点菜遵循的原则

### （一）点菜的顺序及数量

中餐虽然不像西餐一样每道菜有严格的上菜顺序，但是大体上是依据开胃菜—凉菜—主菜—水果的顺序上菜的，因此也要按照此顺序来点菜。

请客吃饭,务必要使之吃饱,点菜时参照不同餐厅菜品分量的多少可以适当调整点菜数量,一般来说可以按照就餐人数 $n+1$ 个菜来点菜,既满足食欲的要求,又节俭。女士、儿童比较多的情况下,点菜量适减;青壮年男性较多的情况下,点菜量适增;邀请领导或贵宾的情况下,点菜量适增。避免出现台面菜品较少或者席间菜品不够的状况,平常的朋友、家人聚会应该控制菜量,吃出特色和美味,避免浪费,菜品不够的话可以另增。目前,很多饭店的点菜员会根据客人情况建议点菜量作为参考,但也有些不良店家会让客人多点菜,这是很不道德的,也是非常浪费的。

### (二)点菜的禁忌

一是宗教的禁忌。例如,穆斯林通常不吃猪肉,并且不喝酒。国内的佛教徒少吃荤腥食品,这里的荤腥食品,不仅指的是肉食,而且包括葱、蒜、韭菜、芥末等气味刺鼻的食物。一些信奉观音的佛教徒在饮食中尤其禁吃牛肉,这一点在招待港澳台及海外华人同胞时要尤为注意。

二是健康的禁忌。比如心脏病、高血压和中风后遗症的人,不适合吃狗肉;肝炎病人忌吃羊肉和甲鱼;患胃肠炎、胃溃疡等消化系统疾病的人也不适合吃甲鱼;高血压、高胆固醇患者,要少喝鸡汤等高脂肪、高蛋白的菜品。

三是地区的差异。不同地域的人偏好不同,在安排菜单时要兼顾。比如湖南省的人普遍喜欢吃辛辣食物,少吃甜食。英美国家的人通常不吃宠物、稀有动物、动物的内脏、动物的头部和脚爪。另外,宴请外宾时,尽量少点生硬需啃食的菜肴,外国人在用餐时不太会将咬到嘴中的食物再吐出来,这也需要顾及。

## 三、餐具的礼仪

### (一)筷子

中国的筷子是十分讲究的,"筷子"又称"箸(筋)",远在商代就有用象牙制成的筷子。《史记·宋微子世家》中记载"纣始为象箸"。自从汉朝发明了铁器,中国人就将"箸"改称为"筷"。中国使用筷子,在人类文明史上是一桩值得骄傲和推崇的科学发明。李政道说:"中国人早在春秋战国时代就发明了筷子。如此简单的两根东西,却高妙绝伦地应用了物理学上的杠杆原理。筷子是人类手指的延伸,手指能做的事,它都能做,且不怕高热,不怕寒冻,真是高明极了。"蔡元培曾经在法国里昂设中餐宴会招待客人时说:"早在 3 000 多年前,我们的祖先也用过刀叉,不过华夏民族是酷爱和平的礼仪之邦,宴会上出现刀叉会被人视为凶器,影响友好欢乐的气氛。再说,中国的烹饪技术大有改善,不需要就餐时一块块割肉,所以从商周时代就改用汤匙和筷子进餐了。"

随着中国国际地位的提高,我们的饮食文化也悄然在美国流行开来。如今,在美国吃中餐属于精致生活的一种表现,吃中餐用筷子对美国人来讲更是一件趣事,小小的筷子正在向美国介绍中国。受中国政府邀请的美国总统尼克松 1973 年 2 月 21 日至 28 日首次访华,作为行前准备,尼克松本人做足"功课",其中包括在家中练习使用筷子。

#### 1. 使用筷子的礼仪

一般我们在使用筷子时,正确的使用方法是用右手执筷子,大拇指和食指捏住筷子的上端,另外三个手指自然弯曲扶住筷子,并且筷子的两端一定要对齐。用餐前,筷子一定要整齐地码放在饭碗的右侧,用餐后,则一定要整齐地竖向码放在饭碗的正中。

用筷——用餐时,主人为表盛情,一般可以说"请用筷"等礼仪用语。

直筷——筵席中暂时停餐,可以把筷子直搁在碟子或者调羹上。

横筷——将筷子横搁在碟子上,那是表示酒足饭饱不再进膳了。横筷礼一般用于平辈或比较熟悉的朋友之间。小辈为了表示对长者的尊敬,必须等长者先横筷后才能跟着这么做。

### 2. 使用筷子的禁忌

一是忌仙人指路。这是指拿筷子的手指不能朝向对方,这是不吉利的象征。

二是忌犹豫不决。这是指伸出筷子后犹豫不决,不知道夹哪个菜。

三是忌吱吱作声。这是指把筷子的一端含在嘴里,用嘴来回去嘬,并不时地发出吱吱声响。

四是忌插饭上香。这是指把一副筷子插在饭中递给对方,被视为大不敬,因为中国的传统是为死人上香时才这样做,如果把一副筷子插入饭中,无疑会被视同于给死人上香。

另外,国别不同,筷子的禁忌也不相同。中国人忌用长短不一的筷子,这表示主人或宾客中若有夫妇,那么夫妇中会有人早逝;使用一副颜色不同的筷子,则是家庭不和之兆。日本人则忌用筷子插着芋头或番薯等送进口来吃,也不能用筷子拖拉盘碟。

### (二)其他餐具

除了筷子以外,中餐还有其他的餐具,也要讲究礼仪。

勺子主要作用是舀取菜肴、食物。尽量不要单用勺子去取菜。用勺子取食物时,不要过满。暂时不用勺子时,应放在自己的碟子上。用勺子取食物后,要立即食用或放在自己的碟子里,不要再把它倒回原处。而如果取用的食物太烫,不可用勺子舀来舀去,也不要用嘴对着吹,可以先放到自己的碗里等凉了再吃。不要把勺子塞到嘴里,或者反复吮吸、舔食。

盘子在餐桌上一般要保持原位,而且不要堆放在一起。需要着重介绍的是一种用途比较特殊的被称为食碟的盘子。食碟的主要作用是用来暂放从公用的菜盘里取来享用的菜肴。用食碟时,一次不要取放过多菜肴,也不要把多种菜肴堆放在一起,不吃的残渣、骨、刺不要吐在地上、桌上,而应用筷子夹放到碟子旁边。如果食碟放满了,可以让服务员更换。

水杯主要用来盛放清水、汽水、果汁、可乐等软饮料时使用。不要用它来盛酒,也不要倒扣水杯。另外,喝进嘴里的东西不能再吐回水杯中。

湿毛巾往往是餐前使用的,它只能用来擦手。擦手后,应该放回盘子里,由服务员拿走。有时候,在正式宴会结束前,会再上一块湿毛巾。和前者不同的是,它只能用来擦嘴,却不能擦脸、抹汗。

牙签在餐后的使用较为广泛。尽量不要当众剔牙。如果一定要剔,用另一只手掩住口部,剔出来的东西,不要当众观赏或再次入口,也不要随手乱弹,随口乱吐。剔牙后,不要长时间叼着牙签,更不要用来扎取食物。

## 案例分析

### 不懂中餐礼仪的女秘书

联华公司是一家比较大的上市公司,最近合作伙伴东升公司总经理即将来访。联华公司总经理秘书王晓红负责接待事宜。王晓红安排好了接待的车辆、人员、住宿地点,接着开始安排双方总经理共进晚餐,晚餐地点在本市较高档的宏远酒楼。

首先确定菜单。她不仅点了总经理平时喜欢吃的菜,还特别点了本地特色菜,因为来宾是外省人,应该会对本地特色菜感兴趣。当日下午,双方总经理洽谈完毕,便去宏远酒楼用餐。王晓红率先为总经理打开门,走进包间,按照座次礼仪的要求安排好双方人员的座位后,大家开始就餐。

开始就餐后,王晓红就发现对方总经理几乎不动筷子,她非常热情,用自己的筷子给对方总经理夹了很多菜。哪知对方的陪同人员告诉她,他们总经理是回族人,不能吃猪肉。王晓红这才意识到,订餐前没有考虑到对方的民族习惯,所以大部分的菜都有猪肉,于是赶紧让服务员上了几道新菜。

酒过三巡,双方话匣子打开了,谈话也就随便了些。王晓红问东升公司总经理:"听说你们公司行政人员收入挺高的,你们到底开多少工资啊?"此话一出,联华公司总经理脸色一变,东升公司总经理也面露尴尬,此时王晓红才意识到自己说错话了。

果然第二天,总经理就找她谈话,问她订餐时为何不问对方客人的情况,而且还问她是否有跳槽的打算。王晓红为自己的欠考虑和失言后悔不已。

【评析】

中餐点菜前,不仅要考虑到双方客人爱吃什么,更要考虑到客人是否有禁忌的食物,如民族禁忌、国家禁忌、个人禁忌。商务餐中打听对方公司的待遇,也是不合时宜的。

当然,按照客人的层次确定相应的餐厅、给大家安排好座次、发现对方客人的禁忌后及时更换新菜都是她的可取之处。

## 相关链接

1. 中国的礼仪文化早已在世界上引起了广泛关注,遍布世界各个角落的中餐馆,不断地把中餐礼仪文化传给各国人民。中餐中独有的"杂碎",历史悠久,味道独特,已被收入《牛津大辞典》。另外,像中餐词语"点心""炒面""豆腐"等也已深入到西方人日常生活词语中。

2. 古人金榜题名后有所谓的"科举四宴"——鹿鸣宴、琼林宴、鹰扬宴和会武宴。鹿鸣宴起于唐代,取自《诗经》中的"鹿鸣"诗,故有其名。鹿与"禄"谐音,古人常以鹿来象征"禄",以为有"禄"就能升官发财,新科中举乃是入"禄"之始。琼林宴是古时为新科进士而设的宴会,起始于宋代。宋太祖规定,在礼部会试后,再由皇帝在殿廷主持最高一级的考试——殿试,殿试后由皇帝宣布登科进士的名次,并赐宴庆贺。由于赐宴都是在著名的琼林苑举行,故该宴有"琼林宴"之称。鹰扬宴是一种武科宴。清朝时,武乡试放榜后,考官和考中武举者要共同参宴庆贺。所谓"鹰扬",乃是威武如鹰之飞扬之意,取自《诗经》中"维师尚父,时维鹰扬"之句。会武宴顾名思义也是一种武科贺宴。古代科举自唐开始,武科殿试放榜后都要在兵部为武科新进士举行宴会,以示庆贺,名曰"会武宴"。

## 第二节　西餐礼仪,品味异国风情的饮食文化

### 情景导入 ▶▶▶

西餐饮酒礼仪

#### 从《唐顿庄园》看西餐礼仪

热播的英剧《唐顿庄园》已经播出五季了,它那豪华的庄园和谈吐文雅的家族让人着迷,呈现了英国上层贵族与其仆人们在森严的等级制度下的人间百态,以礼仪统天下的欧洲贵族为背景。欧洲贵族的进餐礼仪有如下几个要点:

背部永远不要接触椅背。身体应坐直并将食物送至嘴边。即便吃容易掉渣儿的点心,也不要俯身去够。喝汤是唯一的例外——您可以稍微颔首。

控制用餐进度。通常用餐会持续 2 小时左右,因此,应注意适量饮用酒水,避免去卫生间。

唐顿庄园中,以女士为主,但在传统意义上,主人会以男女相间的原则安排宾客入座。已婚夫妇会被分开,因为通常认为夫妇两人在一起的时间已经够多了。而已订婚的夫妇会被安排坐在一起,这样他们就可以在监护人的陪同下彼此交谈了。

为了不冷落任何一位客人,您应当和您身旁的男士交谈。之后,女主人会轻咳一声,这时您要转向身侧另一位男士。这就是所谓的"轮换原则"(turning the table)。

永远不要在餐桌上谈论金钱、工作、性、健康、政治和宗教。在这方面,年长贵妇通常会维持秩序。对于加餐性质的下午茶来说,交谈话题尤其应该轻松愉快。

### 知识详解

西餐礼仪的"西"是西方的意思,一般指欧洲各国。我们通常所说的西餐主要包括西欧国家的饮食菜肴,当然同时还包括东欧各国、地中海沿岸等国和一些拉丁美洲国家,如墨西哥等国的菜肴。

西方餐桌礼仪起源于法国梅罗文加王朝,由于受到拜占庭文化启发,制定了一系列精致的礼仪。到了罗马帝国的查里曼大帝时,礼仪更为复杂而专制,皇帝必须坐最高的椅子,每当乐声响起时,王公贵族必须将菜肴传到皇帝手中。

在 17 世纪以前,传统习惯是戴着帽子进餐。帝制时代,餐桌礼仪显得烦琐与严苛,不同民族有不一样的用餐习惯:高卢人坐着用餐,罗马人卧着进食,法国人从小被教导用餐时双手要放在桌子上,但是英国人却被教导不吃东西时双手要放在大腿上。时至今日,这些餐桌礼仪在某些国家被保留下来,并且成为西餐礼仪的一部分。

中国改革开放以后,西餐逐渐进入了人们的社交中。如今,西餐已经不像以前只能在电影、小说中看到了,人们有越来越多的机会接触西餐、了解西餐,人们也了解到吃的不仅是西餐,更是西餐背后的文化。那么,如何才能像绅士和淑女一样从容优雅地进餐呢?

### 一、预约

在西方,去饭店吃饭一般都要事先预约,而且越是高档的餐厅,就越需要预约。如果不预约,贸然前去,很难找到座位。预约时首先要说明人数和时间,其次要表明是否要去视野良好的座位。如果是生日或其他特别的日子,可以告知宴会的目的和预算。

### 二、赴宴

在预约时间到达是基本的礼貌。赴宴要遵守约定的时间,既不要太早,显得急于进餐,也不能迟到。最好事先探询一下,可依据请柬注明的时间,稍微提前一点。如果你与主人关系密切,则不妨早点到达,以帮助主人招待宾客,或做些准备工作。

赴宴时,仪表要整洁,穿戴应大方,最好稍做打扮。忌穿工作服,满脸倦容或一身灰尘。为此,进行一番整理和化妆是很有必要的。男士要刮净胡须,如有时间还应理发。注意鞋子是否干净、光亮,袜子是否有异味,以免到时尴尬。如果指定穿正式的服装,男士必须打领带,女士要穿套装和有跟的鞋子。

### 三、入座

进入西餐厅后,男士应先开门,请女士进入,应请女士走在前面。入座、餐点端来时,都应让女士优先。特别是团体活动,更别忘了让女士们走在前面,由服务生带领就座,不可贸然入座。男士或服务生可帮女士拉开椅子协助其入座,一般由椅子左侧入座。座位的安排方面,离出口最远的位置为上位。正式宴会以国际惯例为依据,桌次的高低依距离主桌位置的远近而定,右高左低,桌次较多时一般摆放桌次牌。吃西餐均使用长桌,同一桌上座次的高低以离主人座位的远近而定。

就座后,坐姿应端正,但不僵硬,上身轻靠椅背。不要用手托腮或双臂肘放在桌上。不要随意摆弄餐具和餐巾,要避免一些不合礼仪的举止体态,例如,随意脱下上衣,摘掉领带,卷起衣袖;说话时比比画画,频频离席,或挪动座椅;头枕椅背打哈欠,伸懒腰,揉眼睛等。用餐时,上臂和背部要靠到椅背上,腹部和桌子保持约一个拳头的距离,两脚交叉的坐姿最好避免。

### 四、点菜

正式的全套西餐上菜顺序是:前菜和汤、鱼、水果、肉类、乳酪、甜点、咖啡、水果,还有餐前酒和餐酒。没有必要全部都点,点太多却吃不完反而失礼。前菜、主菜加甜点是最恰当的组合。点菜并不是由前菜开始点,而是先选一样最想吃的主菜,再配上适合主菜的汤。

西餐中一般都要配酒。对酒不太了解的人,最好告诉调酒师自己挑选的菜色、预算、喜爱的酒类口味,由调酒师帮忙挑选。主菜若是肉类应搭配红酒,鱼类则搭配白酒。上菜之前,不妨来杯香槟、雪利酒或吉尔酒等较淡的酒。

## 五、餐具

### (一)餐巾

点完菜后,在前菜送来前的这段时间内把餐巾打开,往内折三分之一,餐巾的三分之二平铺在腿上,盖住膝盖以上的双腿部分,最好不要把餐巾塞入领口。

### (二)刀叉

东方人进餐时的主要工具是筷子,而西方人进餐时则主要用刀叉。据说,筷子体现了东方人善于归纳的思维特点,刀叉体现了西方人精细化分析的思维特点。

进餐时,餐盘在中间,刀和勺子放置在盘子的右边,叉子放在左边。在桌子上摆放刀叉,一般最多不能超过三副。三道菜以上的套餐,必须在摆放的刀叉用完后随上菜再放置新的刀叉。

刀叉是从外侧向里侧按顺序使用的。进餐时,一般都是左右手互相配合,即一刀一叉成双成对使用。有些例外,喝汤时,则只是把勺子放在右边,用右手持勺;食用生牡蛎一般也是用右手拿牡蛎叉食用。

刀叉有不同规格,按照用途不同而决定使用尺寸的大小。吃肉时,不管是否要用刀切,都要使用大号的刀。吃沙拉、甜食或一些开胃小菜时,要用中号刀,叉或勺一般随刀的大小而变。喝汤时,要用大号勺,而喝咖啡和吃冰激凌时,则用小号勺为宜。

刀叉的摆放传递用餐的信息。如果吃到一半想放下刀叉略做休息,应把刀叉以八字形状摆在盘子中央。若刀叉突出到盘子外面,既不安全也不雅观。边说话边挥舞刀叉是失礼举动。用餐后,将刀叉摆成四点钟方向即可。

还要注意使用刀叉的禁忌。吃西餐时,每个人都有自己的餐具,如果是合餐,每个人都可从大盘里取用的话,那么一定有备用的公用叉或勺供大家使用。美国人食用肉类有时先用刀把肉切成块状,然后用叉子送进口中;而欧洲人一般是边切边吃,而且是铲起来送入口中。如食用某道菜不需要用刀,也可用右手握叉,例如,意大利人在吃面条时,只使用一把叉,不需要其他餐具。没有大块的肉要切的话,也可用右手握叉来进餐。

手里拿着刀叉时切勿指手画脚。发言或交谈时,应将刀叉放在盘上才合乎礼仪。在餐桌上进餐,一边要享用美食,同时大家当然也要开心畅谈一番。但手里拿刀叉时切勿手舞足蹈地谈论,也不可将刀叉竖起来握在手中,切勿放肆大笑或大声喧哗,这会让人感到胆战心惊,实际上这种危险的举动的确对人对己都是一种威胁。

叉子和勺子可入口,但刀子不能放入口中,不管它上面是否有食物。礼节的要求有其道理,刀子入口也是危险的。

## 六、进餐

### (一)汤

喝汤不能吸着喝,更不能发出吱吱的声音。先用汤匙由后往前将汤舀起,汤匙的底部放在下唇的位置将汤送入口中。汤匙与嘴部呈 45° 较好。身体的半部略微前倾。碗中的汤剩下不多时,可用手指将碗略微抬高。如果汤是使用有握环的碗装,可直接拿住握环端起来喝。

### (二)鱼

鱼肉极嫩易碎,因此餐厅常不备餐刀而备专用的汤匙。这种汤匙比一般喝汤用的汤匙稍大,不但可切分菜肴,还能将调味汁一起舀起来喝。若要吃其他混合的青菜类食物,还是使用叉子为宜。首先用刀在鱼鳃附近刺一条直线,刀尖不要刺透,刺入一半即可。将鱼的上半身挑开后,从头开始,将刀叉在骨头下方往鱼尾方向划开,把刺骨剔掉并挪到盘子的一角。最后再把鱼尾切掉。由左至右,边切边吃。

### (三)面包

先用两手将面包撕成小块,再用左手拿来吃。吃硬面包时,用手撕不但费力而且面包屑会掉满地,此时可用刀先将其切成两半,再用手撕成块来吃。切时可用手将面包固定,避免发出声响。

### (四)水果

在宴席上,可用手拿取苹果或梨,放在盘里,用刀螺旋式将其削皮。如果很难,可将水果放在盘里,先切成两半,再去核切块,然后用叉或水果刀食用。场合更加随便点的话,可以用手拿着吃。

## 案例分析

### 洋媳妇的宴请风波

老张的儿子留学归国,还带了位洋媳妇。为了讨好未来的公公,这位洋媳妇一回国就诚惶诚恐地张罗着请老张一家到当地最好的星级饭店吃西餐。

用餐开始了,老张为在洋媳妇面前显示出自己也很讲究,就用桌上一块"很精致的布"仔细地擦了自己的刀、叉,擦完后把这块精致的布系到脖子上。

吃的时候,学着他们的样子使用刀叉,既费劲又辛苦,但他觉得自己挺得体的,总算没丢脸。

用餐快结束了,吃饭时喝惯了汤的老张盛了几勺精致小盆里的"汤"放到自己碗里,然后喝下。洋媳妇先是一愣,紧跟着也盛着喝了,而他的儿子早已是满脸通红。

【评析】

"很精致的布"就是餐巾,西餐中餐巾的作用是铺在大腿上,防止食物飞溅弄脏衣服。餐巾用来擦刀叉是非常不礼貌的,这相当于对主人和餐厅说:"你的餐具不干净,我不放心。"用餐结束时的"汤"不是中国人常喝的汤,而是洗手水,通常加柠檬或者玫瑰花瓣。老张虽然事前做了功课,但看来也是百密一疏。

**相关链接**

1.《芭贝特的盛宴》引起了近二十年来银幕上的"饮食电影风"。电影描述丹麦北部的小村庄有一对笃信路德教的姐妹花,因为宗教而不惜牺牲爱情。她们家有一位从法国避乱而来的女佣,原来是法国大餐厅的名厨,她在中了法国彩券大奖之后,要求在两姐妹的父亲忌辰祭时亲自掌厨,招待教区中的老教友享受一席正宗法国盛宴。影片上半部拍得十分纯朴高雅,将两姐妹的爱情故事诠释得温婉感人,也令人对丹麦教区的民俗风情增加了了解。下半部集中介绍盛宴的整个准备和烹饪过程,将法国菜的色、香、味发挥得淋漓尽致,令人垂涎欲滴,难怪以禁欲和节制为生活重心的路德教教友也被这顿盛宴征服。类似的有关西餐的电影还有《罗马假日》《傲慢与偏见》《公主日记》。一部部经典欧美电影,不仅让我们为其中的情节动情,也让我们领略了异国文化。通过这些经典电影,我们为西式餐桌礼仪所惊叹,那满桌的杯盘叉具又让我们感觉手足无措。

2.在近代人的眼里,西方人对待饮食的态度不像中国人那样认真和讲究。对中西饮食都很熟悉的林语堂在《中国人》一书中对英式西餐做过如下的讽刺挖苦,很具代表性,可视作中国人对西方饮食评价的经典:英国人不郑重其事地对待饮食,而把它看作是一件随随便便的事情,这种危险的态度可以在他们的国民生活中找到证据。如果他们知道食物的滋味,他们语言中就会有表达这一含义的词语,英语中原本没有"cuisine"(烹饪),他们只有"cooking"(烧煮);他们原本没有恰当的词语去称呼"chef"(厨师),而是直截了当称之为"cook"(伙夫);他们原本也不说"menu"(菜肴),只是称之为"dishes"(盘装菜);他们原本也没有一个词语可以用来称呼"gourmet"(美食家),只是不客气地用童谣里的话称之为"Greedy Gut"(贪吃的肚子)。事实上,英国人并不承认他们自己有胃……英国人感兴趣的是怎样保持身体的健康与结实,比如多吃点保卫尔(Bovril)牛肉汁,从而抵抗感冒的侵袭,并节省医药费。

## 第三节　饮酒礼仪,推杯换盏的酒文化

**情景导入** ▶▶▶

### 酒与电影

电影与酒一样,都是人类最不可思议,也是最了不起的发明,它们令人沉醉和沉迷。很多电影里都有酒的身影,有时它擦肩而过,有时和影像互相催化,相映生辉。

如果说到西方的名酒佳酿,首先想到的当然是葡萄园里种植和收获的情形。墨西哥人阿方索·阿劳导演的《云中漫步》完全可以让你一饱眼福。在浪漫爱情的引领下,你可以经历一个葡萄园的丰收过程,可以看到催熟、收割、酿造、储藏、品尝等各个充满拉丁风情的细节。尤其是人们在深夜里点着火,如蝴蝶展翅般,将葡萄催熟的场景,可算是"电影酿酒史"上最华丽的一幕了。

法国一位导演的《秋天的故事》中,45 岁的女主角 Magali 经营着一小片葡萄园,因为坚持保持葡萄酒的品质而不用除草剂,以致自己的葡萄园杂乱无比,招来邻居的批评。她宁愿减产一半,也想证明隆河的酒与勃根一样可以久藏。心灵与葡萄酒一样醇美持久,这才是深谙酒道的种植者。

为张艺谋奠定国际声誉的《红高粱》,是迄今为止表现"中国酒"酿制最全面、最完美的电影作品。高速摄影镜头下的高粱地、熊熊大火上的蒸酒瓮,以及被"我爷爷"一泡尿撒出来的罕见极品高粱——都为北方土地、北方汉子涂上一层粗犷而神奇的大红色彩。尤其在"喝了咱的酒啊……"的酒神曲中,观者完全沉浸到人酒合一、豪气冲天的境界里。

酿制之后,酒便会被储藏在酒窖中,所谓陈年佳酿,都是愈藏愈香。而在电影里,酒窖或者是藏酒的地下室,一般是动作、悬念、恐怖类型影片故事里最凶险情节的发生地。在希区柯克的《美人计》里,酒窖中的香槟瓶里放着稀有矿粉(希区柯克是用酒的高手);在吴宇森的《纵横四海》里,酒窖的酒瓶成了开启密室的机关;在好莱坞的《剑鱼行动》里,酒窖的酒桶中赫然冰着约翰·屈伏塔的肉身! 这些场景都借着酒气被营造出惊心动魄的气氛来。

(资料来源:卫西谛,黄小璐.后窗看电影.桂林:广西师范大学出版社,2005)

## 一、中餐饮酒礼仪

中国的酒文化博大精深,早从西周开始,我国就建立起了一套饮酒的礼仪。《礼记·乡饮酒义》就规定:"乡饮酒之义,主人拜迎宾于庠门之外,入,三揖而后至阶,三让而后升,所以致尊让也。"到了唐代已经对酒宴上的规则、行令、罚酒等事宜做了较为详细的规定,明朝是酒文化"自觉的时代",先有嘉靖名士田汝成著《醉乡律令》,提出"醉乡十一宜",又提出力戒十四种饮酒不欢的情况。万历年间,公安派领袖袁中郎著《觞政》一篇,列"酒宪"十六条,广泛涉及选择同饮者的条件、饮酒地点的选择、时令的估量、酒质的判断以及酒器的考究等。时至今日,中国人在交际中仍然喜欢喝酒,甚至喜欢把一些重要的事情放到酒桌上讨论。

### (一)敬酒有序,主次分明

在酒宴上,主人要向客人敬酒,客人要回敬主人,敬酒时还要说几句敬酒辞。客人之间也可相互敬酒,有时还要依次向主人敬酒。敬酒时,敬酒人和被敬酒的人都要"避席"起立。普通敬酒以三杯为度。敬酒时,如果对象是长辈、领导等尊者,敬酒的人的酒杯要低于尊者的酒杯,以示尊敬。

### (二)古老酒令,文化传承

酒令是我国特有的宴饮艺术,是我国酒文化的独创之处。它被用来活跃气氛,调节感情,促进交流,斗智斗巧,提高宴饮的文化品位。通行的情况是:与席者公推一人为令官,负责行令,大家听令;违令者、不能应令者,都要罚酒。令分游戏令、赌赛令、文字令三大类。游戏令包括传花、猜谜、说笑话、对酒筹(据酒筹上所刻文字限定罚酒人)等;赌赛令包括投壶、射箭、掷骰、划拳、猜枚等;文字令包括嵌字联句、字体变化、辞格趣引等。另外,文字令还分捷令与限时令,捷令要求令官倡令后,斟酒至某人处时即刻应令;限时令用点香、奏乐等方式限定时间,到时不能接令,则按例罚酒。

### (三)劝酒适当,切莫强求

中国人常说"煮酒论英雄",中国人的好客常常在酒席上被发挥得淋漓尽致,似乎不干杯就不是英雄,更是不给主人面子。中国人相信人与人的感情交流往往在敬酒时得到升华。中国人敬酒时,往往都想让对方多喝点酒,以表示自己尽到了主人之谊,客人喝得越多,主人就越高兴,说明客人看得起自己;如果客人不喝酒,主人就会觉得有失面子。于是我们就有很多种劝人喝酒的方法,如"文敬""武敬"和"罚敬"。"文敬"是传统酒德的一种体现,即有礼有节地劝客人饮酒。"武敬"相对于"文敬"来说就要热情一些。"罚敬"是中国人敬酒的一种独特方式,"罚敬"的理由也是五花八门,最为常见的可能是对酒席迟到者罚酒三杯。

## 二、西餐饮酒礼仪

### (一)美酒配佳肴

葡萄酒是西餐的精髓,吃西餐不喝葡萄酒是无法了解异域的饮食文化的。葡萄酒与菜肴搭配的原则是:红葡萄酒配红肉,白葡萄酒配海鲜。简而言之,就是红酒配红肉,白酒配海鲜。吃红烧鸡鸭、红烧牛排,搭配干红葡萄酒更对味。因为干红葡萄酒丹宁含量高,口感较涩,能够解腻。吃各种海鲜,喝干白葡萄酒更舒服。干白葡萄酒口感微酸,可以解腥。

餐前餐后喝哪种葡萄酒也颇有讲究。餐前酒一般选用具有开胃功能的香槟、白葡萄酒等;餐后酒一般选用蒸馏酒、利口酒。香槟酒可以同所有菜肴一起搭配,并可以在整个用餐过程中饮用,甚至不搭配菜肴也可。进餐过程中,对带有醋的沙拉、带咖喱粉的菜肴以及带有巧克力的甜品,不适宜同葡萄酒搭配,因为它们都会与葡萄酒相抵触而产生不协调的异味。

### (二)品酒与敬酒

业内品酒包含三个步骤,即"观其色、闻其香、品其味"。

观其色:把酒倒入透明葡萄酒杯中,举至齐眼高观察酒体颜色。优质高档葡萄酒都应具有相对稳定的颜色,葡萄酒的色度通常直接影响酒的结构和丰满度。一般地,白葡萄酒呈浅禾秆黄色,澄清透明;干红葡萄酒呈深宝石红色,澄清近乎透明;干桃红葡萄酒呈玫瑰红色,澄清透明。

闻其香:这是判定酒质优劣最明显、最可靠的方法,我们只需要闻一下便能辨其优劣。"品尝"葡萄酒的香气,可将酒杯轻轻旋动,使杯内酒沿杯壁旋转,这样可增加香气浓度,有助于嗅尝。优质干白葡萄酒香气比较浓,表现为清香怡人的果香,而无任何异味;优质干红葡萄酒的香气表现为酒香和陈酿香,而无任何令人感到不愉快的气味。需特别指出的是,劣质葡萄酒闻起来都有一股不可消除的、令人不愉快的"馊味",这股"馊味"是酒中的杀菌剂二氧化硫的气味,劣质酒因使用霉烂、变质的葡萄原料,或者为了防止酒变质,而被迫加大二氧化硫的用量。

品其味:将酒杯举起,杯口放在唇间,压住下唇,头部稍向后仰,把酒轻轻地吸入口中,使酒均匀地分布在舌头表面,然后将葡萄酒控制在口腔前部,并品尝大约 10 秒钟后咽下,在停留的过程中所获得的感觉一般并不一致,而是逐渐变化的。每次品尝应以半口左右为宜。

为避免手的温度使酒温增高,正确的握杯姿势是用三根手指轻握杯脚,即用大拇指、中指和食指握住杯脚,小指放在杯子的底台固定。轻轻摇动酒杯让酒与空气接触以增加酒味的醇香,不要猛烈摇晃杯子。饮酒时绝对不能吸着喝,而是倾斜酒杯。站立饮酒时可以采用一手拿着酒杯,一手环抱体前置于腰的上方的姿势,让重心上移,人会显得高,而且很优美。在西方最文明的方式是头保持平直、一口口啜饮,不要一次喝完,杯中总还是留一点酒。非敬酒时的一饮而尽、边喝酒边透过酒杯看人、拿着酒杯边说话边喝酒、将口红印在酒杯沿上等,都是失礼的行为。

西餐也要敬酒。西方国家的宴会敬酒一般选择在主菜吃完、甜菜未上之间。敬酒时将杯子高举齐眼,并注视对方,且最少要喝一口酒,以示敬意。敬酒应以年龄大小、职位高低、宾主身份为序,敬酒前一定要充分考虑好敬酒的顺序,分清主次。盛红酒的酒杯杯脚较短,身体肥大,可以用食指和中指夹住杯脚,喝的时候拿近杯身,手的温度有助于红酒释放其香味。在敬酒与人碰杯时,自己的杯身比对方略低,表示你对对方的敬重。

### 三、中西饮酒礼仪差异

中西文化不同,饮酒的礼仪也有较大的差异。中国的饮酒礼仪体现了对人的尊重。谁是主人,谁是客人,都有固定的座位,都有固定的敬酒次序。敬酒时,要从主人开始敬,主人不敬完,别人是没有资格敬的,如果乱了次序是要受罚的。而敬酒一定是从最尊贵的客人开始敬起,敬酒时酒杯要满,表示的也是对被敬酒人的尊重。晚辈对长辈、下级对上级要主动敬酒,而且讲究的是先干为敬。而行酒令、划拳等饮酒礼仪,也是为了让饮酒人喝得更尽兴而应运而生的。显然,中国酒文化深深地受中国尊卑长幼传统伦理文化的影响,在饮酒过程中,把对饮酒人的尊重摆在最重要的位置上。

西方人饮用葡萄酒的礼仪,则反映出对酒的尊重。品鉴葡萄酒要观其色、闻其香、品其味,调动各种感官享受美酒。在品饮顺序上,讲究先喝白葡萄酒后喝红葡萄酒、先品较淡的酒再品浓郁的酒、先饮较短年份的酒再饮较长年份的酒,按照味觉规律的变化,逐渐深入地享受酒中风味的变化。而对酒杯的选择也是围绕着如何让饮酒者充分享受葡萄酒来进行的。让香气汇聚杯口的郁金香形高脚杯、让酒体充分舒展开的滗酒器乃至为掌握葡萄酒温度而专门设计的温度计,无不体现出西方人对酒的尊重,他们的饮酒礼仪、饮酒文化都是为了更好地享受美味而制定的。

### 案例分析

#### 青梅煮酒论英雄

我国著名历史小说《三国演义》第二十一回讲述了这样一则故事:东汉末年,曹操挟天子以令诸侯,势力庞大;刘备虽为皇叔,却势单力薄,为防曹操谋害,不得不在住处后园种菜,亲自浇灌,以为韬晦之计。关羽和张飞蒙在鼓中,说刘备不留心天下大事,却学小人之事。

一天，刘备正在浇菜，曹操派人请刘备，刘备只得胆战心惊地去见曹操。曹操不动声色对刘备说，"在家做得大好事！"说者有意，听者更有心，这句话将刘备吓得面如土色，曹操又转口说："你学种菜，不容易。"这才使刘备稍稍放心下来。曹操说："刚才看见园内枝头上的青梅，想起一些往事，今天见此梅，不可不赏，恰逢煮酒正熟，故邀你到小亭一会。"刘备听后心神安定。随曹操来到小亭，只见已经摆好了各种酒器，盘内放置了青梅，于是就将青梅放在酒樽中煮起酒来了，二人对坐，开怀畅饮。酒至半酣，突然阴云密布，大雨将至，曹操大谈龙的品行，又将龙比作当世英雄，问刘备，请你说说当世英雄是谁，刘备装作胸无大志的样子，说了几个人，都被曹操否定。

曹操此时正想打探刘备的心理活动，看他是否想称雄于世，于是说："夫英雄者，胸怀大志，腹有良谋，有包藏宇宙之机，吞吐天地之志者也。"刘备问："谁能当英雄呢？"曹操单刀直入地说："当今天下英雄，只有你和我两人！"刘备一听，吃了一惊，手中拿的筷子，竟不知不觉地掉到地上。正巧突然下大雨，雷声大作，刘备灵机一动，从容地低下身拾起筷子，说是因为害怕打雷，所以掉了筷子。曹操此时才放心地说："大丈夫也怕雷吗？"刘备说："连圣人对迅雷烈风也会失态，我还能不怕吗？"刘备经过这样的掩饰，使曹操认为自己是个胸无大志、胆小如鼠的庸人，曹操从此再也不疑刘备了。

**【评析】**

这段描写用如此短小的篇幅，把两个人物的心理活动跃然于纸上。一个如升龙，跃于云上，虎视天下，所谓视天下无一物，曹操的措辞是何等的张扬。而刘备似隐龙，因为时机没到，羽翼未丰，还要借助他人的力量，在谈吐中步步后退，在危急时刻又能急中生智，巧度难关，不愧是曹操所指的英雄。古人认为，酒能论事，能成事。那么"青梅煮酒"里的"酒"是哪种"酒"呢？按照三国的故事情节，曹操、刘备二人是在许昌吃的饭喝的酒，猜想应该喝的中原地区常见的黄酒，葡萄酒传入的比较晚，啤酒传入更晚，而白酒的蒸馏技术更是近现代的事了。

## 知识链接

1.喝酒碰杯有两种说法：一种说法是古希腊人创造的。传说古希腊人注意到这样一个事实，在举杯饮酒之时，鼻子能嗅到酒的香味道，眼睛能看到酒的颜色，舌头能够辨别酒的味道，而只有耳朵被排除在这一享受之外。怎么办呢？希腊人想出一个办法，在喝酒之前，互相碰一下杯子，杯子发出的清脆的响声传到耳朵中。这样，耳朵就和其他器官一样，也能享受到喝酒的乐趣了。

另一种说法是，喝酒碰杯起源于古罗马。古罗马崇尚武功，常常开展"角力"竞技。竞技前选手们习惯于饮酒，以示相互勉励之意。由于酒是事先准备的，为了防止心术不正的人在给对方喝的酒中放毒药，人们想出一种防范的方法，即在角力前，双方各将自己的酒向对方的酒杯中倾注一些。以后，碰杯便逐渐发展成为一种礼仪。

2.刘向的《说苑·至公》中有一个故事"齐桓公为大臣具酒"。齐桓公为大臣准备了酒席，约好中午开席。结果管仲迟到，于是桓公举杯罚他喝酒，管仲就把杯中酒倒掉了一半，桓公就问道:"有约却迟到,罚杯又倒掉酒,从礼节上讲能说得过去吗?"管仲回答说:"臣听说酒进了嘴,舌就伸出来,舌一伸出来就会说错话,说错话的人就会惹来杀身弃尸之祸。臣算计了一下,与其身遭弃尸,不如弃掉些酒。"

## 第四节 茶道礼仪,源远流长的茶文化

### 情景导入 ▶▶▶

#### 源于中国的日本茶道

日本茶道起源于中国的茶文化。中国的茶文化传入日本后,历经几代茶人的不懈努力、潜心研究和改革创新,将饮茶这种简单的日常活动升华到极具形式美和内在美的艺术高度,它是禅宗日本化以后孕育出的一种具有独特审美价值的文化式样。茶道的内容极其丰富,包括了艺术、宗教、哲学体现了日本人的独特的美意识。

### 知识详解

茶道是以修行悟道为宗旨的饮茶艺术,是饮茶之道和饮茶修道的统一。茶道包括茶艺、茶礼、茶境、修道四大要素。所谓茶艺是指备器、选水、取火、候汤、习茶的一套技艺;所谓茶礼,是指茶事活动中的礼仪、法则;所谓茶境,是指茶事活动的场所、环境;所谓修道,是指通过茶事活动来怡情修性、悟道体道。茶使人清醒,所以在中国茶道中也吸收了"礼"的精神。南北朝时,茶已用于祭礼,唐以后历代朝廷皆以茶荐社稷,以至朝廷进退应对之盛事,皆有茶礼。中国的茶文化博大精深,我们这里主要讨论的是茶礼,即茶事活动中的礼仪。

#### 一、茶道基本礼仪

##### (一)沏茶之礼

茶道之礼的重要内容是不但要讲究茶叶的质量,还要讲究泡茶的艺术。

首先要选好茶叶。选用何种茶叶,也要视客人的情况而定。如果客人是老年人,则宜沏上一杯浓醇芬芳的优质茉莉花茶,并选用加盖瓷杯;如果来客是年轻妇女,宜冲一杯茶叶淡雅的绿茶,如龙井、毛尖、碧螺春等,并选用透明玻璃茶杯,不加杯盖;如果客人嗜好喝浓茶,不妨适当加大茶量,并拼以少量茶末,可做到茶汤味浓,经久耐泡,饮之过瘾;如果客人喜啜乌龙茶,则用小壶小杯,选用安溪铁观音和武夷岩茶招待贵客;如果家中只有低级粗茶或茶末,那最好用茶壶泡茶,只闻茶香,只品茶味,不见茶形。

其次要注意沏茶的方法与水温的把握。我国有"浅茶满酒"的讲究,一般倒茶或冲茶至茶具的三分之二到四分之三左右,如冲满茶杯,不但烫嘴,还寓有逐客之意。泡茶水温也要因茶而异,乌龙茶需用沸水冲泡,并用沸水预先烫杯;其他茶叶冲泡水温为 80℃ ～ 90℃,细嫩的茶末冲泡水温还可再低点。

### (二)敬茶之礼

当今社会,客来敬茶更成为人们日常社交和家庭生活中普遍的往来礼仪。

敬茶要有礼貌,一定要洗净茶具,切忌用手抓茶,茶汤上不能漂浮一层泡沫,以及或焦黑或黄绿的茶末,也不能有粗枝大叶横于杯中。茶杯无论有无柄,端茶一定要在下面加托盘,敬茶时温文尔雅、笑容可掬、和蔼可亲,双手托盘至客人面前,躬腰低声说"用茶",客人即应起立说声"谢谢",并用双手接过茶托。

以咖啡或红茶待客时,杯耳和茶匙的握柄要朝着客人的右边,此外要替每位客人准备一包砂糖和奶精,将其放在杯子旁或小碟上,方便客人自行取用。

### (三)饮茶之礼

当然,客人也要还之以礼。做客饮茶,慢啜细饮,边谈边饮,并连声赞誉茶叶鲜美和主人手艺,不能手舞足蹈,狂喝暴饮。喝茶时,不需将杯垫一起端起,以单手端起茶杯,另一手轻扶杯垫,预防杯垫掉落即可。但若坐在矮茶几旁,则必须连同杯垫一起端起,以免不慎打翻。喝茶时不可出声,尤其是喝工夫茶时,不要因怕将茶叶喝入口中而用嘴滤茶,如果发出声音是十分不雅的,女士喝茶先用化妆纸将口红轻轻擦掉些,以免口红印留在杯子上。

饮盖碗茶可用盖儿将漂在表面上的茶叶轻轻荡去,不可当众将茶叶吃进口中;茶热,不可用嘴吹气使其降温,只能待其自然降温后饮用;饮茶不出声;需要续茶时,把盖儿取下、靠在茶托边上,注意不要把盖儿翻过来放。品茶时,应适量,不可一杯一杯没完没了。

主人陪伴客人饮茶时,在客人已喝去半杯时即添加开水,使茶汤浓度、温度前后大略一致。饮茶中,也可适当佐以茶食、糖果、菜肴等,达到调节口味的功效。

## 二、茶与婚礼

茶性纯洁、茶树多子这两个特性暗合了中国人的传统观。因此,在民间婚俗中,汉族人常以茶象征纯洁无瑕的爱情和多子多福,并应用于婚庆礼仪之中,作为"聘礼"和"彩礼",故传统婚礼融合了茶道礼仪。茶叶文化的浸渗以及吸收到婚礼之中,是与我国饮茶的约定成俗和以茶待客的礼仪相联系的。如今我国许多农村仍把订婚、结婚称为"受茶""吃茶",把订婚的定金称为"茶金",把彩礼称为"茶礼"。

婚礼中最重要的就是喝新娘茶。我国南方地区历来有喝新娘茶的习俗。新娘成婚后的第二天清晨,洗漱、穿戴后,由媒人搀引至客厅,拜见已正襟危坐的公公、婆婆,并向公婆敬茶。公婆饮毕,要给新娘红包(礼钱),接着由婆婆引领新娘去向族中亲属及远道而来的亲戚敬茶,再在婆婆引领下挨门挨户拜叩邻里,并敬茶。敬茶毕,新娘向敬茶者招呼后,即用双手端茶盘承接茶盏,这时众亲友或邻里乡亲饮完茶,要在放回杯子的同时,在新娘托盘中放置红包,而新娘则略一蹲身,以示道谢。在喝新娘茶时,无论向谁敬茶,都不能有意回避,否则被认为"不通情理"。

## 三、中国少数民族茶道礼仪

### (一)藏族

藏族主要分布在我国西藏,在云南、四川、青海、甘肃等省的部分地区也有藏族人居住。这里地势高,有"世界屋脊"之称,空气稀薄,气候高寒干旱,他们以放牧或种旱地作物为生,当地蔬菜瓜果很少,常年以奶、肉、糌粑为主食。"其腥肉之食,非茶不消;青稞之热,非茶不解"。茶成了当地人们补充营养的主要来源,喝酥油茶便成了如同吃饭一样重要。

酥油茶是一种以茶为主料,并加有多种食料混合而成的液体饮料,滋味多样,喝起来咸里透香,甘中有甜,它既可暖身御寒,又能补充营养。在西藏草原或高原地带,人烟稀少,家中少有客人进门。偶尔有客来访,可招待的东西很少,加上酥油茶的独特作用,因此,敬酥油茶便成了西藏人款待宾客的珍贵礼仪。

又由于藏族同胞大多信奉喇嘛教,当喇嘛祭祀时,虔诚的教徒要敬茶,有钱的富庶要施茶。他们认为,这是在"积德""行善",所以,在西藏的一些大喇嘛寺里,多备有一口特大的茶锅,遇上节日,向教徒施茶算是佛门的一种施舍,至今仍随处可见。

### (二)维吾尔族

维吾尔族主要从事农业劳动,主食面粉,最常见的是用小麦面烤制的馕,色黄,又香又脆,形若圆饼,进食时,可与香茶伴食。他们认为,香茶有养胃提神的作用,是一种营养价值极高的饮料。

维吾尔族老乡喝香茶,习惯于一日三次,与早、中、晚三餐同时进行,通常是一边吃馕,一边喝茶,这种饮茶方式与其说把它看成是一种解渴的饮料,还不如说把它看成是一种佐食的汤料,实是一种以茶代汤、用茶作菜之举。

### (三)回族

回族居住处多在高原沙漠,气候干旱寒冷,蔬菜缺乏,以食牛羊肉、奶制品为主。而茶叶中存在的大量维生素和多酚类物质,不但可以补充蔬菜的不足,而且还有助于除油腻,帮助消化。所以,自古以来,茶一直是回族同胞的生活必需品。

回族饮茶,方式多样,其中有代表性的是喝刮碗子茶。刮碗子茶用的茶具俗称"三件套",由茶碗、碗盖和碗托或盘组成。茶碗盛茶,碗盖保香,碗托防烫。喝茶时,一手提托,一手握盖,并用盖顺碗口由里向外刮几下,这样一则可拨去浮在茶汤表面的泡沫,二则使茶味与添加食物相融,刮碗子茶的名称也由此而生。

刮碗子茶用的多为普通炒青绿茶,冲泡茶时,除茶碗中放茶外,还放有冰糖与多种干果,诸如苹果干、葡萄干、柿饼、桃干、红枣、桂圆干、枸杞子等,有的还要加上白菊花、芝麻之类,通常多达八种,故也有人美其名曰"八宝茶"。由于刮碗子茶中食品种类较多,加之各种配料在茶汤中的浸出速度不同,因此,每次续水后喝起来的滋味是很不一样的。一般说来,刮碗子茶用沸水冲泡,随即加盖,经5分钟后开饮,第一泡以茶的滋味为主,主要是清香甘醇;第二泡因糖的作用,就有浓甜透香之感;第三泡开始,茶的滋味开始变淡,各种干果的味道就应运而生,具体依所添的干果而定。大抵说来,一杯刮碗子茶,能冲泡5~6次,甚至更多。

回族同胞认为,喝刮碗子茶次次有味,且次次不同,又能去腻生津,滋补强身,是一种甜美的养生茶。

### (四)蒙古族

喝咸奶茶是蒙古族人们的传统饮茶习俗。在牧区,他们习惯于"一日三餐茶",却往往是"一日一顿饭"。每日清晨,主妇第一件事就是先煮一锅咸奶茶,供全家整天享用。蒙古族喜欢喝热茶,早上,他们一边喝茶,一边吃炒米,将剩余的茶放在微火上暖着,供随时取饮。通常一家人只在晚上放牧回家才正式用餐一次,但早、中、晚三次喝咸奶茶一般是不可缺少的。蒙古族喝的咸奶茶,用的多为青砖茶或黑砖茶,煮茶的器具是铁锅。制作时,应先把砖茶打碎,并将洗净的铁锅置于火上,盛水2～3千克,烧水至刚沸腾时,加入打碎的砖茶25克左右。当水再次沸腾5分钟后,掺入奶,用量为水的五分之一左右。稍加搅动,再加入适量盐巴。等到整锅咸奶茶开始沸腾时,才算煮好了,即可盛在碗中待饮。

## 案例分析

### 坐,请坐,请上坐;茶,敬茶,敬香茶

相传,清代大书法家、大画家郑板桥去一个寺院。方丈见他衣着简朴,以为是一般俗客,就冷淡地说了句"坐",又对小和尚喊"茶"。一经交谈,顿感此人谈吐非凡,就引进厢房,一面说"请坐",一面吩咐小和尚"敬茶"。又经细谈,得知来人是赫赫有名的扬州八怪之一的郑板桥时,急忙将其请到雅洁清静的方丈室,连声说"请上坐",并吩咐小和尚"敬香茶"。最后,这个方丈再三恳求郑板桥题词留念,郑板桥思忖了一下,挥笔写了一副对联。上联是"坐,请坐,请上坐";下联是"茶,敬茶,敬香茶"。方丈一看,羞愧满面,连连向郑板桥施礼,以示歉意。

**【评析】**

案例中的方丈显然是看人下茶的代表,从外表判断客人的身份,从而敬上与之身份匹配的茶,作为主人来讲,这种方式是不恰当的,更是不符合礼仪规范的。

## 相关链接

1.相传在公元前2 700多年以前的神农时代。神农为了给人治病,经常到深山野岭去采集草药,他不仅要走很多路,而且还要对采集的草药亲口尝试,体会、鉴别草药的功能。有一天,神农在采药中尝到了一种有毒的草,顿时感到口干舌麻、头晕目眩,他赶紧找了一棵大树背靠着坐下,闭目休息。这时,一阵风吹来,树上落下几片绿油油的带着清香的叶子,神农随后拣了两片放在嘴里咀嚼,没想到一股清香油然而生,顿时感觉舌底生津、精神振奋,刚才的不适一扫而空。他感到很奇怪,于是,再拾起几片叶子细细观察,他发现这种树叶的叶形、叶脉、叶缘均与一般的树木不同。神农便采集了一些带回去细细研究。后来,就把它命名为茶。

2.在中国茶文化史上,陆羽所创造的一套茶学、茶艺、茶道思想以及他所著的《茶经》,是划时代的一个标志。在封建社会,研究经学坟典被视为士人正途。像茶学、茶艺这类学问,只是被认为难入正统的"杂学"。陆羽与其他士人一样,对中国儒家学说悉心钻研,深有造诣。但又不像一般文人被儒家学说所拘泥,而能入乎其中,出乎其外,把深刻的学术原理融入茶这种物质生活之中,从而创造了茶文化。

【技能训练】

一、单项选择题

1.下面关于宴请的桌次,说法不正确的是(　　)

A.两桌的宴会时,从面向门口站立的方向来看,左边的桌次为主桌,右边则为次桌

B.三桌时,从面向门口站立的方向来看,中间的桌次为主桌,右边为次桌,左边为辅桌

C.四桌如排成环状,从面向门口站立的方向来看,则中间离门最远第一列桌为主桌

D.五桌如排成轴心环绕状,从面向门口站立的方向来看,中央一桌为主桌

2.下面关于筷子的用法,正确的是(　　)

A.左手执筷,大拇指和食指捏住筷子的上端

B.筵席中暂时停餐,可以把筷子直搁在碟子或者调羹上

C.用餐前筷子一定要整齐码放在饭碗的左侧

D.用餐后筷子一定要整齐地横向码放在饭碗的正中

3.下面对于西餐餐具的使用不正确的是(　　)

A.餐巾的三分之二平铺在腿上,盖住膝盖以上的双腿部分

B.餐巾可以塞入领口

C.刀叉从外侧向里侧按顺序使用

D.如果吃到一半想放下刀叉略做休息,应把刀叉以八字形状摆在盘子中央

4.关于西餐中的敬酒礼仪说法不正确的是(　　)

A.西方国家的宴会敬酒一般选择在主菜吃完、甜菜未上之间

B.敬酒应以年龄大小、职位高低、宾主身份为序

C.手的温度有助于红酒释放其香味

D.用食指和中指夹住杯脚

5.沏茶的正确礼仪是(　　)

A.喝茶时发出声音方能显示享受茶叶的味道

B.倒茶时一定要倒满才显得尊重

C.以咖啡或红茶待客时,杯耳和茶匙的握柄要朝着客人的左边

D.选用何种茶叶,要视客人的情况而定

二、多项选择题

1.中餐点菜应注意的禁忌包括(　　)

A.穆斯林通常不吃猪肉,并且不喝酒,故点菜时不能点猪肉和酒

B.高血压、高胆固醇患者,点菜时避免点鸡汤等高脂肪、高蛋白的菜品

C.英美国家的人通常不吃宠物、稀有动物、动物的内脏、动物的头部和脚爪

D.国内的佛教徒少吃荤腥食品,故点菜要避免肉食、葱、蒜、韭菜、芥末等气味刺鼻的食物

2.下列关于西餐礼仪的正确说法是(　　)

A.在西方,去饭店吃饭一般都要事先预约,而且越是高档的餐厅,就越需要预约

B.赴宴要遵守约定的时间,既不要太早,显得急于进餐,也不能迟到

C. 赴宴时,仪表整洁,穿戴大方,最好稍做打扮

D. 入座时,可以不由服务生带领就座

3. 西餐的品酒步骤包括(　　　)

A. 观其色

B. 闻其香

C. 问其史

D. 品其味

4. 茶道包括(　　　)

A. 茶艺

B. 茶礼

C. 茶境

D. 修道

5. 下面关于少数民族茶礼说法正确的是(　　　)

A. 藏族主要喝酥油茶

B. 维吾尔族喝香茶

C. 回族喝刮碗子茶

D. 蒙古族喝咸奶茶

### 三、判断题

1. 就餐入座时,应从椅子的右边入座。

2. 中餐点菜的原则是每人一个菜。

3. 筷子横搁在碟子上,那是表示酒足饭饱不再进膳了。

4. 用勺子取食物后,可将它倒回原处。

5. 水杯也可以用来倒酒。

### 四、案例分析题

1. 一天傍晚,一家法国餐厅里来了一群中国游客,于是老板特地派了一名中国侍者为这几位游客服务。侍者向游客们介绍了一些法国菜,他们不问价格的贵贱,一下子点了几十道菜。点完菜,他们开始四处拍照留念,和餐厅里漂亮的法国女服务员合照。用餐时,他们嘴里不时发出咀嚼食物的声音,并且推杯换盏,有几位男客人猜拳行酒令。整个餐厅一场嘈杂,邻座的客人忍无可忍,对他们提出了抗议。请指出中国客人的失礼之处。

2. 袁丽丽是大四的学生,目前在一家外贸公司的财务部试用。日前,为替在中国的外国客户庆祝"洋节",公司举办了大型的西式自助餐会,邀请了不少外国客户。因为很少吃西餐,袁丽丽在餐会上出了不少"洋相"。餐会一开始,袁丽丽端起面前的盘子去取菜,之后却发现那是装食物残渣的盘子;为节省取食的路途,她从离自己最近的水果沙拉开始吃,而此时同事们都在吃冷菜,袁丽丽只得开玩笑地说自己"减肥";因为刀叉位置放得不正确,她面前还没吃完的菜就被服务员收走了……一顿饭吃下来,袁丽丽浑身不自在。请分析袁丽丽吃西餐的失礼之处。

### 五、思考题

1. 中国的饮酒礼仪包括哪些?

2. 中餐的座次礼仪有哪些?

# 第六章

## 会议礼仪

### 学习导引

无论在校园里还是在职场中,都会遇到各种会议的场合。不管是参加自己单位还是其他单位的会议,都必须遵守会议礼仪。因为在这种高度聚焦的场合,稍有不慎,便会严重有损自己和单位的形象。

## 第一节　会议前的礼仪,不打无准备之仗

### 情景导入 ▶▶▶

会议礼仪

#### 奥运会乌龙事件大盘点

每届奥运会颁奖仪式后,都有升国旗仪式,虽然奥运会启用的是全球最高级的赛事保障服务,但是还难免有一些乌龙趣事发生。

在2012年的伦敦奥运会的男子200米自由泳的比赛中,孙杨和韩国名将朴泰桓都获得了亚军,但在颁奖仪式上升国旗的时候,中韩两国国旗并不是等高左右摆放,而是把韩国国旗挂在了在中国国旗的上面。

里约奥运会出现了一个不小的乌龙事件。奥运会上使用的五星红旗居然是平行排列的,而不是"四颗小五角星各有一尖正对着大星的中心点"。

事实上,不仅仅是奥运会,世界杯、亚运会和男篮世锦赛这些顶级大赛中都出现过此类问题。刘翔在2008年世锦赛上夺冠,赛场上却响起了智利国歌,原因令人啼笑皆非,中国和智利两国的英文简称只差一个字母,工作人员电脑选择时发生失误。在北京奥运会上的奏国歌升国旗的仪式中,没有出现过一例失误,创下了历届奥运会的记录。是中国的设备先进?倒也未必,北京奥运会会务组特别制作了一个微型国(会)旗贴纸,每个贴纸均标明了中英文名称和3字代码(每个国家和地区都有自己的字母代码),从收到国旗就马上在其正面一角贴个贴纸,确保万无一失。此外,演奏国歌前再三确认,每首歌都会交给

从交响乐队聘请的专家来聆听,确保零失误。北京奥运会会务组模拟了各种失误的可能,并制定了相应的对策。正是这样精益求精的态度,才有了堪称完美的北京奥运会。

## 知识详解

俗话说,"机遇只偏爱那些有准备的人"。对于个人而言,无论做任何事,事前没有准备的话,那么等待他的必然是失败。对于一场会议而言,没有准备的会议可能会事倍功半。因此,会议服务前的准备工作是确保会议顺畅进行并取得成功的重要环节,会议服务必须贯穿整个会议的前、中、后各个不同的阶段。

### 一、做好会前沟通,了解会议要求

在准备会议之前,要明确会议的目的是什么。是要传达上层决策者的精神、策略,还是为了解决某个具体的问题或危机?不管具体的目标如何,召开会议的基本目的都是传达并贯彻所要执行的经营方针,使各个部门的经营策略与公司目标协调一致,群策群力,找到解决问题的最佳方案。

在确定会议目的之后,要接受会议安排,全面研究会议方案,问清楚尚不完整或模糊不清的问题。把握客户要求,理清接待思路。在操作过程中,要保管会议通知,确认有关问题。熟知举办会议单位与会人数、会议主题、时间、会标、台型要求、所需物品与设备及特殊要求。

### 二、精心布置会场,符合会议要求

#### (一)会议相关资料准备

1.在具备条件的前提下将参会人员的资料按每人一份准备好,注意区分参会人员的角色(如分成会议主持、参会领导、参会普通人员),资料按照人员角色分别准备。

2.会议资料较多时,需要按照会议议程将会议资料按次序排放,最好装订成册,编好页码,方便参会人员阅读。

3.当参会人员因角色不同需要不同的资料时,应当按照人员或单位将资料以文件袋装好并标注资料归属人员或单位,方便参会人员领取。

4.若需要给参会人员发放纪念品或礼品等,应当与会议资料一同准备好,置于资料文件袋中一并发放给参会人员。

#### (二)拟定会议通知

会议通知分为口头通知和书面通知,其中口头通知只适用于参会人员较少的非正式会议,书面会议通知需注意以下几点:

1.正式的书面会议通知应包含简要的会议议程说明、参会人员、会议时间、会议地点等。

2.书面会议通知应通过正式途径发送给参会人员,如 OA 系统、电子邮箱、网站公布等,如有必要可另行电话通知参会人员。

### （三）会议议程安排

1.正式会议开始时一般需要介绍会议整体流程,将会议分为几项内容,如工作汇报阶段、讨论阶段、工作安排阶段等。会议流程介绍需要整理成正式文档作为会议主持的资料装订好,没有会议主持人的情况下,可由会议组织人员介绍会议流程。

2.安排会议议程时应考虑会议时间,尽量将会议时段安排在正常工作时段内,如9:00~11:00或者15:00~17:00,如果是跨天的会议或者占用中晚餐时间的会议需要考虑是否安排食宿问题。

### （四）会场布置

根据会议通知单要求,准备设备与物品。一般所需设备包括灯光、音响、话筒、空调等。服务用品包括台布、灯光、桌裙、铅笔、信纸、茶杯、会标、旗帜、音带、指示牌、桌签卡、鲜花等。注意要保证设备完好,用品齐备、清洁、庄重。在准备好这一步后,按照相关操作规则和质量标准进行摆放,并把会场全面布置好。

不要忽视细节,如纸、笔、小本子、录音笔等必备的物品。准备这些物品时,要检查是否能正常使用。保险起见,多准备几支笔。检查录音笔的电池是否有电,是否能正常录音,最好有备用电池。

会议前一小时准备好暖瓶和开水。要求开水准备充分,温度在80℃以上,暖瓶要干净无破损,保温性能良好,不漏水。在室温方面,会议前一小时打开空调(先打开电源开关,再打开空调开关)。室内温度调控:冬天保持在19℃~22℃,夏天保持在24℃~27℃。

除此之外,还要根据参会人员到场后视需要打开灯光。在此之前要保证灯泡完好,光线充足,并根据要求适当调控灯光。同时,服务人员需要提前半小时站于指定位置迎客,站姿标准,面带微笑,注意保持姿态,端庄友好。

对于各种会议的会场要求,会议服务一定要在会议开始之前做比较充分的准备,为会议的顺利进行保驾护航。

### （五）会场人员安排

1.会议开始前在会场入口处设立接待处,准备签到表,便于参会人员签到。

2.会议资料较少时,可在参会人员签到时分发给参会人员。

3.会场人员最好事先进行培训,对接待环节和流程比较熟悉,以饱满的热情开展接待工作。

## 三、会议座次排定

会议座次排定有以下四种方式:

一是环绕式。就是不设立主席台,把座椅、沙发、茶几摆放在会场的四周,不明确座次的具体尊卑,而听任参会人员在入场后自由就座。这一安排座次的方式与茶话会的主题较相符,也比较流行。

二是散座式。散座式排位常见于在室外举行的茶话会。它的座椅、沙发、茶几四处自由地组合,甚至可由参会人员根据个人要求而随意安置。这样就容易营造一种宽松、惬意的社交环境。

三是圆桌式。圆桌式排位是指在会场上摆放圆桌,请参会人员在周围自由就座。圆桌式排位又分两种形式:一是适合人数较少的,仅在会场中央安放一张大型的椭圆形会议桌,而请全体参会人员在周围就座;二是在会场上安放数张圆桌,请参会人员自由组合。

四是主席式。这种排位是指在会场上,主持人、主人和主宾被有意识地安排在一起就座。

## 案例分析

### 全国人民代表大会会议场地布置

全国人民代表大会会场设在人民大会堂万人大礼堂。会场的布置很有代表性,可作为其他会议的参考。会场布置按照庄重、严肃、简洁、朴素的原则进行,避免奢华装饰。座椅多用深色调凸显庄重,座位卡、文件、水杯等整齐摆放,场内一般采用暖色灯光照明。主席台背景用浅色底幕,中间挂国徽,两旁各置五面红旗,主席台上方悬挂红底白字会标,两侧有大型电视屏。主席台、报告席不摆放鲜花、绿植。主席台上就座的是包括中央领导同志在内的大会主席团成员。其中,大会执行主席在最前排。

全国人民代表大会代表在人民大会堂一层会场就座,各代表团至少有一位团长或副团长在第一排就座,其他代表按照姓氏笔画顺序纵向排列。从十一届全国人民代表大会一次会议开始,每次大会对代表团和代表的席次整体上进行轮换安排,基本保证每届五年的各代表团都有机会在会场中区就座,保证代表都有机会在会场前区和中区就座。国务院组成人员等列席大会的人员在一层会场左前区就座,其他列席、旁听人员在会场后区和二层就座。

全国人民代表大会常委会全体会议的会场设在常委会会议厅。主席台背景用浅色底幕,中间悬挂国徽。主席台安排一排座席,委员长、会议组成人员按序就座,列席常委会会议的“一府两院”领导人在主席团两端就座。会场内,常委会委员在前半区就座,按照姓氏笔画安排固定席位;列席会议的常委会副秘书长、专门委员会成员、常委会工作委员会负责人以及列席的全国人民代表大会代表、各省区市人民代表大会常委会负责人,在会场前半区两侧和后半区就座。工作人员和新闻记者在会场二楼就座。

(资料来源:紫光阁微平台)

【评析】

人民代表大会的会议礼仪要求与大会的审议议程、会议程序紧密结合,不仅包括社会基本礼仪规范,也形成了许多人民代表大会在会议工作中特有的惯例。

## 相关链接

1.1995年3月在丹麦哥本哈根召开联合国社会发展世界首脑会议,出席会议的有近百位国家元首和政府首脑。3月11日,与会的各国元首与政府首脑合影。照常规,应该按礼宾次序名单安排每位元首、政府首脑所站的位置。首先,这个名单怎么排,究竟根据什么原则排列？哪位元首、政府首脑排在最前？哪位元首、政府首脑排在最后？这项工作实际上很难做。丹麦和联合国的礼宾官员只好把丹麦首脑（东道国主人）、联合国秘书长、法国总统以及中国、德国总理等安排在第一排，而对其他国家领导人，就任其自便了。有人事后向联合国礼宾官员"请教"，答道："这是丹麦礼宾官员安排的。"向丹麦礼宾官员核实，回答说："根据丹麦、联合国双方协议，该项活动由联合国礼宾官员负责。"

2.当电视新闻报道中出现某位领导在轿车里透过玻璃窗向群众挥手致意的镜头时，他们所坐的位置是哪里？是轿车前部驾驶员旁边的座位吗？不是，他们无一例外的都在双排座轿车的后排右侧；我国领导人会见外国友人时，宾主之间的位置又是怎样的呢？通常，我国的党和国家领导人在会见外宾时，都会与外宾并排而坐，而且坐在外宾的左侧，也就是说，请外宾坐在自己的右侧。这是因为关于座次有着通行的国际惯例，即"以右为尊"，坐车的规则稍有不同。

# 第二节　会议中的表现,时刻遵循礼仪规则

## 情景导入 ▶▶▶

### 一场改变了中国命运的会议

1935 年 1 月上旬,中央红军转战到贵州省北部地带,在那里打下了一座名叫遵义的小城。1935 年 1 月 15 日,遵义会议召开了,连续开了 3 天,参加会议的有 20 个人,其中有两个人是列席会议,没有发言权。

毛主席所讲的道理就是一切从实际出发,发挥红军建军以来的运动战特长和敌人打游击,灵活机动地摆脱敌人、消耗敌人。只有这样,才能走出一条活路,才有条件把中国革命继续开展下去,直至取得最后的胜利。

在遵义会议之后,毛主席领导红军将士,最终取得了两万五千里长征的伟大胜利。

## 知识详解

### 一、会议参会人员的礼仪

#### (一)准时参会

出席正式会议时,不论身为主角还是配角,参会人员都应该自觉地、模范地遵守时间方面的有关约定,准时到场,不得无故缺席、迟到。必要时,参加会议前还需要留有一定的时间,避免慌张到会。同时,如果有事参加不了,一定要提前沟通,取得上级领导的理解和同意。进入会场时不需要敲门,从后门悄无声息地进门,以免打扰参会人员,同时依会议安排落座。

#### (二)注意形象

参会人员应衣着整洁,仪表大方。尤其是在主席台上就座或者可能发言时,切勿穿着

夹克衫、运动服、无袖衫、健美裤等休闲场合穿着的衣服。男士要穿西装,女士要着套裙或者职业装,这样才能显示自己的职业性,同时也是尊重所有参会人员。

### (三)专心听讲

参加会议时,参会人员要给予会议组织方和发言人足够的尊重。专心听讲,全面准确地掌握工作有关的要求。当他人发言时,全神贯注地听讲是尊重对方的一种表现。参会人员神不守舍、交头接耳、玩弄手机等行为,都是对发言人和会议组织方的不尊重的做法。

### (四)有始有终

会议结束前,一般参会人员不能随便离席。若有紧急事件和电话需要离开的,其也要取得相关人员的同意。一般情况下,大型会议如果暂时离席,参会人员要注意不要打扰其他相关参会人员。

### (五)会场禁忌

参会人员不得早退或无故缺席,不得在会场随意走动,禁止有碍视听的不良举止和噪声,不得让个人通信设备发出声响,更不得在会场旁若无人地大声接打电话。会议期间,参会人员不得交头接耳,不得闭目养神,不要吸烟,不得传阅与会议无关的读物。

## 二、会议发言人的礼仪

会议发言有正式发言和自由发言两种,前者一般是领导报告,后者一般是讨论发言。正式发言者应衣冠整齐,走上主席台步态自然,刚劲有力,体现一种成竹在胸、自信自强的风度与气质。发言时,发言人要口齿清晰,讲究逻辑,简明扼要。如果是书面发言,发言人要时常抬头扫视一下会场,不能一直低头读稿,旁若无人。发言完毕,应对听众的倾听表示谢意。

自由发言则较随意,要注意发言应讲究顺序和秩序,不能争抢发言;发言应简短,观点明确;与他人有分歧,应以理服人,态度平和,听从主持人的指挥,不能只顾自己。

如果有参会人员对发言人提问,应礼貌作答,对不能回答的问题,应机智而礼貌地说明理由,对提问人的批评和意见应认真听取,即使提问者的批评是错误的,也不应失态。

## 三、主持人的礼仪

各种会议的主持人一般由具有一定职位的人来担任,其礼仪表现对会议能否圆满成功有着重要的影响。

1.主持人应衣着整洁,大方庄重,精神饱满,切忌不修边幅,邋里邋遢。

2.走上主席台应步伐稳健有力,行走的速度因会议的性质而定。

3.入席后,如果是站立主持,应双腿并拢,腰背挺直。持稿时,右手持稿的底中部,左手五指并拢,自然下垂。双手持稿时,应与胸齐高。坐姿主持时,应身体挺直,双臂前伸。两手轻按于桌沿,主持过程中,切忌出现搔头、揉眼、跷腿等不雅动作。

4.主持人言谈应口齿清楚,思维敏捷,简明扼要。

5.主持人应根据会议性质调节会议气氛,或庄重,或幽默,或沉稳,或活泼。

6.主持人对会场上的熟人不能打招呼,更不能寒暄闲谈,会议开始前,可点头、微笑致意。

### 四、会议茶水服务礼仪

1.顺序:开会倒茶,从右边开始(领导先,顺时针顺序进行)倒茶后,壶嘴不要对着客人,要从客人右边倒,一定要从客人背后加水。一般是先给级别高的倒,再给级别低的倒。如果是同级,按照座位依次倒即可。至于水杯的位置是放在左边还是右边,没有严格规定,一致即可。但是一般情况下是放在右边的。

2.添水时,如果是有盖的杯子,应用左手的小指和无名指夹住高杯盖上的小圆球,用大拇指、食指和中指握住杯把,从桌上端茶杯,腿一前一后,侧身把水倒入杯中。

3.倒水时要注意不要太满,以杯的七八分满为宜。端放茶杯动作不要过高,更不要从客人肩部和头上越过。端茶倒水要轻拿轻放,不可动作过猛,这样既不雅观,也会影响会议进展。

4.续水时不要把壶提得过高,以免开水溅出。不要不端茶杯直接倒水或把杯盖扣放桌上。

5.倒过水后,要逐杯加以检查。检查时,可用于触摸一下杯子的外壁,如果是热的,表明已倒过水,如果是凉的,要及时补倒。

6.续水,一般在活动进行15~20分钟后进行,要随时观察会场用水情况,遇到天热时就要随时加。倒水、续水时,瓶口要对准杯口,不要把瓶口提得过高,以免热水溅出杯外。如不小心把水洒在桌上或茶几上,要及时用小毛巾擦干净。不端茶杯,直接在桌上或茶几上往杯中倒水、续水,是不符合操作规范的。在往高杯倒水、续水时,如果不便或没有把握一并将杯子和杯盖拿在左手上,可把杯盖翻放在桌上或茶几上,只是端起高杯来倒水。服务人员在倒、续完水后要把杯盖盖上。注意,切不可把杯盖扣放在桌上或茶几上,这样既不卫生,也不礼貌。如发现宾客将杯子放在桌上或茶几上,服务人员要立即斟换,将杯盖盖好。

## 案例分析

### 全国人民代表大会会场表现礼仪要求

原则上,全体参会人员应着正装、职业装。男士的正装是常见的"西装、衬衫、领带、皮鞋"模式,通常为深色调。立领的中山装也属于正装,但不适宜会议工作人员。女士也应穿相应的职业装,款式颜色可以适当多样。全国人民代表大会全体会上,少数民族代表的民族服装、宗教人士的特定服装也视为正装。参加代表团会议或常委会分组会议时,参会人员着装也做相应要求。总之,出席代表和列席人员要严肃着装,庄重得体,不着奇装异服,不做怪异的发型和不化特殊的妆容。

出席、列席全国人民代表大会的人员应当佩戴证件,依照大会秘书处的席次安排,提前十分钟左右在自己的座位上就座,注意不得携带与会议无关的物品入座。会议过程中,可以喝水,但不宜进食,要执行禁烟规定。手机应关机或调至静音,会场不宜接听电话,不建议拍照。

听会时,参会人员应保持端正坐姿,振奋精神。听会可以做记录,不得交头接耳,不得干扰、打断发言者的发言。主持人征求意见时,出席人员可以举手示意提出要求并经主持人许可后发言。会议过程中如有特殊需求,不要高声呼喊,可与旁边工作人员联系,请求协助处理,或者悄悄离场自行处理。有表决和选举事项时,有表决权的代表和委员无特殊情况不要离开会场,直至程序进行完毕。总之,参会人员要听从指挥,不能任意行事。

工作人员参加会议现场服务工作时,也应统一着制式服装、职业装。工作人员应佩戴证件,保持仪表整洁,神情自然庄重。待人接物时,态度和蔼,服务耐心周到,态度认真诚恳。听会和待命时,站在会场两侧或最后,无特殊情况不到会场中心走动或滞留。要保持精力集中,不与人闲聊,不看手机等电子设备,不主动参与合影,不擅自脱岗。处理紧急事务时,依法依规,沉着应对,果断处置,不慌张跑动,不高声呼喊,维持场内肃静秩序。

（资料来源：紫光阁微平台）

## 【评析】

全国人民代表大会对着装要求很高,人民代表大会代表要赢得人民群众的信任和支持,在人民群众面前展示健康的形象,体现代表参加活动的严肃性也很有必要。

## 相关链接

1.“帕金森定律(Parkinson's Law)”：英国历史学家和政治学家帕金森通过长期的调查研究发现,一个人做一件事的时间是如此不同：他可以在 10 分钟内看报,也可以读半天;在会议上,如果问题可以在半小时中讨论,但设定为 1 小时,每个人都会放慢速度,用光这一小时。

2.《哈佛商业评论》援引的一项调查显示,美国人每天的会议时间高达 550 万小时,其中 30％～50％的会议效率非常低,导致每年高达 300 亿美元的损失——主要指机会成本,更不用说浪费的时间成本。效率低下的会议占用的时间本可以用来做更多的有价值的工作——真正重要并给公司创造价值的工作。调查还显示,73％的人利用开会时间做实际工作。

3.20 世纪 60 年代,美国总统约翰逊访问泰国。在受到泰国国王接见时,约翰逊竟毫无顾忌地跷起了二郎腿,脚尖正对着国王,而这种姿势在泰国是视为侮辱的,因此引起泰国国王的不满。更为糟糕的是,约翰逊在告别时竟然用得克萨斯州的礼节紧紧拥抱了泰国王后。在泰国,除了泰国国王外,任何人都不得触及王后,这一举动无疑使泰国举国哗然。约翰逊的举动产生了不小的遗憾。因此,在会议中,一定要注意自己的言行和礼仪修养。

## 第三节 掌握不同类型会议的礼仪，玩转职场

### 情景导入 ▶▶▶

#### 周总理令人折服的谈判艺术

周恩来在说服别人方面堪称大师,他能始终以平等温和的态度,超人的理智,亲切感人的情怀,迅速地找到双方的共同之处和对方能够接受的起点。许多世界名人都对他的说服艺术给予了极高的评价。基辛格称"周恩来知道如何做出姿态使你不能拒绝"。英国作家迪克·威尔逊曾说,"周恩来的表现做得如此出色,以至于你会带着这样的印象离去:他对谈判过程中的每一次进展的情绪反应都是真诚的,他是一个令人信服的、正直的人"。周恩来总理擅长在谈判中与各路不同的谈判对手交锋,言辞柔中带刚,话语绵里藏针,他的论理、气度和分寸感令人折服。平等温和的态度表明对别人的尊重,保持理智则可以避免双方在某些分歧方面的进一步恶化,这样,谈判者就有了说服对方的基础。

### 知识详解

#### 一、工作会议礼仪

工作会议礼仪的对象主要是本单位、本行业或本系统的人员。工作会议礼仪主要包括会议纪律、端正会风两个方面。

**1. 会议纪律**

如果有工作装,应该穿着工作装。比规定开会时间早到会场,而不是开会时间到了,才不紧不慢地进入会场,对别人造成影响。

开会期间,参会人员应该表现出一副认真听讲的姿态。开会也是工作,认真听讲的姿态不仅表现你的工作态度,也是对正在发言者的尊重。趴着、倚靠、打哈欠、胡乱涂画、低头睡觉、接打电话、来回走动以及和邻座交头接耳的行为,是非常不礼貌的。在每个人发言结束的时候,应该鼓掌以示对他讲话的肯定和支持。

**2. 端正会风**

工作会议仅是工作过程中的一个环节,所以有必要克服开会过多、过长的形式主义作风。如果会风不正,不仅误事,还会养成办事拖拉、工作效率低下的不良习惯。我们不妨从控制会议、改进会风两方面入手。

(1)控制会议

控制会议就是对于会议的数量、规模、经费、时间、地点都要做出明确的规定。制定有关会议的审批、经费使用额度、管理权限的条例,并由职务较高的专人严格监督执行。

(2)改进会风

会风能够反映一个单位及其领导的工作作风。如果会议过多、过长,讲究排场气势,那么就属于不良风气。改进会风,就需要摒弃形式主义。有具体、明确的内容再组织会议,开会必须解决具体问题。限制会议总量对于杜绝会山会海、提高会议效率非常有用。

那么怎样提高会议效率呢?

一是改进会议方式。对于一般性会议,可以召开无会场会议,比如运用现代通信设备(如电视、广播、电话、互联网)进行开会,可以大幅度节约会议成本。

二是集中主题。一次会议上不管安排几项会议内容,都要使会议主题明确,这样既方便讨论,又方便执行。

三是压缩内容。应围绕会议主题,删掉那些可有可无的内容。

四是限定时间。对于会议的起止时间、发言时间、讨论时间,事先都要明确规定,并且严格执行。

五是领导示范。要使会风端正,领导的示范是必不可少的。具体体现在准时参加会议,并严格遵守会议礼仪;提倡无会场会议;带头控制发言时间等。

## 二、洽谈会礼仪

洽谈会是重要的商务活动。一个成功的洽谈会,既要讲谋略,更要讲礼仪。

### 1. 洽谈会的礼仪性准备

安排或准备洽谈会时,应当注重自己的仪表,安排洽谈的场所、布置洽谈的座次,并且以此来显示对于洽谈的郑重其事和对于洽谈对象的尊重。

洽谈会是单位和单位之间的交往,所以应该表现的是敬业、干练、效率的形象。在仪表上,要有严格的要求。如男士不准蓬头垢面,不准留胡子或留大鬓角。女士应选择端庄、素雅的发型,化淡妆。摩登或超前的发型、染彩色头发、化艳妆或使用香气浓烈的化妆品,都不适宜。

由于洽谈会关系大局,所以在这种场合,参会人员应该穿着正统、简约、高雅、规范的服装。男士应穿深色三件套西装和白衬衫、打素色或条纹式领带、配深色袜子和黑色系带皮鞋。女士要穿深色西装套裙和白衬衫,配肉色长筒或连裤式丝袜和黑色高跟、半高跟皮鞋。

### 2. 洽谈会的座次安排

如果担任东道主安排洽谈,一定要在各方面利用好礼仪这张"王牌"。在洽谈会的台前幕后,恰如其分地运用礼仪,迎送、款待、照顾对方,都可以赢得信赖,获得理解、尊重。

在洽谈会上,不仅应当布置好洽谈厅的环境,预备相关的用品,而且应当特别重视礼仪性很强的座次问题。

举行双边洽谈时,应使用长桌或椭圆形桌子,宾主应分坐在桌子两侧。桌子横放的话,应面对正门的一方为上,属于客方。桌子竖放的话,以进门的方向为准,右侧为上,属于客方。

在进行洽谈时,各方的主谈人员在自己一方居中而坐。其余人员则应遵循右高左低的原则,依照职位的高低自近而远地分别在主谈人员的两侧就座。如果有翻译,可以安排就坐在主谈人员的右边。

举行多边洽谈时,为了避免失礼,按照国际惯例,一般要以圆桌为洽谈桌来举行"圆桌会议"。这样一来,尊卑的界限就被淡化了。即便如此,在具体就座时,仍然讲究各方的参会人员尽量同时入场,同时就座。最起码主方人员不要在客方人员之前就座。

### 3. 洽谈的三大方针

洽谈过程中,双方人员的态度、心理、方式、手法等,都对洽谈构成重大的影响。

一是要依法办事,洽谈者所进行的一切活动,都必须依照国家的法律办事,才能确保既得利益。

二是要礼敬于人,要求洽谈者在洽谈会的整个进程中,时时、处处、事事表现得对对方不失真诚的敬意。而且在今后的进一步商务交往中,还能发挥潜移默化"你敬我一尺,我敬你一丈"的功效。

三是要互利互惠、平等沟通,洽谈是一种合作或为合作而进行的准备。圆满的结局应当是洽谈的所有参与方都取得一定的成功,获得更大的利益。如果把商务洽谈视为"一次性买卖",主张赢得越多越好、争取以自己的大获全胜和对手的彻底失败来作为洽谈会的最终结果,必将危及己方与对方的进一步合作。而且,也会"赢得"不好的商誉。

## 三、茶话会礼仪

和其他类型的商务性会议相比,茶话会是社交色彩最浓的一种。

### 1. 茶话会的目的

茶话会是为了联络老朋友、结交新朋友的具有对外联络和招待性质的社交性集会。参会人员可以不拘形式地自由发言,并且备有茶点。茶话会一般不排座次,或者说座次安排不会过于明显。可以自由活动,参会人员不用签到。

### 2. 茶话会的举办

茶话会的礼仪具体内容主要涉及会议的主题、来宾的邀请、时间和地点的选择、茶点的准备、座次的安排、会议的议程、发言等七个方面。

第一,茶话会的主题可以分为三类,即联谊、娱乐、专题。以联谊为主题的茶话会比较常见;以娱乐为主题的茶话会通常为了活跃气氛,安排一些文娱节目,并以此作为茶话会的主要内容,以现场的自由参加与即兴表演为主;专题茶话会是在某个特定的时刻,或为某些专门问题而召开的茶话会,以听取某些专业人士的见解,或是和某些与本单位有特定关系的人士进行对话为目的。

第二,主办单位在筹办茶话会时,必须围绕主题来邀请来宾,尤其是确定主要参会人员。来宾可以是本单位的顾问、社会知名人士、合作伙伴等各方面人士。茶话会的来宾名单一经确定,应立即以请柬的形式向对方提出正式邀请。按惯例,茶话会的请柬应在半个月之前被送达或寄达被邀请者,被邀请者可以不必答复。

第三,时间和地点的选择。这是茶话会要取得成功的重要条件。辞旧迎新、周年庆典、重大决策前后、遭遇危难挫折的时候,都是召开茶话会的良机。根据惯例,举行茶话会的最佳时间是下午四点钟左右。有时,也可以安排在上午十点钟左右。在具体进行操作时,不必墨守成规,应该以参会人员特别是主要参会人员的空闲时间以及当地人的生活习惯为准。茶话会往往是可长可短的,关键是要看现场有多少人发言,发言是否踊跃。如果把时间限制在1~2小时,它的效果往往会更好一些。适合举行茶话会的场地主要有:主办单位的会议厅;宾馆的多功能厅;主办单位负责人的私家客厅;主办单位负责人的私家庭院或露天花园;包场高档的营业性茶楼或茶室。餐厅、歌厅、酒吧等地方不合适举办茶话会。

第四,茶点的准备。茶话会不上主食,不安排品酒,只提供茶点。茶话会是重"说"不重"吃"的,没必要在吃的方面过多下功夫。在茶话会上,为参会人员所提供的茶点,应当被定位为配角。我们在进行准备时要注意:对于用来待客的茶叶、茶具,务必要精心准备。应尽量挑选上品,不要滥竽充数。还要注意照顾参会人员的不同口味。比方说是绿茶,花茶还是红茶。最好选用陶瓷茶具,并且茶杯、茶碗、茶壶最好成套。除主要供应茶水外,在茶话会上还可以为参会人员略备一些点心、水果或是地方风味小吃,但品种要多、数量要充足,并要方便取拿,同时还要配上擦手巾。按惯例,在茶话会举行后不必再聚餐。

第五,座次的安排。从总体上来讲,在安排参会人员的具体座次时,必须和茶话会的主题相适应。可以采取下面几种方法:环绕式;散座式;圆桌式;主席式。

第六,茶话会的基本议程。

第一项:主持人宣布茶话会开始。宣布开始前,主持人要请参会人员各就各位。宣布开始后,主持人可对主要参会人员略加介绍。

第二项:主办单位的主要负责人讲话。他的讲话应以阐明此次茶话会主题为中心内容,还可以代表主办单位,对参会人员表示欢迎和感谢,并恳请大家一如既往的理解和支持。

第三项:参会人员发言。这些发言在任何情况下都是茶话会的重心。为了确保参会人员在发言中直言不讳、畅所欲言,通常,主办单位事先不对发言者进行指定和排序,也不限制发言的具体时间,而是提倡参会人员自由地进行即兴式的发言。一个人还可以多次发言,来不断补充、完善自己的见解、主张。

第四项:主持人总结。主持人略做总结后,可以宣布茶话会结束。

第七,茶话会的发言。现场发言在茶话会上举足轻重。茶话会假如没有人踊跃发言,或者是参会人员的发言严重跑题,都会导致茶话会的最终失败。

茶话会上,主持人更重要的作用是在现场审时度势,因势利导地引导参会人员的发言,并且控制会议的全局。参会人员争相发言时,主持人决定发言先后顺序。没有人发言时,主持人引出新的话题;或者恳请某位人士发言。会场发生争执时,主持人要出面劝阻。

在每个参会人员发言前,主持人可以对发言者略做介绍。发言的前后,主持人要带头鼓掌致意。

参会人员茶话会的发言以及表现要得体。在要求发言时,可以举手示意,但也要注意谦让,不要争抢;不管自己有何高见,都不要打断别人的发言。肯定成绩时,要力戒阿谀奉承。提出批评时,不能讽刺挖苦。切忌当场表示不满,甚至进行人身攻击。

## 四、网络会议礼仪

### (一)网络会议的准备工作

#### 1. 寻找安静的区域

无论是主持人还是参会人员,都要尽量在安静的区域召开或参加网络会议,要找一个不被打扰的地方,如果是在家里或者是办公室,最好提前和家人或者同事讲清楚,你要开网络会议,这段时间不要打扰你。

#### 2. 检查参会设备

参加或召开网络会议的人员在会议开始之前要对自己的网络进行检查,确保没有任何问题,以免影响会议的进行;在使用耳机/耳麦的时候,要使用品质良好的耳机/耳麦,确保音质良好。

#### 3. 制定会议基本规则

会议组织者需要在会议开始之前,申明必须遵守的基本规则,包括会议的主题、会议参加的人员、会议的时间、会议组织人员的分工、会议的纪律等,以保证会议的有效进行。

### (二)网络会议的礼仪

#### 1. 准时参加会议

在网络会议开始时,参会人员准时到场非常重要。为了保障参会人员准时到场,主持人在创建网络会议时,可以勾选右侧项目,做到反复提醒参会人员留意接听网络会议来电。

#### 2. 做介绍的礼仪

在参会人员陆续加入会议的过程中,会议主持人适时做概要介绍非常必要。介绍内容包括会议主题、主要参会人员、会议类型(领导讲话型还是主题讨论型)、会议时长等信息。如果是跨部门或者是跨公司的会议,参会人员之间不熟悉的情况下主持人和参会人员需要做自我介绍,这样有利于建立良好关系。

#### 3. 秩序控制礼仪

参会人数少于 5 人时可以自动允许发言,但是一旦大于等于 5 人时,建议主持人要密切观察是否有噪声,如果有噪声就要确定是哪个人发出的,并将他静音。

#### 4. 会议发言礼仪

所有参会人员都要把网络会议看作是面对面的沟通,参会人员在发言时一定要放松心情,按事先准备的内容,有条理地发表个人观点或建议,参会人员在表达观点时一定要简单、清楚,避免重复询问带来的不便,发言结束后应向参会人员表示感谢。

**5. 避免产生噪声**

在参加网络会议的时候,要避免不断清喉咙,拿笔敲击桌子,或者玩手机,这些行为都是不合时宜的。多人在一个房间内参加会议应避免使用功放,当其中一个人发言的时候,其他人应该把麦克风静音,以防产生回音。

**6. 避免打断别人的发言**

随意打断别人的发言无论是在网络会议或者是在平时与别人沟通交流的时候都是不礼貌的。即使别人和你的观点不一样,也要等到别人把话讲完再陈述自己的观点,这是风度素养的表现。

## 五、谈判会议礼仪

谈判是一种比较正规的工作性洽谈,是指各方为了各自的利益,进行有组织、有准备的正式协商及讨论,以便求同存异,互谅互让,最终达成协议的过程。大至经济谈判,小至单位部门之间的事项磋商,通过对涉及切身权益分歧冲突的交涉和调和,达成某种抑制。它是一个通过思想观点的讨论磋商,寻求解决途径和达成协议的过程。谈判人员需要了解谈判的程序,运用谈判的技巧,掌握谈判的礼节。

### (一)谈判前的准备工作

俗话说:"不打无准备之仗,不打无把握之仗。"战场如此,商战亦如此。商务谈判开始以前,必须做好充分的准备。在准备过程中,洽谈的目标、策略固然重要,但礼仪方面的准备也不可忽视。

**1. 组建谈判团队**

作为一般的商务谈判团队,大多需配备三个方面的人员,即技术人员、商务人员和法律人员。从我国的实际情况出发,一般还应再配备一名领导干部来领导和协调整个谈判团队,也可以从上述三个方面的专家中委任一人兼职担任领导工作。谈判团队的构成要遵循对等性原则,选择与对方谈判团队职务相近的人员参加谈判。一个精干的谈判团队,不仅能给洽谈创造有利的条件,同时也是对对方的尊重。

**2. 准备有关资料**

"知己知彼,百战不殆",这是众所周知的古训。在商务谈判中,也必须了解对手的情况,这些情况一般包括以下几个方面:

(1)对方企业的情况

如公司的发展历史、公司资信、产品性能、产品特点、市场占有率、产品的市场潜力、技术力量、工艺水平、产品价格和结算方式等。

(2)谈判对手的情况

如谈判人员的年龄、资历、地位、性格特点、谈判风格,以及对己方的态度、与己方交往的历史等。

（3）对方的文化背景和礼仪习惯

"入国问禁，入境问俗。"这些看似与谈判没有直接关系，但有时却可能起到意想不到的作用。在商务谈判中，如果了解并尊重对方礼俗，则双方容易沟通感情，增加信任，对谈判有积极的作用；反之，如果不了解对方的文化背景和礼仪习惯，那么哪怕不经意的一句话、一个动作，都有可能导致谈判破裂。

（4）必要的物质准备

在商务谈判中，观念化的"礼"要通过名物化的"仪"来体现。谈判必须有一定的物质准备：谈判场所的选择和布置，办公和通信工具的准备，休息场所的安排，礼品的档次和数量，宴请的规格等，无不体现着礼仪。

（5）选择合适的谈判场所

谈判场所一般有主场、客场、中立地点三种情况。三种谈判场地各有利弊，因此选择谈判场地不是一件轻而易举的事情。大型谈判的礼仪要求相对高一些，可在双方所在地轮流进行，以示平等，也可以选在第三地举行，以示公允。小型谈判往往只有几个人参加，则不甚重视地点，一般来说，在自己熟悉的场所谈判要比在生疏的场所更得心应手，但必须征得对方同意才行。正式谈判往往需要两个房间甚至更多，其中包括主谈室和密谈室。主谈室应当舒适，具备良好的灯光、冷暖调节、通风、隔音等条件，并配有一定的装饰、摆设、色调、烟茶用具等。谈判室内的桌子既可以是长方形的，也可以是圆形或椭圆形的，一般以长方形为佳。在席位上要放桌牌，注明入席者的名字或职务，以便引导入座。

会谈的座席安排有几种方法：若是双边会谈，通常使用长桌或椭圆桌。宾主相对而坐，以正门为标准，客人面向正门，主人背对正门而坐。双方主谈人居中坐，其他人则按职位顺序左右排列，记录员安排在后排就座。双方参加会谈的人数少，也可安排记录员坐到前面，有时也坐在长桌两端。如果正门在会议桌的一侧，那么就以进门面对的右手一侧为客方的座位，左手一侧为主方的座位。多边会谈的座位可以安排成圆形或方形的。小范围会谈可以不要桌子，只需摆几个沙发就可以了，此时主人右手一侧为客人的座位，也可以穿插而坐。

（6）提前做好食宿安排

如果是在本公司所在地谈判，作为东道主，则应为对方安排食宿。食宿安排的基本要求是舒适、安全、卫生、方便，使对方有宾至如归之感，以体现出本公司的诚意。住宿安排应事先了解对方人员情况，并应征求对方对住宿的要求，据此选择一家合适的宾馆，不要给人造成被轻视的感觉。宴请对方是礼尚往来之举，宴前一定要搞清楚对方的风俗习惯和口味，并视客人情况决定丰俭。设宴地点，不要安排在客人下榻的饭店，这样会造成一种在客人家里招待他们自己的感觉。一般选择一家有特色、有档次，并能代表本地餐饮水平的饭店或餐馆招待客人，使之产生礼遇有加之感。

（7）礼品的选择与赠送

谈判中，双方可相互赠送礼物，以增进情感与友谊，巩固交易伙伴关系。赠礼以前，要搞清对方的喜好与习惯，一件虽然价值不高但富于象征意义、充满地方特色的礼物总能倍受欢迎。礼物价值不能过高,否则有行贿之嫌。另外,赠送或接受礼物均应符合有关法律与政策的规定。最后,凡接受他方礼物必须回赠相当礼品,或以适当方式表示谢意,并要注意选择送礼的时间,彼此关系不熟时不要送礼。互赠礼物只有遵循这些原则,才能符合礼节。

### (二)谈判座次的排定

举行正式谈判时,有关各方在谈判现场具体就座的位次要求是非常严格的,礼仪性很强。从总体上讲,排列正式谈判的座次可分为以下两种基本情况:

#### 1. 双边谈判

双边谈判是指由两个方面的人士所举行的谈判。在一般性的谈判中,双边谈判最为多见。

双边谈判的座次排列主要有两种形式可供酌情选择。

(1)横桌式。横桌式座次排列是指谈判桌在谈判室内横放,客方人员面门而坐,主方人员背门而坐。除双方主谈者居中就座外,各方的其他人员则应依其具体身份的高低,各自先右后左、自高而低地分别在己方一侧就座。双方主谈者的右侧之位,在国内谈判中可坐副手,而在涉外谈判中则应由译员就座。

(2)竖桌式。竖桌式座次排列是指谈判桌在谈判室内竖放。具体排位时以进门时的方向为准,右侧由客方人员就座,左侧则由主方人员就座。在其他方面,则与横桌式排座相仿。

#### 2. 多边谈判

多边谈判是指由三方或三方以上人员所举行的谈判。多边谈判的座次排列主要可分为以下两种形式:

(1)自由式。自由式座次排列即各方人员在谈判时自由就座,而无须事先正式安排座次。

(2)主席式。主席式座次排列是指在谈判室内面向正门设置一个主席之位,由各方代表发言时使用。其他各方人员则一律背对正门、面对主席之位分别就座。各方代表发言后,亦须下台就座。

### (三)谈判时的表现

举行正式谈判时,谈判者尤其是主谈者的临场表现,往往直接影响谈判的现场气氛。一般认为,谈判者的临场表现中最为关键的是讲究打扮、保持风度、礼待对手等三个问题。

#### 1. 讲究打扮

参加谈判时,谈判人员要讲究自己的穿着打扮,从而表示自己对于谈判的高度重视。

(1)修饰仪表。参加谈判前,谈判人员应认真修饰个人仪表,尤其是要选择端庄、雅致的发型。一般头发不宜染彩色。男士通常还应当剃须。

(2)精心化妆。出席正式谈判时,女士的化妆应当淡雅清新,自然大方,不可以浓妆艳抹。

（3）规范着装。谈判人员在参加正式谈判时的着装，一定要简约、庄重，切不可"摩登前卫"、标新立异。一般而言，谈判人员选择深色套装、套裙、白色衬衫，并配以黑色皮鞋，比较适宜。

### 2.保持风度

在整个谈判进行期间，每一位谈判人员都应当自觉地保持风度。具体来说，在谈判桌上保持风度，应当主要兼顾以下两个方面：

（1）心平气和。在谈判桌上，每一位成功的谈判人员均应做到心平气和，处变不惊，不急不躁，冷静处事。在谈判中，始终保持心平气和，是任何高明的谈判人员应保持的风度。

（2）争取双赢。谈判往往是一种利益之争，因此谈判各方无不希望在谈判中最大限度地维护或者争取自身的利益。然而从本质上来讲，真正成功的谈判应当以妥协即有关各方的相互让步为结局。这也就是说，谈判不应当以"你死我活"为目标，而是应当使有关各方互利互惠，互有所得，实现双赢。在谈判中，只注意争利而不懂得适当地让利于人；只顾己方目标的实现，而指望对方一无所得，是既没有风度，也不会真正赢得谈判的行为。

### 3.礼待对手

在谈判期间，谈判人员一定要礼待自己的谈判对手。具体来讲，主要需要注意以下两点：

（1）人事分开。在谈判中，必须明白对手之间的关系是"两国交兵，各为其主"。指望谈判对手对自己手下留情，是不切合实际的。因此，要正确地处理己方人员与谈判对手之间的关系，就是要做到人与事分别而论。也就是说，大家朋友归朋友，谈判归谈判。在谈判之外，对手可以成为朋友。在谈判之中，朋友也会成为对手。二者不容混为一谈。

（2）讲究礼貌。在谈判过程中，谈判人员不论身处顺境还是逆境，都切不可意气用事、举止粗鲁、表情冷漠、语言放肆、不懂得尊重谈判对手。在任何情况下，谈判人员都应该待人谦和，彬彬有礼，对谈判对手友善相待。即使与对方存在严重的利益之争，也切莫对对手进行人身攻击、恶语相加、讽刺挖苦，不尊重对方的人格。

## 案例分析

### 2020年"云毕业"，别样致青春

2020年一场突如其来的新冠疫情使本该身着学士服出席的毕业典礼只能选择在"云端"举行。为了给这段珍贵的校园时光画上一个较为圆满的句号，清华大学、北京大学等众多高校纷纷开办"云毕业典礼"。这场本该属于2020毕业生的仪式变成了更多人参与的狂欢，不少名校的毕业典礼直播吸引了上百万甚至是上千万人同时收看。除了各大高校，诸多媒体平台也相继"扎堆"入局云毕业这个领域，为毕业季发力。

拨穗作为毕业典礼中的重要环节，代表着稻穗成熟，也象征毕业生学有所成，即将展翅高飞。由于疫情原因，大多数毕业生都无法由校长拨穗，因此哈尔滨工程大学就通过直

播的形式让学生在家中完成拨穗仪式,而拨穗人从老师变成了父母。毕业生在拨穗仪式直播上穿着学士服,戴着学士帽,与父母拥抱,让父母参与自己人生中的重要环节,同样意义非凡。

中传动画与数字艺术学院的学生复刻了可爱又复古的像素风校园。在线上毕业典礼中,所有人变成了游戏中的像素小人,被点到名的老师还会跳起来"蹦一蹦"。这场云毕业典礼也闹出了不少让人啼笑皆非的事:有同学在副院长发言时"打"他的头,副院长只能飞起来讲话,甚至有老师在现场高呼"请同学们不要'飞来飞去'……"

为了弥补毕业生无法亲临现场的遗憾,华南理工大学动用了"黑科技"——人工智能技术,基于毕业生二维照片自动生成虚拟现实的三维人脸模型,让不在现场的毕业生也能云入场。学校此举富有创意,非常贴心。但由于技术的局限性,有些同学的脸在建模后变得扭曲并富有喜感,因此有不少网友大呼"沙雕"。不过,这场别开生面的云入场仪式的确冲淡了毕业分别时的伤怀,为毕业典礼增添了不少趣味性。

【评析】

疫情之下,毕业季被线上各种"云"毕业活动充斥。在"云"毕业热浪的背后,是毕业生对母校及青春的留念,毕业典礼承载更多的是一种情感需求。

## 知识链接

1."沙龙"是法文 Salon 的音译,法文原意为"会客室""客厅"。17 世纪末至 18 世纪,法国巴黎的文人和艺术家经常接受贵族妇女的招待,在客厅聚会,谈论文艺等问题。后来,就把有闲阶层的文人雅士清谈的场所叫作"沙龙",并风靡于欧美各国文化界,19 世纪是它的鼎盛时期。到了现在,沙龙已经逐步成为室内社交聚会的一种形式。

2.2020 年,新冠疫情改变了传统会议模式,企业微信和在线办公类小程序成了远程协作的一大"利器"。相关远程大数据的报告显示,北京、深圳、上海用户"爱交流",线上会议次数最多,而青海、海南、吉林用户则"爱自由",线上会议较少。

【技能训练】

一、单项选择题

1.会务人员在着装时不应该出现的是(　　)。

A.着装规范　　　　B.整齐清爽　　　　C.干净利索　　　　D.奇装异服

2.男士在会务工作时着装应该(　　)。

A.穿长裤　　　　B.穿凉鞋　　　　C.穿短裤　　　　D.不穿袜子

3.在与参会人员交谈时不能(　　)。

A.热情、诚恳　　　　　　　　B.用手指指别人

C."请"字当头,"谢"不离口　　　　D.语言流畅

4.会务人员必须掌握参会人员乘坐的飞机、火车、船舶抵达的(    )。

A.准确时间　　　　B.大致时间　　　　C.大概地点　　　　D.大概人数

5.下列会务人员接站要求不正确的是(    )。

A.一般在班机、火车、轮船到达前至少15分钟赶到

B.要了解不同国家、地区人员的风俗习惯

C.在车站、机场出口处热情寒暄

D.会务人员要笑脸相迎

6.签到时,在向参会人员递笔时要做到(    )。

A.不脱笔套　　　　　　　　　　B.双手递笔

C.笔尖对着参会人员　　　　　　D.如是毛笔,让参会人员自己沾墨汁

7.国际惯例中引导参会人员乘坐电梯时(    )。

A.会务人员先进入电梯　　　　　B.会务人员后进入电梯

C.会务人员先走出电梯　　　　　D.会务人员不用管参会人员

8.会务人员上茶时,不能是凉茶,也不能太热,水温以(    )左右。

A.100 ℃　　　　　B.80 ℃　　　　　C.50 ℃　　　　　D.60 ℃

9.会议中斟茶时要按(    )顺序进行,在参会人员右侧服务。

A.先宾后主　　　　B.先主后宾　　　　C.宾主同时　　　　D.先给离得近的

10.下列会议期间续水不正确的是(    )。

A.通常半小时左右进行一次续水

B.不要将开水滴落在参会人员身上或桌上

C.会议间隙及时把水补满

D.在斟茶时在与会人员的左侧

11.企业日常例会最好选在一天的(    )时间召开。

A.6:00—8:00 或 16:00—18:00　　　　B.8:00—11:00 或 14:00—16:00

C.8:00—11:00 或 16:00—18:00　　　　D.6:00—8:00 或 14:00—16:00

12.确定参会人员名单时,应该首先考虑的是(    )。

A.参会人员应当是与会议议题有关的人

B.参会人员应当是有权力的人

C.参会人员应当是有经济实力的人

D.参会人员应当是有利于会议顺利进行的人

13.会议室的电灯照明应该是(    )。

A.光亮极强的　　　　　　　　　B.柔和的

C.不低于办公室的照明亮度的　　D.昏暗的

14.如果得知参会人员是外宾,来自英国和美国,那么会议饮料应该提供(    )。

A.咖啡　　　　　B.橙汁　　　　　C.绿茶　　　　　D.咖啡和红茶

15.跨国会议的安排应该是（　　　）。

A.以右为主,以左为辅 　　　　　　　　B.以中为主,以两边为辅

C.以左为主,以右为辅 　　　　　　　　D.以两边为主,以中为辅

16.会议司仪的主要职责是（　　　）。

A.适当的补充和提醒 　　　　　　　　B.主持整个会议

C.为参会人员提供所需的任何服务 　　D.做会议咨询

17.会议泡茶时,杯里的水以（　　　）为宜。

A.七分满 　　　　B.六分满 　　　　C.八分满 　　　　D.全满

18.会议资料应该由（　　　）来准备?

A.客人 　　　　　　　　　　　　　　B.会议承办方

C.会议主办方 　　　　　　　　　　　D.根据自己专业角度安排

19.会议开始前 30 分钟打开空调,将温度调控在（　　　）。

A.适合的范围内 　　B. 25℃ 　　　　C. 26℃ 　　　　D. 27℃

20.重大会议接待需提前（　　　）准备送宾工作。

A. 10 分钟 　　　　B. 15 分钟 　　　　C. 20 分钟 　　　　D. 30 分钟

## 二、多项选择题

1.路遇参会人员要做到（　　　）。

A.主动招呼、问好 　　B.主动让路 　　C.抢道并行 　　D.视而不见

2.会务人员上下楼梯引导时,应该（　　　）。

A.上楼时尊者、女士在后 　　　　　　B.下楼时尊者、女士在后

C.上楼时尊者、女士在前 　　　　　　D.下楼时尊者、女士在前

3.在会议引导过程中,下列说法正确的是（　　　）。

A.右为上,左次之 　　　　　　　　　B.两人同行前者、右者为尊

C.三人同行中者、前者尊 　　　　　　D.迎接引路时主人在前,送别主人在后

4.会后送站、送客要注意的礼仪有（　　　）。

A.负责大件行李搬运 　　B.告别礼仪 　　C.账单提前结算 　　D.开车门

5.秘书人员会议工作引导礼仪中,下列正确的说法是（　　　）。

A.上楼梯引导应请尊者、女士在前,下楼梯应请尊者、女士为后

B.引导至走廊时,会务人员应在参会人员二三步之前,让参会人员走在右侧

C.两人通行,前者、右者为尊

D.引导参会人员时,步调要适应与会人员的速度

6.重要接待一般需要会前对接待人员的（　　　）等方面做综合考虑。

A.形象 　　　　　　B.服务技能 　　　　C.服务意识 　　　　D.供电设备的检查

7.下列关于会务服务标准的描述中,正确的有（　　　）。

A.重要会议必须使用前方续茶方式

B.会议途中发生突发事件,会务员应第一时间安抚参会人员情绪

C.会务员续茶一般间隔 15～20 分钟

D.茶具、杯具的清洗必须坚持'一洗二漂三擦四消毒'的原则

8.会议桌前不能摆放的物品有( )。

A.麦克风、台签、茶杯　　　　　　　　B.香巾碟+毛巾(汗湿纸巾)

C.会议资料、记录纸+笔　　　　　　　D.托盘

9.会务礼仪对指引服务标准要求,下列描述正确的是( )。

A.五指并拢,指尖指向被指示的方向(物品),指尖高度不过肩

B.手掌与前臂成一条直线,掌心朝上约45°

C.以胳膊的屈伸度表达指示距离的远近

D.注意与客户的眼神交流

10.会务员礼仪对蹲姿的要求有哪些?( )

A.蹲姿常用于拾捡物品,拾捡物品时,应背向客户下蹲

B.上身体态保持挺拔

C.注意与客户的眼神交流

D.下蹲时一脚在后,双膝前屈,两腿向下蹲

### 三、判断题

1.如果开会时,你一开始提出观点就遭到别人的反对,这时候要立即反驳,不给对方回旋的余地。( )

2.开会期间,当你需要发言时,应该马上打断别人的发言。( )

3.会议中,与会人员的反应非常冷淡时,作为主持人的你这时要采取一些措施使会议气氛活跃起来。( )

4.会议桌面不能摆放汗巾和零食等与会议无关的用品。( )

5.会议入座要从座位的前侧就座。( )

6.公司日常例会最好安排在周五举行。( )

7.当发言者正在发言,而你对其所述有疑问时,这时最好把有疑问的地方记录下来,会后沟通解决。( )

8.会议接待人员对于参会者的正当要求要尽量予以满足。( )

9.会议续水应该是先主后宾。( )

10.会议开始前5分钟检查各种设备是否完好。( )

### 四、案例分析题

小刘的公司应邀参加一个研讨会,该次研讨会邀请了很多商界知名人士以及新闻界人士参加。老总特别安排小刘和他一道去参加,同时也让小刘见识见识大场面。小刘早上睡过了头,等他赶到,会议已经进行了二十分钟。他急急忙忙推开了会议室的门,"吱"的一声脆响,他一下子成了会场上的焦点。刚坐下不到五分钟,肃静的会场上又响起了摇篮曲,是谁在播放音乐?原来是小刘的手机响了!这下子,小刘可成了全会场的"明星"……没过多久,听说小刘就被解雇了。

请分析小刘的失礼之处。

### 五、思考题

要想安排一次成功的会议,应该要注意哪些方面?

### 六、材料题

2018年，青岛因上合峰会而名扬海内外。上合峰会成功召开的背后凝聚着无数服务保障人员默默无闻的奉献和难以想象的辛劳，外宾接待更是一项极其特殊的任务，复杂性高、敏感性强，接待人员直接面对各国元首等重要贵宾，是峰会重要环节之一，事关峰会的成功举办以及国家、山东省、青岛市对外的良好形象。

为完成这项责任重大、使命光荣的任务，青岛市政府外办从全省范围内遴选了素质过硬、业务精湛的接待团队，开展了严格的培训和实战演练，建立了高效顺畅的工作机制，热情细致接待外方先遣团，各方面科学高效、严谨细致的工作，确保了外宾接待工作的圆满完成，展现了青岛对外开放的良好形象，赢得了参会代表的高度评价和赞赏。

外宾接待团队的形象代表着青岛形象、山东形象、国家形象。青岛市政府外办高标准选拔接待人员，共从省内各地市、市直部门、区市精选了330多名政治素质高、工作责任心强、外事接待经验丰富的同志担任联络员，组建了由10个区（市）、功能区和市直部门牵头的22个"一对一"外宾接待团队。按照个人特长和岗位需要，又将每个接待团队的联络员细分为综合联络员、副联络员、证件联络员、酒店联络员、行李联络员及机场联络员等，实现了定人定岗、定责定位，做到了各司其职、各负其责。

接待团队从高等院校邀请经验丰富的专家和老师，为接待团队进行了礼宾礼仪、外事纪律、机场通关、民族宗教、医疗卫生等10余场专项培训，累计培训2 000多人次。

为确保接待工作顺畅熟练、一气呵成，组织接待团队多次到会场、酒店、机场、参观场所等开展实地演练，对外宾的行程、作息、饮食、风俗、宗教信仰等反复研究，开展了不计其数的现场演练，试验了各不相同的工作方案，平均每个团队修改接待方案20余稿；对细分的180多个接待要项不断推演打磨、更新完善，将接待活动细化到每个流程、每项工作任务、每个时间节点、每个工作人员。通过培训和演练，接待人员提高了专业水准，熟悉了接待流程，增强了业务能力，为做好接待工作打下了坚实基础。

正式会议前，接待团队先后接待了外方先遣组两次集中考察和各国（国际组织）先遣人员自行考察共计44批350人次。与外方先遣组开展了认真细致的工作对接，针对外方提出的通信、食宿、会外活动等各方面个性化需求，多次召集部门协调会，尽最大努力予以协调和解决。面对外方先遣组风格迥异的考察、询问和要求，接待团队的同志们热情耐心接待、有节有度答复，展示了开放、包容、负责任的大国形象。

请结合会务礼仪的会前准备工作，谈谈上合峰会取得成功的原因。

# 第七章

## 校园礼仪

### 学习导引

　　校园礼仪是学生在校园交际活动及公共场所中应遵循的礼仪。学生在校园交际活动中面对的人际关系主要包括师生关系、同学关系等。在协调处理这些方面的人际关系时，要摆正位置，遵守基本的礼仪规范。这些礼仪规范既是社会发展和时代进步对当代青年的普遍要求，也是国家对当代大学生的特殊要求。当代大学生必须适应时代要求，认真学习和实践大学生校园礼仪，努力树立新时期大学生的文明形象。

## 第一节　师生礼仪，尊重知识从尊师开始

### 情景导入 ▶▶▶

#### 古代开学典礼：用仪式感教你人生第一课

　　"入学"自古以来就是影响国人一生的大事，与成人礼、婚礼、葬礼并列四大礼之一。入学当天，从家庭到学校都会有一系列隆重的仪式与典礼，礼毕之后才意味着正式踏上"路漫漫其修远"的求学之路。相对于现在开学典礼上的校长致辞、教师和学生代表发言，古代的开学典礼更强调让学生在一言一行的实践中塑造儒家所尊崇的士子人格，形成尊师重道的社会风气和传统。其主要体现在释菜礼、开笔礼和拜师礼。

　　释菜礼又作"舍采""择菜"，是表达尊师重教的一种仪礼，即用芹（又叫蘋蒿，嫩芽可以食用）、藻（白蒿）等野生菜蔬祭奠先师，敬奉给教师，以此表示从师学艺。相传孔子带领弟子周游列国时，受困于陈国（今河南淮阳）、蔡国（今河南新蔡）之间，前路崎岖，水断粮绝，弟子子路、子贡等人认为此行已至穷途末路的绝境，只有颜回仍每天"释菜于户外"，也就是每天采摘野菜放在孔子住所的门口，向老师行礼致敬，以表示尽管老师的处境非常困苦，自己仍然坚持做人的原则，跟随老师学艺。由于仪式上不杀牲畜，仅以素食菜蔬供奉，所以古人称释菜礼为"礼之轻者"，但礼轻情义重。

　　开笔礼的第一步是"正衣冠"。之所以把正衣冠放在第一位，因为古人相信衣冠能"正

容体,齐颜色,顺辞令",衣冠不仅仅意味着遮羞,更重要的是反映人的精神面貌。所谓先正衣冠,后明事理。衣冠是忆先祖优秀品德的最好载体,也是让孩子们知书明理的第一步骤。

所谓朱砂开智,就是用朱砂为刚刚入学的孩子的额头正中点上红痣,这又称为"开天眼"。"痣"通"智",意为开启智慧,以此寄托美好的愿望,寓意着孩子从此眼明心明,好读书,读好书。击鼓明智的目的在于让孩子目明耳聪、茅塞顿开、创业建功。

启蒙描红这一步骤主要是让孩子在老师的指导下学写"人"字。一撇一捺,古人似乎有意把"人"字造得如此简洁,仅仅两画,但唯其如此,才给后人留下许多遐想空间,让我们去描绘,去充实。之所以选择这个笔画简单而意义深远的汉字,是因为希望孩子们在人生的启蒙阶段学会做人,知道做人首先要堂堂正正地立身,要像"人"字那样顶天立地。

接下来便是行拜师礼。"一日为师,终身为父",足见传统社会对老师的尊敬。拜师礼中有一项是"礼呈戒尺",学生象征性地用红盘把一只戒子(代表戒尺)恭送老师,寓意请老师严加管教。拜师礼中,学生准备腊肉(感谢师恩)、芹菜(勤奋好学)、莲子(苦心教育)、红枣(早早高中)、桂圆(功德圆满)、红豆(红运高照)等六礼束脩,向老师敬呈拜师帖,并向老师行三跪九叩大礼。老师在收下束脩后,回赠《论语》、葱、芹菜等礼物,同时带领弟子齐颂《大学首章》,象征担下"传道、授业、解惑"的重责大任。子曰:"自行束脩以上,吾未尝无诲焉",意思是只要行过师生之礼,无论学生资质如何,孔子都会全心全意尽老师的责任,这也体现了孔子有教无类的治学思想。

可见,古代的开学典礼和拜师仪式并不在意邀请众多有名望的人士出席,也不注重礼物价格的多寡。一系列的仪式只为让学生发自内心地尊重自己的老师,老师也全身心地接纳自己的学生。

## 知识详解

俗话说"一日为师,终身为父"。然而,在"知书达理"之人集中的高等院校,师生间连最基本的礼节也在逐渐消失。一些学生在校外甚至在校内遇见老师,总是视而不见或绕道回避,连打招呼、问好这些基本礼仪也很难见到。据了解,一些传统的课堂礼节已逐渐淡出课堂。眼下一些学校,"起立问好"成了稀奇事。偶尔有同学课上看见老师喊"起立"时,很多学生竟大感意外,常常要过十几秒钟才稀稀拉拉地站起来,很不"情愿"地问声老师好。学生在课堂上起立向老师问好,其用意不只是提醒学生开始上课,也体现了学生对老师教书育人的应有尊重。师生间的礼仪不仅是上课前的行礼问好,更重要的是课堂上的相互尊重。现在的大学课堂纪律远不及中小学,有的学生在课堂上睡觉、看报纸、看小说、接打手机、发短信等,有时学生相互间讲话,嘈杂声很大,特别是合班上课,杂音几乎盖过了老师讲课的声音。这些现象都说明学生对老师的基本礼仪的漠视程度已令人吃惊。

在学生面对的各种学校内外的人际关系中,师生关系是人人都需要重视的一种基本关系,而且也是校园交往礼仪中最重要的一种关系。老师对学生的影响与作用,主要体现在教书育人、为人师表等方面;而学生对老师的影响与作用,主要通过尊敬老师、听从教诲等方面得以体现。

## 一、尊敬老师，为生之本

亲其师，信其道。老师是对我们一生事业影响最大的人之一。老师的一句话往往会坚定我们为一项事业奋斗终生的信念，老师一次偶然的提示有可能点亮我们对某一领域兴趣的火花。

著名作家魏巍在《我的老师》一文中这样写道："最使我难忘的是我小学的老师蔡云芝先生。她爱我们，课外的时候，她教我们跳舞。假日里，她把我们带到她家里和她女朋友的家里。在她朋友的园子里，她还让我们观察蜜蜂，也是在那时，我认识了蜂王，并且平生第一次吃了蜂蜜。她爱诗，并且爱用歌唱的音调来教我们读诗，直到现在我还记得她读的音调，还能背诵她教我们的诗。今天想来，她对我接近文学和爱好文学，是有着多么有益的影响！"

汉明帝刘庄做太子时，博士桓荣是他的老师，后来他继位做了皇帝，"犹尊桓荣以师礼"。他曾亲自到太常府去，让桓荣坐东面，设置几杖，像当年讲学一样，聆听老师的教诲。他还将朝中百官和桓荣教过的学生数百人召到太常府，向桓荣行弟子礼。桓荣生病，刘庄就派人专程慰问，甚至亲自登门看望，每次探望老师，刘庄都是一进街口便下车步行前往，以表尊敬。进门后，往往拉着老师枯瘦的手，默默垂泪，良久乃去。当朝皇帝对桓荣如此，所以"诸侯、将军、大夫问疾者，不敢复乘车到门，皆拜床下"。桓荣去世时，刘庄还换了衣服，亲自临丧送葬，并对其子女做了妥善安排。

一位北京大学化学系的老教授曾深有感触地回忆说，对他一生影响最大的是他的一位中学老师。直到今天指导他研究课题的思维方法，仍然是他中学时代的那位老师曾说过的那一句至理名言——"做人，要诚实；做题，不怕做不出，就怕瞎做"。是那位老师的这句话使他走上了学术研究、教书育人的教育事业。

据统计，许多诺贝尔奖获得者在发表获奖演说的时候，都会情不自禁地回忆起对自己成长影响最大的一位小学或中学老师的一件往事！

在甘肃山区有位叫张学成的小学教师，被人称为"教坛保尔"。他就是值得我们尊敬的甘为奉献者之一，他的事迹使无数读者为之落泪。他任教的小学是当地条件最为艰苦的地区。就在张学成任教不到一年的时候，接二连三的不幸降临到他身上。先是一次普通的静脉注射，意外地使他下身偏瘫；接着，他的左腿在进行化疗时，不慎造成大面积烧伤；此后，他的左脚又遭到感染做了植皮手术。1998年秋季，他又被医生告知患有溃疡性结肠炎，而且可能会发生癌变。病痛折磨着他的肉体，但并没有削减他对教育事业的热爱。路不能走了，他让妻子牵着毛驴接送；讲台上站不住了，他就趴在讲桌上讲课；学生们多次哭着把老师抬进教室。冰雪天里，妻子拿着铁锹在前面为他铲脚窝，张学成紧跟身后，一跌一撞地向学校走去。一段正常人只需走一个多小时的山路，夫妻俩却搀扶着足足要走5个多小时。他对学生关爱备至，即使在债台高筑、生活异常艰难的情况下，仍然经常用自己微薄的收入为贫困生垫交学杂费、买学习用品。他身残志坚、扎根山区、献身教育的事迹被广为传颂，被人们誉为"教坛保尔"。就是这样的环境条件下，张学成在教师的岗位上一干就是30多年。他说："当一名教师，是我生命价值的体现。我最深的体会就是要热爱学生，热爱可以改变一切。我最大的希望，就是让山区的孩子都能走出大山，用知识来回报山区,回报社会。"

无论是大学教授还是小学老师,都值得我们尊敬。学生尊敬老师,首先要在行为上尊敬老师。无论是在课堂、课间、办公室或外出行走、乘车、入座,学生都应施"弟子礼",处处对老师礼让、毕恭毕敬。其次,在态度上要尊敬老师,平日和老师交往时,不可太随便。

## 二、认真学习,听从教诲

"师也者,教之以事而喻诸德也。"著名书法家启功先生在回忆北京师范大学老校长陈垣对他的教导时,流泪写下了《夫子循循然善诱人》一文,记录下陈先生对他的"耳提面命":一个人站在讲台上要有一个样子,和学生的脸是对立的,但感情不可对立;万不可有偏爱、偏恶,万不可讥诮学生,以鼓励夸奖为主。淘气或成绩不好的,都要尽力找他们一小点好处,加以夸奖。不要发脾气。站在讲台上即是师表,要取得学生的佩服……

鲁迅先生曾这样回忆他的老师藤野先生:

我总还时时记起他,在我所认为我师的之中,他是最使我感激,给我鼓励的一个。有时我常常想:他的对于我的热心的希望,不倦的教诲,小而言之,是为中国,就是希望中国有新的医学;大而言之,是为学术,就是希望新的医学传到中国去。他的性格,在我的眼里和心里是伟大的,虽然他的姓名并不为许多人所知道。他所改正的讲义,我曾经订成三厚本,收藏着的,将作为永久的纪念。不幸七年前迁居的时候,中途毁坏了一口书箱,失去半箱书,恰巧这讲义也遗失在内了。责成运送局去找寻,寂无回信。只有他的照相至今还挂在我北京寓居的东墙上,书桌对面。每当夜间疲倦,正想偷懒时,仰面在灯光中瞥见他黑瘦的面貌,似乎正要说出抑扬顿挫的话来,便使我忽又良心发现,而且增加勇气了,于是点上一支烟,再继续写些为"正人君子"之流所深恶痛疾的文字。

老师的教诲和人格成了鲁迅为正义、为自由奋笔疾书的不懈动力,也使他具有了不怕邪恶的钢铁般的斗志。

勤奋学习、早日成才是老师对学生寄予的最大愿望,而好学上进、学有所成是学生对老师的最大回报。作为学生,无论从学习知识的角度,还是尊敬老师的角度来讲,上课的时候都必须认真学习、专心听讲,这是对老师付出的尊重。

教书育人是老师的天职。古人云:"教不严,师之惰。"老师对每个学生的批评和帮助是爱护、关心学生的体现。因此,对于老师的教诲,学生应当虚心接受;对于老师的批评,学生要正确认识,"有则改之,无则加勉";对于老师的过激言论,学生也要冷静对待,切不可当面顶撞,在适当的时候以恭敬的态度向老师解释,以消除误会。

## 三、路遇老师,礼貌问好

遇见老师,要主动向老师问好。打招呼时,一般应停止行走,待老师回礼后再继续前行。问好时,可以鞠躬,也可以不鞠躬,但问好时,眼睛应注视着老师,不能眼睛看着别处。

无论在校外还是在校内,与老师相遇,应主动让路,请老师先行。车上相遇,有可能的话,要主动让座。上下楼梯,若遇到老师,应主动挽扶。

如果老师手中拿着教具,如小黑板、录音机等,要主动帮助提拿。

## 四、拜访老师,有礼有节

学生拜访老师是沟通师生情感的一个重要渠道。学生拜访老师主要包括进出老师办公室和到老师家中拜访的礼仪。

### (一)学生进出老师办公室的礼仪

宋代学者杨时和另一位学者游酢冒着严寒同去向老师程颐求教。到了那里,见老师坐在堂上睡着了。为了不打扰老师,他们恭恭敬敬地站在门外等着。过了很久,老师醒来看见杨时、游酢正静悄悄、毕恭毕敬地侍立在外面,连忙说:"你们二位有什么事?快请进来吧。"老师醒了并请他们进门,他们才进门。此时,门外漫天大雪,地上积雪已有一尺多厚,杨时、游酢全身都白了。从此,"程门立雪"就成为尊敬老师的一个故事流传了下来。

具体说来,学生进出老师办公室应当注意以下几个方面:

学生进入办公室前应注意仪表、仪态及着装。女同学不可打扮得花枝招展,但也不可衣冠不整、披头散发;男同学穿着不可如在宿舍里那样过于随意。学生进入办公室应先征得老师同意。敲门或喊"报告",进门的程序是:征得老师同意—进入—谢谢—关门。学生不宜在办公室停留过久。学生离开办公室时应向老师道谢并告别。起立后把凳子放回原处,再向老师微微鞠躬和道声"再见",然后离去。学生不能乱翻老师的东西。

### (二)学生到老师家中拜访的礼仪

学生到老师家中拜访是可以的,但要选择合适的时间,停留时间不要太久,注意不要给老师及其家人带来不便。因此,到老师家中主动拜访要注意以下礼仪:

选择适当的时间拜访老师。拜访前应该联系老师是否有空,突然造访是不礼貌的行为。衣帽穿着要整齐、干净,以表示对老师的尊敬。准时到达,时间上要比预定的时间提前3~5分钟到达。到达后,先敲门,有人应声开门后,要与开门人打招呼再进门。即使和老师很熟,关系很好,也不能推门直闯。如果开门的人不是老师本人,也应称呼、问好,并说明来访目的,待对方回答后再进门。礼貌而正确地向在场的所有人问好。如果在场的人较多,不必逐个问好,可笼统地打招呼,说:"大家好,打扰了!"若为雨天,伞和雨衣不要带入居室内,应留在门外或门厅处,尽量把鞋整理干净再进屋。若为雪天,应在门外将身上和鞋上的雪清理干净再进门。当老师或家人给你送来茶、糖等食物时,应起立并双手接过来,同时道谢。站立、坐下或说话时,姿态端正,举止稳重。对老师家中的陈设,可在老师的允许下观看,但不可乱摸乱动。拜访时间不宜过长。离开时,应向老师及其家人告别,如老师送出来应请老师留步。

## 五、师生交往,莫犯禁忌

人生不能无师。人的一生要不断学习,所以终生都在求师,师生交往就成为人际交往中的一个重要方面。许许多多的名人在他们的学生时代就留下许多与老师融洽交往的美谈,在他们后来成为人师的时候,同样表现了崇高的美德。

### (一)忌不尊敬老师

大多数老师都是勤勤恳恳,兢兢业业,一生扑在教育事业上,一心放在学生身上,用自己的时间、精力、知识和汗水培育出一批又一批国家需要的人才,而他们却默默无闻,不计较个人得失。他们最高兴的事莫过于看到自己亲手培养出来的学生成才进步。如果学生反过来不尊敬老师,在老师面前言谈举止失当,故意怠慢老师,或认为老师教书育人是本分,犯不着用什么礼节客套等,这将会给师生关系罩上一层阴影。这是学生不文明的一个典型表现。当然最大的不尊敬就是不好好学习。试想,一个为学生呕心沥血的老师,如果得到的是学生调皮捣蛋、不好好学习、成绩落后的回报时,会是什么样的心情?

### (二)忌苛求老师

学生不能过于苛求老师。一个大学老师面对的是几十几百甚至更多的学生,让每一个学生都感到满意显然是不易做到的。在师生交往中,老师很可能有这样或那样的疏忽与缺点,学生应该体谅老师,而不应揪住一点不放,以偏概全地攻击、评价老师,那会使老师感到难过。良好的师生关系离不开师生在交往中对相互过错的谅解和宽容。当然,学生如果真正发现了老师的缺点,并真诚地、推心置腹地以恰当的方式给老师指出来,老师会高兴地接受,这样做一定会把师生关系推向更良好的发展方向。

## 案例分析

### 陈垣和启功:两代国学大师的师生情

陈垣是启功的恩师,年逾九旬的启功先生言及陈垣口必称陈老师、陈校长。不夸张地说,没有陈垣的独具慧眼,也就没有启功的成就,至少以他的学历,恐怕很难在名牌大学谋上教席。

21岁那年,启功偶然认识了辅仁大学校长陈垣,初次见面,启功看到陈垣肃穆威严,不由得产生一些惧意,但陈垣校长觉得这个青年人很聪明、很可爱,便拉住他的手叫他坐下来,很和蔼地对他说:"你的祖父和叔父都是和我同年的翰林,我们还是常有来往的世交呢。"一番话使启功心里很感动,觉得陈先生身为著名的大学校长,却如此平易近人。

陈垣校长非常惜才爱才,他具有伯乐识千里马的锐利目光,经过几次和启功接触,仔细观察之后,他认定启功这位青年人是一位不可多得的栋梁之材,并决心扶持他、培养他,因此启功便得到更多的机会接近这位像亲人一样的长辈,并时常能够在门下聆听大师的教诲。1938年秋季开学时,陈垣请启功回辅仁大学,聘任他为国文系讲师,专门讲授大学的普通国文课。从此,启功再也没有离开辅仁大学,直至新中国成立后,他继续在陈垣校长管辖下的北京师范大学当教授,一直都没有离开过大学的教育岗位。

在推荐启功登上大学讲堂之后,陈垣便真心实意地要扶持他,使他能够真正成为一位名副其实的高等学府的教师。因此在教学方法上,陈垣处处对启功进行帮助和指导,从一篇文章的章法到一字一词的改法、用法或文章作法,都亲自给予讲解示范;从一个学派的思想体系,到某些文章的风格特点,都十分详细而又具体地给以分析和指导,甚至启功自己的一些论文和著作,都是得到陈垣的批改才完成的。启功在学术上之所以能够突飞猛进,是有赖于恩师培养的。启功由于自己的天赋加上不断的刻苦努力,到中年时,他已成为国内著名的画家、书法家。有些学者认为启功的书法成就堪与"书圣"王羲之媲美,也有人认为"纯艺术角度来看,他的书法风格已有些固定,以一见十"。甚至当面称他为权威的书法大师。对这些极高的赞誉他很自谦地说:我只不过是一个会写字的教书匠而已。对于自己书法的进步与成就,启功曾对朋友说,这都是承蒙恩师陈垣的指导所得的,记得当年在苦练书法时陈垣校长曾对他说:"你要给学生批改作文,学生的字写得比你漂亮,你心里会是什么滋味?"还说:"不要用毛笔去模拟刀刃所刻的效果,以免流于矫揉造作之弊。"这些激励的话语,使他终生难忘。

1971年国学大师陈垣在京逝世,启功十分悲痛,当即为恩师写一副对联:"依函丈州九年,信有师生同父子;刊习作二三册,痛余文字誉陶甄。"此后无论在什么场合,启功都经常谈到陈垣恩师当年对他教育扶持的恩情,并深切地怀念。

如今启功先生也已作古了,陈垣及其弟子启功两代国学大师,两位为教育事业鞠躬尽瘁的名人,他们师生之间的情缘及其交往的事迹,被世人当作典范而永远流传。

【评析】

启功的人品可谓"仁义礼智信"无一疏漏,终生如此,这是他的人格魅力所在。北京师范大学著名教授童庆炳说:"启功对整个世界充满了博大的爱,特别让我感动的是他对陈垣先生的爱,那真是一朝从师,终生感恩。"如果没有陈垣先生的慧眼识珠,没有启功老师的感恩尊师,难以成就两代国学大师师生情谊的佳话。

## 知识链接

1. 曾子十六岁拜孔子为师,他勤奋好学,尊师重道,颇得孔子真传。有一次,他在孔子身边侍坐,孔子就问他:"你知道人民和睦相处、君臣关系融洽的原因是什么吗?"曾子听到这个问题,立刻从席子上站起来,走到孔子面前,垂下双手,恭恭敬敬地回答道:"我才能有限,想不出这是为什么,还得请老师告诉我。"孔子看到自己的弟子这么懂礼貌,赞许地点点头,耐心地给他讲述其中深刻的道理。这个故事就是"曾子避席"。"避席"就是离开座席的意思。春秋时期,当老师单独教导一位学生时,为了表示对老师的尊重,这位学生要起身,离开座席,走到老师面前,恭敬地听老师说话。曾子的做法恰恰表现出他是一个讲礼仪、敬师长的人。后来,这个故事也被记载到《孝经》中,被后人传诵,很多人都向他学习。

2. 在苏轼的《留侯论》中,谈到张良的一段奇遇。张良年轻时,曾计划要刺杀秦始皇,失败后,为躲避官府通缉,潜藏在下邳。有一天,张良闲游到一座桥上,遇见一位穿褐衣的老翁,老翁见张良走近,便故意将鞋坠落桥下,让张良下桥去捡,张良很不高兴。等张良把鞋捡上来交给老翁时,老翁又让他帮着把鞋穿上。于是,张良跪着帮老翁穿上了鞋,老翁没客气,笑眯眯地离开了,临走时留下了一句话:"小子可教矣!五天后黎明时分在这里等我。"五天后张良迟到了,老翁就马上离开,让张良再等五天。谁知再过五天,张良还是迟到了,老翁坚持原则,让张良继续等待五天。直到张良比自己早到,才把兵书交给他。老翁用了十五天来上这节课,他考验了张良的忍耐力之后,才把《太公兵法》传授给张良。至于张良的功课,老翁就让张良自己去琢磨研究了。

老翁是一个非常出色的导师,在他的教导下,张良最后真的成就了一番大事业。他的择徒标准是:要做学问,先学会怎么做人。于是,张良被培养成了一个德才兼备的人。

3.著名的物理学家、化学家玛丽·居里夫人,对她的法语老师欧班女士一直怀着深厚的感情。一天,欧班老师收到了一封挂号信,寄信人是"玛丽·居里"。欧班老师难以相信这信真是给自己的,一位举世闻名的科学家怎么会给一个普通教师写信呢?她拆开信读了起来。读完信,欧班老师的泪水涌出了眼眶,原来写信人是她20年前的学生玛丽。在信中,居里夫人向欧班老师深表敬意,还寄来了往返的路费,请她去做客。久别的师生见面了。居里夫人在家里接待了自己少年时代的欧班老师。她亲自下厨房做菜,向老师祝酒。欧班老师觉得十分幸福。

后来,居里夫人回祖国参加华沙镭研究所的开幕式。这天,华沙的著名人物都簇拥在居里夫人周围,他们中有国家领导人,有著名科学家,有居里夫人的亲友。大会快要开始的时候,居里夫人忽然从主席台上走下来,穿过捧着鲜花的人群,来到一位坐在轮椅上的老年妇人面前。居里夫人深情地亲吻了她,推着她的轮椅向主席台走去。回到台上,居里夫人向大家介绍,这位老人就是自己中学时代的欧班老师。会场里的人见到这个情景,都向她们鼓起掌来。老人的脸上挂满了激动的泪水,她的学生在成为世界名人之后,对她还是那样热爱,那样尊敬。

# 第二节　同学礼仪,社交从同学开始

## 情景导入 ▶▶▶

### 曾国藩的同学相处之道

在晚清历史上,有一位炙手可热的政治人物至今为众多的人所关注,他就是曾国藩。作为一个王朝的官吏,受到如此众多的人包括少年毛泽东的钦佩和关注是有原因的。

曾国藩在长沙岳麓书院读书的时候,有一位同学性情暴躁,因为曾国藩的书桌放在窗前,那人就说:"我读书的光线都是从窗户进来的,让你遮着了,赶快挪开!"曾国藩果然照他的话移开了桌子。

曾国藩晚上掌灯用功读书,那人又说:"平常不念书,夜深还要吵闹人吗?"曾国藩听了就低声默诵。

不久,曾国藩中了举人。传报到时,那人更是大怒,说:"这屋子的风水本来是我的,反叫你夺去了!"在旁的同学听着不服气,反问他:"书案的位置,不是你叫人家安放的吗?怎么能怪别人呢?"那人说:"正因如此,才夺了我的风水。"同学们都觉得那人无理取闹,纷纷替曾国藩抱不平,但曾国藩却和颜悦色,毫不在意,劝息同学,安慰同室,像无事一般。

从这里可以看到,青年时代的曾国藩的涵养与气度已经不凡了。曾国藩作为晚清政坛上一个著名的人物,与其他政客有显著的区别,最主要的就是他非常注重自己的人格修养,在仕途上韬光养晦,故虽常立于险地而能不败。

（资料来源:水水.赢在办公室.北京:电子工业出版社,2010）

## 知识详解

### 一、同学人际关系影响因素

"世事洞察皆学问,人情练达即文章",如何待人处世是一门学问,也是大学生必修的一课。在大学生的各种人际关系类型中,同学关系无疑是最亲密、最重要的关系之一,也是大学生踏入社会前需要处理好的人际关系。人际关系较好的大学生,不仅能获得更多人的赞同,而且更有自信踏上以后的工作岗位。

要想提高人际交往水平,就要弄清楚是哪些因素影响了大学生人际交往水平。影响大学生人际交往水平的因素很多,概括下来,主要有以下四种因素。

#### （一）交往水平

人与人之间的关系要密切,交往自然是必不可少的前提。一般来说,人际关系的亲密程度和交往水平的高低是成正比的。交往水平越高,人际关系越密切,反之亦然。原本关系一般甚至不熟悉的人,交往多了,自然越加亲密;原本关系不错的人,交往少了,自然越加疏离。

#### （二）互酬水平

人际交往不仅包括平等,也包括互酬。我们往往重视平等,而忽略了互酬。互酬是心理学上的一个概念,也就是我们《诗经》中所说的"投之以桃,报之以李",即人与人之间相互酬谢、相互报答、相互帮助、相互满足的意思。晋代诗人潘尼曾有"琼琚尚交好,桃李贵往还"的诗句,说明积极的互酬有利于增进友谊、加深感情、和谐人际关系。

互酬的"酬",不仅包括物质方面的内容,而且也包括情绪、情感等心理方面的内容。人与人相处中,彼此的互酬水平越高,关系越是稳定、密切。有些同学之所以与其他同学处不好关系,互酬性低恐怕也是一个重要原因。这种"低"主要表现在两个方面:其一,对同学的需求、困难漠不关心,使人感到你很冷淡;其二,用"等价交换"的商品买卖原则来看待同学间的相互关心与帮助,使人感到你"太精""太实惠"。别人从你这里既然得不到感情上的温暖与愉快,与你关系疏远当然是情理中事了。

#### （三）评价水平

评价水平,通俗地说就是对交往对象的看法。人们在人际交往中不可避免地会对交往对象有所评价,这种评价也不可避免地会影响人们的人际关系。

评价不在于是否全是好话,而在于是否客观、真诚、全面。有的同学对别人的评价缺乏真诚性,当面一套、背后一套;或者嫉妒同学的优点、才干和成绩;或者对人从来不讲心里话,使人感到你很虚伪。还有的同学,只喜欢听恭维话,一听到刺耳话,马上就表现出情感上的厌烦与不满,别人见你气量如此之狭小,当然会避之唯恐不及。

### (四)包容水平

世界上没有两片叶子是一样的,正是这样,才有精彩纷繁的世界。人际交往中,每个人的家庭背景、教育程度、社会环境、职业、性别等因素都会造成交际中存在心理和生理、主观和客观的差异性。这种差异能否包容,也是人际关系协调的重要隐私之一。包容水平越高,与他人越能和谐相处,人际关系自然就越好。反之,不尊重这种差异性,没有包容的心态,遇事不容人,抱着"只有人人为我,没有我为人人"的心态,自然人际关系就差。

## 二、与同学交往的礼节

### (一)尊重为本

相互尊重是处理任何一种人际关系的基础,同学关系也不例外。同学关系不同于亲友关系,它不是以亲情为纽带的社会关系,亲友之间一时的失礼,可以用亲情来弥补,而同学之间的关系是以学校为纽带的,一旦失礼,创伤将难以愈合。所以,处理好同学之间的关系,最重要的是尊重对方。

尊重对方包括尊重他人的人格和尊重他人的生活习惯。首先是尊重他人的人格。讥笑、辱骂、给同学起绰号,不仅伤害同学的自尊心,还侮辱了同学的人格,是很不礼貌和很不道德的行为。其次,要尊重他人的生活习惯。每位同学的生活习惯是自幼养成的,是受家庭教育和周围环境的影响潜移默化的结果。尊重他人的生活习惯就等于对他人人格的尊重。

### (二)善于交谈

交谈是同学之间交往的主要形式之一。交谈可以增加同学间的了解和相互增长知识。交谈最重要的是要注意交谈内容和交谈的态度。与同学交谈的内容要真诚实在,要实事求是地说出自己对事物的看法。不说胡乱恭维别人的话,也不说使别人感到伤心、羞愧的事,更不说不文明的污言秽语。古人说:"言,心声也。"一个人说话的态度和内容若是美的,那么,他的心灵也必然是美的。与同学说话要态度诚恳、谦虚;要语调平和,不可装腔作势;还要注意听自己说话的同学的兴趣和情绪。听同学说话时,态度要认真,不可做其他事,不可表示倦怠、打哈欠或焦急地看钟表;不要轻易打断别人的话,要插话或提问一定要先打招呼;若同学说得欠妥或说错了,应在不伤害同学自尊心的情况下,恳切、委婉地指出。

交谈的礼仪,还包括一些语言的禁忌。同学间可彼此直呼其名,但不能用"喂""哎"等不礼貌用语称呼同学。在有求于同学时,须用"请""谢谢""麻烦你"等礼貌用语。借用学习和生活用品时,应先征得他人的同意后再拿,用后应及时归还,并要致谢。对于同学遭遇的不幸、偶尔的失败、学习上暂时的落后等,不应嘲笑、冷笑、歧视,而应该给予热情的帮助。对同学的相貌、体态、衣着不能评头论足,也不能给同学起带侮辱性的绰号,绝对不能嘲笑同学的生理缺陷。在这些事关自尊的问题上一定要细心加尊重,同学间忌讳的话题不要去谈,不要随便议论同学的不是。

### (三)男女有别

心理学的异性效应理论告诉我们,当有异性参加活动时,异性间相互接近的需要得到了满足,彼此间获得了不同程度的愉悦感,激起了积极性和创造性。健康的两性交往对大学生来说是非常重要的,把握好两性交往的尺度,保持适度的礼仪距离,会使双方相处得更自然、更真诚。

#### 1. 把握距离

交往关系要疏而不远,若即若离,把握两人交往的心理距离,排斥让彼此感到过于亲密和引起心绪波动的接触。如果我们在交往中发现对方的苗头不对,要调整自己的态度,使交往恢复到波澜不惊、心静如水的状态。这样更有利于我们的成长。

(1)异性之间交往,最重要的是以礼相待,相互尊重。在异性面前,衣着要整齐,不可太随便;不要说脏说、粗话,特别是男生在女生面前更是如此;不要互相起绰号;不要互相推推搡搡、拉拉扯扯;对异性的容貌,言行举止,不要评头论足、指指点点,甚至模仿对方。

(2)集体活动中,男女生之间的接触,要保持一定的距离,不要只和少数几个人一起活动、交流。交谈时,不要久久盯着对方看。

(3)到异性同学家中拜访,要注意选择合适的时间,而且最好有家长在场。这不是信任的问题,而是对对方的尊重问题。异性同学之间有事相求,可以直说,不必回避,也不用以写纸条的方式相求,那样反倒可能弄巧成拙。

(4)在一般情况下,男女同学不能互串寝室,互串寝室很可能会引起误会。如果确实要找同学,可事先电话联系好,约定一个合适的地点见面。

#### 2. 广泛交往

广泛交往,避免个别接触,交往程度宜浅不宜深。广泛接触,利于我们认识、了解更多的异性,对异性有一个基本的总体把握,并学会辨别异性。有的人外表迷人,但交往中会发现他华而不实,有的人学习成绩顶呱呱,却恃才傲物、颐指气使。如果只进行有限的小范围个别交往,难免会"只见树木,不见森林",对异性的了解不但有限,还可能失之偏颇。所以,利用每一次集体活动的机会,有意识地在更广阔的人际范围内进行交往,是我们十分需要的。

#### 3. 学做绅士

男同学体力一般比女同学强,胆子也比女同学大。因此,尊重女同学,维护女同学,帮助和照顾女同学,是男同学的基本礼仪。比如在劳动中,男同学应主动干重活、累活,把轻活、比较容易干的活让给女同学。

#### 4. 自重自爱

女同学虽然在体力、能力、胆量上不如男同学,在人格上,男女是平等的,因此,要自重自爱,珍惜自己在众人面前的形象。

(1)不要扭捏作态,表现出娇滴滴的样子。

所以,当新东方做到了一定规模,他想找合作者的时候,就跑到了美国和加拿大去寻找他的那些同学,他们在大学的时候都是他生活的榜样。为了让他们回来,俞敏洪还带了一大笔美元,每天在美国非常大方地花钱,心想大概这样就能让他们回来了。后来同学们果然回来了,但是却给了俞敏洪一个十分意外的理由。大家说:"俞敏洪,我们回来是冲着你过去为我们打了四年水。"

经过在海外多年的打拼,这些海归身上都积聚了巨大的能量。这批从世界各地汇聚到新东方的个性桀骜不驯的人,把世界先进的理念、先进的文化、先进的教学方法带进了新东方。

回忆当年,俞敏洪都记得同学们当时所说的话:"我们知道,你有这样的一种精神,你有饭吃肯定不会给我们粥喝,所以让我们一起回中国,共同做新东方吧。"这样才有了新东方的今天。

俞敏洪说,在新东方,没有任何人把他当领导看,没有任何人会因为他犯了错误而放过他。曾经,他还笑称自己无数次后悔把这些精英人物召集到新东方来,让自己有时候很尴尬。但是,他真心地为新东方有这么一大批出色的人才而骄傲。因为这些人的到来,他感觉自己明显地进步了,新东方也明显地进步了。俞敏洪说如果没有那些同学,到今天他可能还是个目光短浅的个体户,没有他们,新东方到今天还可能是一个名不见经传的培训学校。

(资料来源:张超.职场头三年:李开复、唐骏、俞敏洪的人生决定力.长春:北方儿童妇女出版社,2010)

【评析】

人和人成长环境不同,所受教育不同,从而形成了不同的人生观、价值观,当走到一起时,在同一间寝室生活,在同一个教室读书上自习,日久天长,难免会产生思想上的分歧。俞敏洪之所以有良好的同学关系,是因为他真心欣赏同学,不在乎得失,不斤斤计较。在今后的职场生涯中,大学期间宝贵的人脉也是我们成功的保障之一。

## 知识链接

1.“同学经济”是浙江大学企业家经理人同学会倡导的一种新的经济模式。它是一种以相同教育经历、相似文化背景为根基的共赢发展的模式,其核心在于诚信与效率,即以非商业环境下的友善与信任为根基,并通过诚信的商业运营提升企业发展效率,获得更高的市场回报。据统计,由美国麻省理工学院校友创办企业创造的GDP已经超过20亿美元,位于世界经济体的第17位。在国内,杭州通信企业中有80％是浙江大学校友创办。“同学经济”已经在逐步展现出越来越蓬勃的活力。

2.1998年秋天,马化腾与他的大学同学张志东“合资”注册了深圳腾讯计算机系统有限公司。之后又吸纳了三位股东:曾李青、许晨晔、陈一丹。其中,许晨晔和马化腾、张志东同为深圳大学计算机系的同学,而陈一丹则是马化腾在深圳中学时的同学。这5位创始人的QQ号,据说是从10001到10005。为避免彼此争夺权力,马化腾在创立腾讯之初就和四个伙伴约定清楚:各展所长、各管一摊。马化腾是CEO(首席执行官),张志东是CTO(首席技术官),曾李青是COO(首席运营官),许晨晔是CIO(首席信息官),陈一丹是CAO(首席行政官)。直到今天,除曾李青外,其余四人仍活跃在公司一线,四人各管一摊,是腾讯有名的"四轮驱动"。

## 【技能训练】

### 一、单项选择题

1. 到老师家中拜访的礼仪不正确的是(　　　)

A. 选择适当的时间拜访老师

B. 衣帽穿着要整齐、干净,以表示对老师的尊敬

C. 如果开门的人不是老师本人,则可以直接离开,下次拜访老师

D. 对老师家中的陈设,可在老师的允许下观看,但不可乱摸乱动

2. 如果发现老师的缺点,正确的做法是(　　　)

A. 直接当面告诉老师

B. 告诉其他老师

C. 告诉家长

D. 采取恰当的方式委婉地指出来

3. 下面关于同学礼仪中的交谈礼仪正确的是(　　　)

A. 可以直呼同学的外号,以示亲密

B. 对同学的体态、衣着可以直接评论

C. 嘲笑同学的生理缺陷

D. 同学间忌讳的话题不要去谈,不要随便议论同学的不是

4. 同学交往中正确的礼仪是(　　　)

A. 同学之间攀比是一种正确的风气

B. 同学间相处可以在背地里说长道短

C. 同学之间交谈可以出言不逊、奚落挖苦、恶语伤人

D. 自觉培养尊重同学的习惯,讲话应温文尔雅,讲究语言美

5. 关于男女同学交往保持距离说法正确的是(　　　)

A. 到异性同学家中拜访,要注意选择合适的时间,而且最好有家长在场

B. 可以评论异性的容貌和穿着

C. 男生可以在女生面前说脏话

D. 男女同学可以互串寝室,增进了解

二、多项选择题

1.下面关于尊敬老师的礼仪正确的有( )

A.认真学习,听从教诲

B.路遇老师,礼貌问好

C.拜访老师,有礼有节

D.质疑老师,据理力争

2.关于拜访老师的礼仪表述正确的是( )

A.学生进办公室前应注意仪表、仪态及着装

B.学生可以直接进入老师办公室

C.学生不宜在办公室停留过久

D.离开办公室,向老师微微鞠躬和道声"再见"

3.影响大学生人际交往水平的因素有( )

A.交往水平

B.互酬水平

C.评价水平

D.包容水平

4.与同学交往的礼节包括( )

A.尊重为本

B.善于交谈

C.男女有别

D.避开禁忌

5.男女同学交往正确的礼仪是( )

A.把握适当的距离

B.可以只和一个男同学交往

C.男同学要尊重女同学,维护女同学,帮助和照顾女同学

D.可以单给某一个男同学送礼品

三、判断题

1.路遇老师问好时,眼睛应注视着老师,眼睛不能看着别处。

2.上下楼梯,若遇到老师,应主动搀扶。

3.如果和老师关系很好,则可以经常造访老师办公室。

4.为了取得同学的好感,最好多说恭维的话。

5.如果同学有欠妥的地方,最好当面直接指出。

四、案例分析题

1.向同学,大二女生,特别苦恼的是与寝室同学关系不好。大一时关系还不错,那时大家还不熟悉,自己很想拥有一个好的人际关系,所以努力迎合室友,甚至放下自己的自尊,但不知怎么回事,还是得不到同学的喜欢,自己在表面上总是顺从她们、忍让她们,但

好像得不到她们的尊重,有时被她们指来指去,感到很不开心,自己努力为她们付出,但得不到回报,于是便表现出不满,她们却认为自己虚伪。现在,有时上晚自习回来,都不愿意回到寝室,宁愿在别的寝室坐会儿。向同学为什么无法和寝室里的同学和谐相处呢?

2.王同学,大一女生,面容清秀,来自一个生活优越的家庭,从小得到父母的宠爱,自我感觉良好。过去因为家庭条件较好,自己有一间单独卧室,喜欢把自己的房间布置得整洁而有条理,但现在与来自不同地方的同学居住在一起,有的同学不讲卫生,有的很晚不睡,打电话、听收音机影响他人,有的翻来覆去睡不着影响自己的睡眠,开始她还能容忍这些情况,但久而久之,实在感到难以忍受,直接向同学表达自己的不满,但也得不到回应,还被认为是娇小姐,所以自己很不喜欢这样的寝室生活,可也没有办法,别人并不受她影响,依然我行我素,所以与寝室同学关系紧张。王同学的问题出在哪儿?

3.贺同学,大三男生,自动化专业,来自贫困农村家庭,父母文化水平不高,父亲管教极为严厉粗暴,动不动就用棍子打人,而且还不准哭,他非常害怕父亲。自诉性格内向,不善表达,平时在班上默默无闻。大学三年级了,还没有与本班女同学说过几句话。每次见到女同学就低下头,不知说什么,看到许多人有女朋友,也想谈一个,可就是不知和她们说什么,有点像老鼠见到猫的感觉。和男同学可以打打闹闹,可就是不知道如何与女同学交往。像贺同学这类从农村出来、家境不好、家庭管教严格的男同学,害怕与异性交往,这类男同学在高校并不少见。贺同学在男女交往上的障碍是什么?

**五、思考题**

1.请结合自己的经历,谈一谈如何更好地和老师相处。

2.请结合自己的经历,谈一谈如何更好地和同学相处。

# 第八章

## 宗教、民族礼仪

📘 学习导引

宗教礼仪是指信仰者对其崇拜对象举行的一系列的仪式、活动以及与宗教相关的禁忌。世界上有多种宗教,自然就存在着多种宗教礼仪。另外,我国自古以来就是多民族的国家,为了更好地进行民族间的交流,我们有必要了解各民族的礼仪文化。本章主要就世界三大宗教和我国特有的道教以及我国的少数民族作为分析对象,浅析其相关的礼仪禁忌。

## 第一节 宗教礼仪,尊重他人的信仰和文化

🔊 情景导入 ▶▶▶

### 法国、比利时禁止妇女在公共场所戴伊斯兰面纱

2010 年,法国国民议会参议院表决通过禁止妇女在公共场所戴伊斯兰面纱的法案。根据法案的规定,戴完全蒙住面部面纱的妇女,将会被处罚折合 200 美元的罚款。如果家族中男性成员强制要求家人戴这类面纱,则有可能被判处一年的监禁。

2011 年 7 月 25 日,比利时成为继法国之后,欧盟第二个禁止妇女在公共场所穿戴伊斯兰教罩袍及覆盖全脸面纱的国家,凡违反规定者将被处 137.5 欧元的罚款,以及最多 7 天的拘留。

头戴面纱是伊斯兰妇女最重要的礼节。有关伊斯兰妇女戴面纱的规定可追溯到《古兰经》第二十四章第三十一节:"你对信女们说,叫她们降低视线,遮蔽下身,莫露出首饰,除非自然露出的,叫她们用面纱遮住胸膛,莫露出首饰,除非对她们的丈夫,或她们的父亲,或她们的丈夫的父亲,或她们的儿子,或她们的丈夫的儿子,或她们的兄弟,或她们兄弟的儿子,或她们的姐妹的儿子,或她们的女仆,或她们的奴婢,或无性欲的男仆,或不懂妇女之事的儿童;叫她们不要用力踏足,使人得知她们所隐藏的首饰。"这里提到的"面纱"是从头顶下罩,能罩住全脸,遮住头发、耳朵、脖颈,露出眼孔的方形纱巾。穆罕默德要求

信女们戴面纱或盖头主要有三个目的:一是为了保护妇女私有财产不受侵犯,这从穆罕默德要求信女们"用面纱遮住胸膛,莫露出首饰"可看出这一目的;二是为保护妇女不受男性侵犯;三是出于对真主的尊重与对伊斯兰教的信仰。《古兰经》第七章第三十一节说:"阿丹的子孙啊!每逢礼拜,你们必须穿着服饰。"穆圣说:"出动的女人礼拜,必须戴盖头,才能得到真主的悦纳。"《古兰经》是伊斯兰教最重要的经典,对伊斯兰社会具有普遍的法律约束性。

## 知识详解

### 一、宗教概述

宗教是一种社会意识形态,是人类社会发展到一定阶段出现的历史现象,有其发生、发展的过程。宗教信仰、宗教感情以及与这种信仰和感情相适应的宗教仪式和宗教组织,都是社会的、历史的产物。在人类历史上,随着社会形态和政权形式的演变,宗教也逐步由拜物教、多神教发展到一神教,由自然宗教发展到人为宗教,由氏族图腾崇拜发展到氏族宗教,最后又出现了世界性宗教。宗教教义的本质一般都是宣扬顺从。

在科学技术高度发展的今天,古老的宗教信仰仍然在人们的日常生活中占有重要的位置,仍然是许多国家、许多人的主要精神寄托。目前,世界上信奉各种宗教的教徒人数约占全世界人口的 2/3,其中影响最大的是世界三大宗教,即基督教、伊斯兰教和佛教。此外,还有其他一些著名的民族宗教,如犹太教、摩尼教、印度教、锡克教、神道教、大本教、道教等。可以说,每个民族都有自己独特的宗教信仰。从主要宗教的分布来看,欧洲、美洲、大洋洲的大多数居民信基督教,非洲信伊斯兰教的人口最多,亚洲佛教徒占世界佛教徒总数的 96%,印度教、神道教、道教信徒也有 95% 的人口在亚洲。

我国是一个多宗教并存的国家,主要有佛教、道教、伊斯兰教、基督教等。特别是佛教和道教,在长期传播过程中对我国历史、文化、艺术的发展有较深的影响。另外,在我国黑龙江省和新疆维吾尔自治区,还有少量东正教信徒。在我国人口中,宗教徒约占 1/10,宗教职业人员有 8 万余人,宗教活动场所共 4 万多座(所)。我国宪法规定:"中华人民共和国公民有宗教信仰的自由""国家保护正常的宗教活动"。所以,对待宗教的正确态度就是遵守宪法规定,尊重教徒的宗教信仰,不干涉正常的宗教活动,对于外宾的宗教信仰更不能非议。

了解宗教的一般知识、礼仪和禁忌,是交际活动中帮助我们了解世界各国人民精神生活和日常生活习俗的一把钥匙,也是在交际活动中对他人尊重和友好的表示。因此,我们必须重视对宗教礼仪和习俗的了解。

### 二、佛教礼仪

#### (一)称谓

佛教的教职在各国不尽相同。在我国的寺院中,一般包括住持(或称"方丈",寺院负责人)、监院(负责处理寺院内部事物)、知客(负责对外联系),可尊称"高僧""大师""法师""长老"等。佛门弟子依据等级的不同可分为出家五众和在家两众。出家的佛教徒俗称"和尚"(僧)和"尼姑"(尼),亦可尊称"法师""师太"。不出家而遵守一定戒律的佛教信徒称"居士",可尊称"檀越""护法""施主"等。

值得注意的是,不能随便问僧尼尊姓大名。因为僧尼出家后一律姓释,出家入道后,由师父赐予法名;受戒时,由戒律师赐予戒名。因此,问僧尼名字时,可问:"法师法号如何?"这样便可得到回答。

另外,非佛教徒对僧尼或者居士行礼,最合适的是行合十礼,不要主动与僧尼握手。

### (二)主要节日

根据佛教所制定的戒律,僧众应当于每月望晦两日(农历十五日、三十日)齐集一处,共诵《诫本》,自我检查有无违犯戒律之事。如有违犯,应按照情节轻重,依法忏悔,请予容恕。这一行事叫作"布萨",又称"长养",意思是可以断恶长善。

根据佛经中说,释迦牟尼佛的诞生、出家、成道、涅槃同是四月初八,但是习惯以四月初八为佛诞生日,二月初八为佛出家日,腊月初八为佛成道日,二月十五为佛涅槃日。佛诞生日举行浴佛法会,其他三日也要在寺院中举行简单的纪念仪式。特别是腊月初八,煮腊八粥以供众,已成为民间的普通习俗。

### (三)主要禁忌

#### 1.过午不食

按照佛教教制,每日仅进一餐,后来,也有进两餐的,但必须在午前用毕,过午就不能进食。这是佛教中对僧尼的一个戒条,叫"过午不食"。在东南亚一带,僧尼和信徒一日两餐,过了中午就不能吃东西,午后只能喝白开水,连牛奶、椰汁都不能喝。我国汉族地区因需要在田里耕作,体力消耗较大,所以在少数寺庙开了过午不食戒,但晚上所进的食物称为药食。

#### 2.不吃荤腥

荤食和腥食在佛门中是两个不同的概念。荤专指葱、蒜、辣椒等气味浓烈、刺激性强的东西,吃了这些东西不利于修行,所以为佛门所禁食。腥则是指鱼肉类食品。

#### 3.不饮酒

佛教徒都不饮酒,饮酒不利于修行,故严格禁止。

#### 4.寺庙禁忌

佛寺被佛教徒视为清净的圣地。所以,非佛教徒进入寺庙衣履要整洁,不能着背心、打赤膊、穿拖鞋。当寺内举行宗教仪式或做道场时,不能高声喧哗干扰。未经寺内人员允许,不可以随便进入僧人寮房(宿舍)等地方。为保持佛教清净,严禁将一切荤腥制品带入寺院。

## 三、伊斯兰教礼仪

### (一)称谓

伊斯兰教教徒称"穆斯林"。无论在什么地方,教徒之间不分职位高低,都互称兄弟,或者叫"多提斯"(波斯语意为好友、教友)。伊斯兰教中对宗教和具有伊斯兰专业知识者,统称为"阿訇",这是对伊斯兰教学者、宗教家和教师的尊称。在中国,一般在清真寺任教并主持清真寺教务的阿訇被称作"教长"或"伊玛目",其中年长者被尊称为"阿訇老人家"。主持清真女寺教务或教学的妇女被称作"师娘"。在清真寺中求学的学生被称作"满拉""海里发"。

### (二)主要节日

#### 1.开斋节

开斋节,意为"斋戒",时间是伊斯兰教教历 10 月 1 日。教法规定,教历 9 月斋戒一个月,斋月最后一天寻看新月,见月的次日开斋,共 29 日或 30 日,即为开斋节,并举行会礼和庆祝活动。中华人民共和国成立以后,每逢开斋节,政府规定信仰伊斯兰教的职工放假一天。

#### 2.宰牲节

宰牲节,又称"古尔邦节",时间是伊斯兰教教历 12 月 10 日,即朝觐者在麦加活动的最后一天。相传先知易卜拉欣曾受安拉的启示,要他宰杀亲生儿子伊斯玛仪作为"牺牲",以考验他对安拉的忠诚。当易卜拉欣顺从地执行启示的一刹那,安拉又差天使送来一只黑头白羊代作"牺牲",伊斯兰教继承这一习俗,规定这天为"宰牲节"。穆斯林每逢这一节日沐浴盛装,到各清真寺举行会礼,互相拜会,宰牛、羊、骆驼,除了自食以外,还互相馈赠,或送给清真寺,以示纪念。

#### 3.圣纪(圣忌)

圣纪是穆罕默德的诞生日。相传穆罕默德诞生于公元 571 年 4 月 20 日(教历 3 月 12 日),逝世于公元 632 年 4 月 20 日。穆斯林习惯将"圣纪"与"圣忌"合并纪念,俗称为"圣会",一般是到清真寺,或是到大的会场举行纪念聚会,诵念《古兰经》,讲述穆罕默德的生平事迹,歌颂穆罕默德的高尚品德与丰功伟绩,有的还举行聚餐。

#### 4.登霄节

传说穆罕默德 52 岁时,在教历 7 月 27 日的夜晚,由天使哲布勒伊来天仙陪同,从麦加到耶路撒冷,又从那里登霄,遨游七重天,见到了古代先知、天国、火狱等,黎明时返回麦加。从此,耶路撒冷与麦加、麦地那一起成为伊斯兰教三大圣地。穆斯林纪念登霄节,除了做礼拜、祈祷以外,还要宣讲穆罕默德登霄的意义、情景以及真主的恩赐,提醒穆斯林要严格要求自己,做一个真正的穆斯林。

#### 5.盖得尔夜

盖得尔夜也称"平安之夜",时间为教历 9 月 27 日夜。传说安拉于该夜通过哲布勒伊来天仙开始颁降《古兰经》。据《古兰经》载,该夜做一件善功胜过平时一千个月的善功。

### (三)主要禁忌

饮食方面的禁忌包括:教徒要食清洁的食物;禁酒,《古兰经》规定穆斯林不能饮酒;禁食猪肉、自死动物肉及动物血液;禁食无鳞鱼(如鳗鱼、鳝鱼、鲇鱼、甲鱼等);禁食勒死、捶死、跌死等动物的肉;禁食驴、骡、马、狗、虎、狼、鹰、蛇等动物的肉。

伊斯兰教的服饰也有禁忌。伊斯兰教把妇女头发列为羞体,必须遮盖起来。所以,穆斯林妇女要戴"盖头",即一顶大帽子,把头发、耳朵、脖子都遮在里面,只露出脸部。另外,妇女除了戴"盖头"外,一般都要戴面纱等。穆斯林的男子出于做礼拜叩头的需要,多戴无檐小帽,这种小帽又名"礼拜帽"。

## 四、基督教礼仪

### (一)称谓

信徒之间可称平信徒,指平常、普通的信徒,这是与教会神职人员相对而言。我国平信徒之间,习惯称"教友"。

对宗教职业人员,可按其教职称之,如某主教、某牧师、某神父、某长老等,以示尊敬。对外国基督教徒可以先生、女士、小姐、博士、主任、总干事等头衔或职衔称之,以示尊敬。

### (二)主要节日

#### 1. 圣诞节

圣诞节是基督教最重要的节日,为庆祝耶稣诞生,时间为每年的12月25日。12月24日通常称为平安夜,教堂一般都要举行庆祝耶稣降生的夜礼拜(根据《圣经》记载,耶稣降生于晚上),礼拜中专门献唱《圣母颂》或《弥赛亚》等名曲。像国际礼拜堂、沐恩堂、景灵堂都以圣诞夜音乐水准较高而闻名于基督教界。如清心堂、华东神学院等每年圣诞节都有朝圣表演,再现耶稣诞生时的情景。

#### 2. 复活节

复活节为纪念耶稣复活的节日。据《圣经·新约全书》记载,耶稣受难被钉死在十字架上后,第三天复活。根据公元325年尼西亚公会议规定,复活节为每年春分后第一个圆月后的第一个星期日,一般在3月22日至4月25日之间。基督教多数教派都纪念这个节日。庆祝活动的具体内容各地不一,最流行的是吃复活节蛋,以象征复活和生命。

#### 3. 受难节

受难节是纪念耶稣受难的节日。据《圣经·新约全书》记载,这天在犹太教的安息日前一天,因此规定复活节前一个星期五为受难节。基督教多数教派都纪念这一节日。

#### 4. 圣灵降临节

圣灵降临节,亦称五旬节。据《圣经·新约全书》记载,耶稣复活后第50天差遣圣灵降临,门徒领受圣灵后开始向世界各地传布福音。教会规定每年复活节后第50天为圣灵降临节。

#### 5. 感恩节

感恩节为美国基督教的习俗节日,起源于1621年,初为迁居美洲的清教徒庆祝丰收的活动,后经美国总统华盛顿、林肯等同意定此节为全国性节日。感恩节的具体日期多次更改,1941年起定为11月第四个星期四举行,教堂在这一天举行感恩礼拜,家庭也举行聚会,通常共食火鸡等。中国基督教部分教派也纪念此节,并举行感恩礼拜。

### (三)主要禁忌

#### 1. 禁崇拜偶像

基督教教徒认为上帝是世界的唯一主宰者,所以不能对其他人进行偶像崇拜。

### 2. 禁奸淫

基督教律法第七条规定信徒不可奸淫。因为一切不正当的性关系既伤害自身婚姻，又伤害他人婚姻，是对上帝规定的婚姻制度的破坏，也是对以爱为人生准则的践踏。

### 3. 禁吃血

《旧约》规定，血是祭祀礼仪的重要内容。当祭师为人赎罪时，要将血洒在祭坛的四角。《新约》也认为，耶稣是被钉在十字架上的，他的血能赎罪，洗净人的罪恶，使人相信教义。总之，血是以生命代替生命的象征，故不能吃血。

### 4. 禁迷信

《圣经》反对一切迷信、占卜、风水、巫术等活动。

### 5. 禁食

基督教认为，禁食是特殊情况下为了专心、集中精力祈祷，是一种个人的自愿的行为，是修行方式的一种，主要用禁食来表达悔罪和自责。

## 五、道教礼仪

### (一)称谓

出家的道士，一般应尊称为"道长"。道士又称"黄冠""羽客"。女道士一般应尊称为"道姑"，又可称"女冠"。此外，还可以根据其职务尊称法师、炼师、宗师、方丈、监院、住持、知客。非宗教人员对道士可尊称"道长"或"法师"，前面也可以冠以姓，例如"张道长"或"黄法师"等。

道士不论在与同道还是外客的接触中，习惯于双方擎拳胸前，以拱手作揖为礼，向对方问好致敬，这是道教的传统礼仪。作揖致礼的形式，是道教相沿迄今的一种古朴、诚挚、相互尊重和表示友谊的礼貌。后辈道徒遇到前辈道长，一般可行跪拜礼、半跪礼或鞠躬礼。非宗教人士遇到道士，过去行拱手礼，现在也可以随俗，用握手问好。

### (二)主要节日

#### 1. 老君圣诞

老君圣诞是纪念道教所信奉教主老子诞生的日子。老子的生卒年月已不可考，道教关于老子的传记书如《犹龙传》《混元》《太上老君年谱要略》等，都说老子生于商武丁九年（公元前1242年）二月十五日。后世道观就于每年次日做道场，诵《道德真经》以纪念。

#### 2. 玉皇圣诞

玉皇圣诞是纪念道教所信奉玉皇大帝的诞生日。道教各种典籍称玉皇大帝生于丙午岁正月初九，后世道观遂于每年此日举行祭祀，以纪念玉皇诞辰。

#### 3. 蟠桃会

神话中西王母以蟠桃宴请诸仙，相传夏历三月初三为西王母诞辰，诸仙都来为她祝寿，道教每年于此日举行盛会，俗称"蟠桃会"。

### (三)主要禁忌

#### 1. 斋醮

斋醮是道教的一种宗教仪式，故举行斋醮仪式的醮坛有一系列的禁忌。坛场的禁忌主要是在道教举行祈福道场时,不能有吊丧、问病、畜产等不洁之物进入道场。进入醮坛的道士,也有八条戒律:勿饮酒、勿食辛辣、勿与人同坐、勿看死生、勿嗔怒、勿悲哀、勿见血、勿食牛肉。道士还需斋戒沐浴,身心俱净。

**2. 斋供**

道教祭祀常用香、花、灯、水、果五类祭品。上香时,持香者需手指洁净;供神之花,常为梅、兰、竹、菊。花香需清香,香味强烈则令人生厌,不能用于敬神。醮坛所用灯具,需用芝麻油点燃,忌用脂膏之油,否则冒犯神灵。醮坛所用之水,需用七宝浆,忌用生水和不洁之水。醮坛所用水果需是时令果实,忌用石榴、甘蔗之类。

**3. 服饰饮食**

道教服饰也不能随心所欲,有一系列的禁忌,包括忌法服不洁、衣服杂色、衣饰华美等。道教重养生之道,故饮食中的禁忌也是非常重要的。道教特别强调对酒、肉及辛辣之物的禁绝。

**4. 道观**

道观是道士生活、修行的重要场所,故进入道观需衣冠整齐,注重礼仪。不可裸露身体,不可赤脚,更不可高声喧哗,将荤菜带入道观。

遇见道士,要注意称呼的礼仪。和道士打招呼,用拱手礼而不是合十礼。另外也不可问道士的年龄。

## 案例分析

### 印度喜剧电影深刻探讨信仰文化

近些年来,在印度电影工作者的努力下,印度的电影以反映印度社会、印度人民生活的艺术形式为主。例如,《我的个神啊》就以轻松幽默的方式反映印度人民的信仰文化。

在影片中,阿米尔·汗扮演一个从外星到地球的,对地球一无所知的外星人PK,在刚到地球之后就被一个大叔把他与故乡的通讯器给抢走了,PK只得踏上了寻找通讯器的旅程。PK到处问别人怎么才能找到自己的通讯器,所有人都告诉他,只有神才能帮他。PK从印度教的神拜到伊斯兰教,又到基督教去求助,几乎所有的神,PK都问了个遍,但遗憾的是,他还是没能找到通讯器。PK开始怀疑神是否真的存在,但又在人类朋友的启发下,想到可能是人类与神的沟通上出了问题,就好像人类之间打错电话号码一样。他的想法在电视台一播出,瞬间引起了巨大的反响,印度民众纷纷开始在自己身边寻找"打错的电话号码",各个宗教所谓的神的传声筒们都感到威胁。

这部影片题材大胆,对印度的宗教文化进行了深刻的探讨,而电影自身承载的价值立意和社会批判性也引起了印度众多宗教信徒的强烈争议。

**【评析】**

为了不给新冠病毒一张加快传播的"单程票",许多人决定从改变打招呼的方式做起,抛弃传统的接触式的问候方式,"开发"了许多极具创意的问候法。这些创造出来的问候法看起来有趣又不失礼貌,人们正在用幽默化解对病毒的恐惧。

**知识链接**

1.根据盖洛普民意测验,美国人中90％相信上帝。同时,美国国歌里有"上帝保佑美国",钱币上印着"我们信仰上帝",总统就任时必须手按《圣经》宣誓,甚至在与宗教完全无关的法庭上,证人们也必须手按《圣经》发誓不作伪证。正因为大部分美国人信仰基督教,美国电影也承担了宣扬基督教的任务。《圣经》《十诫》《埃及王子》《耶稣传》《耶稣受难记》《七宗罪》等都是此类宗教题材的影片。

2.佛教中,"卍"是佛和十地菩萨胸部的吉祥象征,是好运和繁荣的代表。深受佛教文化影响的中国、印度、日本、尼泊尔都将"卍"字看作吉祥之物。希腊文化、非洲文化、美洲土著文化、罗马文化、塞尔特文化以及北欧海盗的遗迹里,都有"卍"字的踪迹。

# 第二节　民族礼仪,尊重他人的风俗和习惯

## 情景导入▶▶▶

### 少数民族的礼物,民族团结的象征

中华人民共和国成立后,为了加强同少数民族的联系,中央派访问团到少数民族地区访问。访问团深入全国各民族地区进行访问,所到之处受到热烈的欢迎。少数民族为了表达对党中央和毛主席的深厚感情,都把本民族最珍贵的礼品托访问团带回北京,敬献给党中央。

朝鲜族人民敬献的高足铜盘是能工巧匠们的精心之作。蒙古族敬献的礼品马鞍,具有浓郁的草原气息。世代以游牧为生,居住在大小兴安岭的鄂伦春族的礼品是桦树皮制品。宁夏回族人民敬献的是贺兰石砚"老翁牧羊"。新疆各族人民赠送了小花帽等。这些都体现了鲜明的地方特点和民族特色。西南凉山地区的彝族人民敬献的是漆器。漆器是彝族最具特色的手工生活用品和工艺品,它从产生以来经历了1 700多年的历史,达到了相当高的艺术水平。云南傣族人民的礼品是一套傣文金边贝叶经,这是傣族最高贵的礼物,贝叶经是用贝多罗树叶刻成的佛教经书。佤族的礼品是地方色彩很浓的牛肚被。阿昌族的礼品是传统手工艺品阿昌刀。

中华人民共和国成立初期,各族人民赠送的礼品包含的内容丰富,众多礼品是巨大的精神财富。这些有历史价值的文物,也是民族团结的象征。

## 知识详解

我国是一个统一的多民族国家,共有56个民族,其中汉族人口约占全部人口的92％,其他55个少数民族人口约占8％。我国约1亿少数民族人口分布在西部地区。在

长期的历史发展过程中,我国各民族经历了不同的历程,各少数民族在礼仪、饮食、禁忌等方面形成了不同的风俗习惯和文化特点。

## 一、藏族

藏族是我国主要少数民族之一,人口约 640 万,主要分布在西藏、四川、青海、甘肃、云南等地。"藏"为汉语称谓,藏族人民自称"番"(在藏语中音为"博巴")。居住在西藏阿里地区的人自称为"堆巴",居住在后藏地区的人自称为"藏巴",居住在前藏地区的人自称为"卫巴",居住在西藏东部和四川西部的人自称为"康巴",居住在西藏北部及川西北、甘南、青海的人自称为"安多哇"。"巴""哇"在藏语中意为"人"。

### (一)主要节日

#### 1.藏历新年

藏历新年是藏族人民一年中最大的节日,备受重视。进入藏历 12 月,人们就开始做着过年的一系列准备:在盆中浸泡青稞种子,藏历初一那天把青稞苗供在佛龛上,以求在新的一年里丰收吉祥;用酥油和白面炸"卡赛"等供品;完成针线活,打扫房屋庭院。在老城区和农村,人们还要用石灰、白漆或糌粑粉在墙上画吉祥图案,有的则画蝎子避邪。藏历除夕的晚上,各家各户吃"古突"(面疙瘩)驱鬼。家庭主妇在做"古突"时,要故意包上一些东西,以测试家人在新的一年里的运气。如吃到瓷片说明好吃懒做,吃到辣椒说明嘴如刀子,吃到肉说明敬老爱幼,吃到牛粪表示经常有好运气等。吃到什么,要当场吐出,往往引起哄堂大笑。吃完"古突"后则举行驱鬼仪式。

大年初一的一早,人们在民间说唱老人祝福吉祥的"扎嘎"声中(现在多用录音机播放)迎来藏历新年。这天,各家各户把代表吉祥如意的青稞幼苗、"卡赛"(油炸果)、"隆过"(羊头)、"切玛"(五谷丰收斗)、各种糖果摆于佛龛或藏柜上,全家人换上新衣,坐在崭新的卡垫上,吃用人参果、酥油、糖等做的"吉祥饭"。饭后长辈端来五谷斗,每人依次抓上几粒撒向空中表示祭神,然后拈一点放进嘴里,这时长辈祝福大家,晚辈回贺"祝您身体健康,永远幸福"。这一天各家基本上闭门欢聚,邻里互不走访。初二开始走访亲朋好友,拜年祝贺,持续半个月。

#### 2.沐浴节

沐浴节是藏族人民特有的节日。每年藏历 7 月 6 日至 12 日举行,历时 7 天,又名"沐浴周"。

相传,很早以前青藏高原发生了罕见的瘟疫,人畜大量死亡。著名的医生宇托告诉一位妇女,当天上的星星出现时,就可以到河里洗澡,这样病就能好起来。果然,这个妇女在河里洗澡后,顿时病态全无,容颜照人。从此,每年夏末初秋,当"噶马吉日"(金星)出现的七天里,城市、农村和牧区的男女老少全部出动,纷纷走向江、湖、河、溪畔,搭起帐篷,围上帷幕,铺上卡垫,在水中嬉戏、游泳。妇女也毫无顾忌地在水中沐浴。中午一家人在外野餐,品尝醇厚的青稞酒和喷香的酥油茶。每天日出而出,日落而归,尽情欢度这一年一度的传统节日。

### 3. 萨嘎达瓦节

藏历 4 月 15 日是西藏一个特有的节日——萨嘎达瓦节。萨嘎达瓦是佛教创始人释迦牟尼诞生、成道以及涅槃的日子，因此这个月要举行各种活动加以纪念。久而久之，这些活动就成了规模盛大的转经。所谓转经，就是按一定的线路做环形行走，是进行祈祷的一种形式。

### (二)主要礼仪

#### 1. 见面礼

见面礼主要包括献哈达和鞠躬、磕头。哈达是从藏语音译而来的，是一种礼仪用品。拜佛、祭祀、婚丧、拜年以及对长辈和贵宾表示尊敬等都需要使用哈达。哈达以布、帛或丝绸为料，一般为白色、蔚蓝色和黄色。哈达长度不等，通常在一尺二寸到一尺五寸之间，也有四五尺的，宽度不等，两端有拔丝，约半寸许。哈达多数绣有"云林""八宝"等民间花纹图案。对长辈献哈达时，献者略弯腰向前倾，双手捧过头，将哈达对折起来，折缝向着长者；对平辈，献者将哈达双手平举送给对方；对小辈，献者一般将哈达搭在小辈的脖子上。接受哈达的人通常摆出与献哈达的人一样的姿势，并表示感谢。

藏族人非常讲究礼仪，日常生活中见到长者、平辈都有不同的鞠躬致礼方式。见到长者或尊敬的人，要脱帽，弯腰 45°，帽子拿在手上。见到平辈，头稍稍低下即可，帽子可以拿在胸前，这时的鞠躬只表示一种礼貌。在有些地区，合掌与鞠躬同时并用。合掌要过头，表示尊敬。这种致礼方式多用于见到长者或尊敬的人。

藏族人朝拜佛像和拜见长者都要磕头。磕头分为磕长头和磕短头。磕长头一般是在寺庙里进行。磕头方式是两手合掌高举过头，自头顶、额头、胸部拱揖三次，然后匍匐在地，双手伸直平放，划地为号，如此反复。过去，一些虔诚的佛教徒为了去拉萨朝拜，一路磕长头至拉萨，三步一拜，行程数千里。磕短头也是在寺庙里进行的。磕头方式是两手合掌连拱三次，然后拱腰至佛像脚下，用头轻顶，表示诚心忏悔。有时，拜见长者也行磕短头的礼节。

#### 2. 饮酒礼

藏族的饮酒礼仪非常丰富。每逢酿新酒，必先敬神，然后依循"长幼有序"的古训，首先向家中的长者敬酒，其后其他人才能畅饮。在节日婚庆或众多人聚会场合，一般是先向德高望重的长者敬酒，然后按顺时针方向依次敬酒。敬酒者一般应用双手捧酒杯举过头顶，敬献给受酒者，特别对长者更是如此。而受酒者先双手接过酒杯，然后用左手托住，再用右手的无名指轻轻地蘸上杯中的酒，向空中弹一下，如此反复三次，有的人口中还要轻声念出"扎西德勒平松措……"等吉祥的祝词，然后再饮。弹酒三次是对天、地、神的敬奉和对佛法僧三宝的祈祝。

饮酒时不能一饮而尽，而要遵循"三口一杯"制。在弹酒敬神后，受酒者应先饮一口，敬酒者续满酒杯，受酒者第三次饮一口斟满后将杯中酒一饮而尽。滴酒不剩者，才是最有诚意的。聚会饮酒时酒具是大家共用的，能在一起饮酒者，其关系可视为一家人，亲同手足，因此饮酒时不能分用酒具，否则被视为见外或瞧不起。在过去，屠夫、铁匠、天葬师等所谓从事"下层职业"者一般不与大家共用酒具，他们总是自带碗杯，各自单独饮用。

### 3. 婚礼

藏族男女崇尚自由恋爱缔结婚姻。求爱方式丰富多样,或直言祖露,或含蓄隐晦。有的以歌抒情,有的则抢姑娘的随身之物。得到姑娘应允之后,小伙子方可赴约。频繁的约会使双方感情不断深化,互赠信物后向父母表明心愿。得到父母同意,男方可提亲,送聘礼,商定婚期。有的地方也有私下约定,出走成婚的习俗。

结婚前一天,婚使和媒人携带酒和哈达到新娘家,准备迎娶新娘。新娘需先进行宗教洗礼,梳妆打扮。第二日,新娘拜过父母、家神,骑上马随亲人、媒人一同启程至新郎家。在新郎家门前,新郎家将撒有青稞和羊毛的新白毡铺在新娘马上,为亲人、媒人等献哈达。新娘下马后,用奶汁洗脸以清洁身体,寓意为避邪。新人拜过父母后入洞房,宾客入宴席。最后宾主在歌声中畅饮,结束婚礼。

### 4. 葬礼

藏民有五种方式的葬礼,采用何种方式的葬礼是和藏民地位有密切的关系的。塔葬,是最隆重的丧葬方式,只有圆寂的高僧或活佛才能用塔葬的方式入葬。火葬,也只有喇嘛和领主才能享用。小孩和患一般疾病死亡的成人,采用水葬。一般的农牧民和普通人采用"天葬",又叫"鸟葬"。藏民们普遍认为,"天葬"意味着人死后可以升到天堂。土葬一般是患传染病死亡的人以及杀人犯或强盗死亡采用,藏民认为被埋的人一旦入土,则永无转世的机会。

### (三)主要禁忌

称呼他人,忌直呼其名,要加敬称,以示尊敬和亲切。

到藏民家做客,主人必先敬客人青稞酒,客人应先用无名指蘸酒弹向天空,连续三次,而后轻呷一口,主人会及时添满,喝三次,第四次添满时需喝干一杯。否则主人会不高兴,认为客人不懂礼貌或瞧不起他。

客人进屋坐定,主人必倒酥油茶敬客,客人需待主人双手捧至面前时,才能接过去喝,切不可自行端喝。落座时,要盘腿端坐;接受礼品时,要双手去接;赠送礼品,要躬腰,双手高举过头;敬茶、酒时,要双手奉上,手指不能放进碗口。

吃饭时讲究食不满口,嚼不出声,喝不作响,拣食不越盘。用羊肉待客,以羊脊骨下部带尾巴的一块肉为贵,要敬给最尊敬的客人。

藏族禁食驴肉、马肉和狗肉,有些地方也忌食五爪类和飞禽类肉。出于宗教信仰,一般反对捕杀野生动物。

行路遇到寺院、玛尼堆、佛塔等宗教设施,必须从左往右绕行;不得跨越法器、火盆;经筒、经轮不得逆转。忌讳别人用手触摸头部。

## 二、蒙古族

蒙古族是我国主要少数民族之一,主要居住在内蒙古自治区、东北三省及甘肃、青海、新疆等地,人口约 650 万。

### （一）主要节日

#### 1. 白节

白节是蒙古族一年之中最大的节日,相当于汉族的春节,亦称"白月",传说与奶食的洁白有关,含有祝福吉祥如意的意思,节日的时间和春节大致相符。除夕那天,家家都要吃手把肉,也要包饺子、烙饼,初一的早晨,晚辈要向长辈敬"辞岁酒"。

#### 2. 那达慕大会

那达慕大会每年农历六月初四举行。"那达慕"在蒙语中有娱乐或游戏之意。内容有摔跤、赛马、射箭、舞蹈以及物资交流等。中华人民共和国成立后又增添了不少新内容,如田径比赛、球类比赛、文艺演出、图片展览、放映电影、交流生产经验等,成为蒙古族人民喜爱的盛会。

### （二）主要礼仪

#### 1. 献哈达

哈达是蒙古族日常行礼中不可缺少的物品。献哈达是蒙古族牧民迎送宾客和日常交往中使用的礼节。献哈达时,主人张开双手捧着哈达,吟唱吉祥如意的祝词或赞词,渲染敬重的气氛,同时将哈达的折叠口向着接受哈达的宾客。宾客要站起身面向献哈达者,集中精力听祝词和接受主人的敬酒。接受哈达时,宾客应微向前躬身,献哈达者将哈达挂于宾客颈上。宾客应双手合掌于胸前,向献哈达者表示谢意。

#### 2. 饮茶礼

到牧民家做客或在旅游景点,主人或服务小姐首先会给宾客敬上一碗奶茶。宾客要微欠起身用双手或右手去接,千万不要用左手去接,否则会被认为是不懂礼节。主人或服务小姐斟茶时,宾客若不想喝茶,请用碗边轻轻碰勺或壶嘴,主人便即刻明白宾客的用意。

#### 3. 饮酒礼

斟酒敬客,是蒙古族待客的传统方式。他们认为美酒是食品之精华,五谷之结晶,拿出最珍贵的食品敬献,是表达草原牧人对客人的敬重和爱戴。通常主人将美酒斟在银碗、金杯或牛角杯中,托在长长的哈达之上,唱起动人的蒙古族传统的敬酒歌,宾客若是推让不喝酒,就会被认为是瞧不起主人,不愿以诚相待。宾客应立即接住酒,接酒后用无名指蘸酒向天、地、火炉方向点一下,以示敬奉天、地、火神。不会喝酒也不要勉强,可沾唇示意,表示接受了主人纯洁的情谊。

### （三）主要禁忌

到牧民家做客,要在蒙古包附近勒马慢行,待主人出包迎接,并看住狗后再下马,以免狗扑过来咬伤人。千万不能打狗、骂狗,闯入蒙古包。出入蒙古包时,绝不许踩蹬门槛。

蒙古族忌讳生人用手摸小孩的头部。旧观念认为生人的手不清洁,如果摸孩子的头,会对孩子的健康发育不利。吃肉时须用刀,给人递刀时忌用刀尖冲着接刀者。不能用碗在水缸、锅中取水。碗口不能朝下扣放。不能从衣、帽、碗、桌、粮袋、锅台、磨台、井口、绳上跨过;不能以鞋、袜、裤为枕;忌乱摸、乱动有宗教意义的法器、佛像、佛阁等;敖包上的石头、树枝忌随便拿走。

蒙古族崇拜火、火神和灶神,认为火、火神、灶神是驱妖避邪的圣洁物。所以进入蒙古包后,禁在火炉上烤脚,更不许在火炉旁烤鞋子。不得跨越炉灶,或脚蹬炉灶,不得在炉灶上磕烟袋、摔东西、扔脏物。不能用刀子挑火,或将刀子插入火中,或用刀子从锅中取肉。

蒙古族认为水是纯洁的神灵,视水为生命之源,忌讳在河流中洗手或沐浴,更不许洗女人的脏衣物,或者将不干净的东西投入河中。草原干旱缺水,牧民习惯节约用水,注意保持水的清洁。

### 三、回族

回族是我国主要的少数民族之一。7世纪以来,少数波斯人和阿拉伯人久居中国,在与汉、维吾尔、蒙古等族长期相处的过程中形成了回族。现在,1/3的回族人口在宁夏回族自治区集中居住,其余散居在全国各地,有大分散、小集中的特点。以西北地区及河南、河北、山东、安徽、云南、辽宁、北京等地分布较多。

#### (一)主要节日

#### 1. 开斋节

在回历每年9月,从见新月到下月见新月终的一个月里,凡男子在12岁以上,女子9岁以上,都要把斋。即从日出后到日落前,不得进食,直到回历10月1日开始为开斋,届时要欢庆3天,家家宰牛羊等招待亲友庆贺,并要做油香、馓子等多达二三十种节日食品。

#### 2. 古尔邦节

古尔邦节一般在回历12月10日举行。节日当天不吃早点,到清真寺做过礼拜之后宰牛羊献牲。献牲的牛羊要体态端正、无缺损,宰后的牲畜按传统分成三份,一份施散济贫,一份送亲友,一份留自己食用,但不能出售。

#### 3. 阿述拉节

阿述拉节为西北部回族节日,选用当地的五谷杂粮,掺上牛羊杂碎煮熟食用,节日期间宴请客人必备手抓羊肉,其次是用鸡肉做成的各种菜肴。

#### (二)主要礼仪

#### 1. 待客礼

我国回族人民是非常讲究礼仪的。他们待人诚实憨厚,和蔼可亲。当家里来客人时,总是走出大门外去迎接。如果客人骑自行车,则立即把车子接过来推上;如果客人有行李,则立即把客人的行李接过来提上。客人进屋时,要主动给客人揭开门帘,让客人先进屋。客人入座后,马上沏茶、备饭。一般不跟客人说"你喝茶不?""你吃饭了没有?""给你做饭吧?"等等,以前即使家里比较困难的回族,只要家里来客人,也悄悄出去借面、借鸡蛋,想把客人招待好。回族把饭菜做好端上桌子以后,主人不陪坐、不陪吃,站在旁边,先说一声"请",接着一再谦让、夹菜,照顾客人吃好饭。回族穆斯林认为主人陪坐、陪吃是对客人的不礼貌。

上饭之前,先上盖碗茶,主人当着客人的面把碗盖揭开,在碗里放上冰糖、沱茶、元肉等配料,然后盛水加盖,双手捧递给客人。这样做,一方面表示这碗茶不是别人喝过的剩茶,另一方面表示对客人的尊敬。

回族众人同桌聚餐时,洗手以后,先让年长者入座上席,要等他动筷子以后,其他人再动。吃饭时,不说污言秽语,不嫌食物,不在碗里乱吹乱搅,要小口进食。吃馅饼、馍馍时,不应拿在手里大口大口吃,而要用手掰着吃。放饼时,注意将面子放在上面,不能反放。喝茶时要慢饮,不能大口地吞咽。

回族同客人谈话的时候,不能左顾右盼,不能玩弄自己的胡须与戒指等,不能剔牙齿,不能将手指插入鼻孔中,不可当面吐痰与擤鼻涕,更不能伸懒腰打哈欠。如果非打喷嚏不可,应将双手搭在嘴前,遮住自己的声音和唾沫,欠身越过对方,完了还要向对方略表歉意。谈话中要细听别人的言语,不能要求对方过多地重复,更不能插话表述自己的成绩,不能奴仆般地献媚,也不能可怜地乞求。

送客人的时候,不能沉着脸,要和颜悦色,一直把客人送出大门。到别人家做客和入座时,要礼让,不能从人前过。拜访亲友时,不要冒昧闯入,以免惹人讨厌;未给房主道安,不得进入卧室。回族穆斯林在亲戚朋友患病时,都会带上礼品去看望、安慰;遇到人们过"乜贴"(举行纪念亡人,尤其是公认的一些老人家、教主、传教人等的活动),要除散乜贴(钱),表示自己对亡人的悼念。

### 2.其他礼节

出远门旅行时,要向父母讨"口换"(同意),征得父母允许,不能冒失地离开。旅行回来时,要向父母叙述沿途见闻、办事情况。这样做,一则请安,二则汇报。

回族还非常注意并尊重他人的自尊感,顾全别人的面子,不喊别人的外号。回族人一般都有汉名和经名,同族人或亲属间很少称汉名和官名,常叫经名。尤其是长辈招呼晚辈,几乎全叫经名,这样显得更亲昵。

回族多与汉族和其他兄弟民族杂居,回族同别的民族群众相处得十分友好,在开斋节、古尔邦节时,回族群众也给汉族邻居敬油香、馓子,在端午节、中秋节时,汉族邻居也给回族人送清真的粽子、月饼,回汉之间洋溢着民族团结的欢乐之情。

### (三)主要禁忌

回族最大的禁忌,莫过于对猪的忌讳。不但绝对不食用,甚至连言谈中也不愿直称"猪"字,而称"咳俩目"(阿语,意为"禁止的")或"狠忌子""黑毛子"等。回族禁食猪肉,也不吃骡、马、驴等大牲畜和一切凶猛禽兽的肉。忌吃一切动物的血和自死之物,以及其脑、胰子等,在食用可吃的动物和家禽时,都请阿訇或可信的本族人去宰。对海产品的食用却不用自宰,但凶狠之海物或"是鱼不像鱼""像鱼不是鱼"等,也列为回族忌食之物。回族宰食之物忌称"杀"而称"宰",如"宰牛""宰羊""宰鸡"等。买肉时忌称"砍""割",而称"切",忌用绳扎,要用纸托着。对肉的部位称呼也要与猪肉称呼严格区分,如忌称"后丘""排骨"等,而称"子盖""肋扇"等。回族家庭一般备有专为外族客人用的茶具,客人用过走后刷洗。回族人忌讳外族人动用其自用的茶具、食具;忌讳外族人用其水舀舀水或就着水桶、水缸喝水。回族家庭的脸盆、脚盆、面盆是严格分开的,不能混用。忌吸烟、饮酒,至于吸鸦片烟者更为回族所憎。

回族忌讳别人称其为"回子",称汉族为"大教人"或"汉人"。

## 四、维吾尔族

"维吾尔"是民族自称,意为"团结""联合"。不同时期对它的称谓不同,北魏时称"袁纥""乌护",隋朝时称"韦纥",唐时称"回纥",元明时称"畏兀儿"。主要聚集在新疆维吾尔自治区,大部分聚居在天山以南。

### (一)主要节日

#### 1.肉孜节

维吾尔族信仰伊斯兰教,所以传统节日都是伊斯兰教的宗教节日。肉孜节,也叫开斋节,伊斯兰教教历每年9月为斋戒月,在封斋1个月后开斋的那天举行,因此而得名。伊斯兰教规定成年的穆斯林每年都要封斋1个月,在封斋期间每日两餐,在日出前和日落后进餐,白天绝对禁止吃喝。斋月的开始和结束均以见月为准。封斋的天数为29天或30天。节日的凌晨,人们聚集在礼拜寺作盛大的礼拜,然后开始热闹的节日活动。家家户户都备有丰盛的节日食品,如馓子、糖果、点心等,人们身着民族服装,熙熙攘攘,走亲访友,路途相逢要互相拜年祝贺,男女老少成群结队出来游玩,各种娱乐场所同时开放。

#### 2.古尔邦节

伊斯兰教教历(回历)的12月10日定为古尔邦节。节日期间,家境稍好一点的家庭都要宰一只羊,有的还宰牛、骆驼,因此也叫宰牲节。宰的牲畜肉不能出卖,除将规定的部分送交清真寺和宗教职业者外,剩余的用来招待客人和赠送亲友。节日第一天早晨,人们到清真寺去做聚礼。节日礼拜结束后,人们去墓地为亡故的先人祈祷。过去按传统,在古尔邦节里把作为血祭的牲畜宰好后,将其肉分成三份:一份作为"施舍"分给孤寡老残和穷苦人,一份用来招待客人,一份留作自己享用。如今随着社会的发展,"施舍"的旧俗已趋于淡化了。

### (二)主要礼仪

维吾尔族的见面礼包括拥抱礼、抚胸礼、贴面礼、吻礼等,这些身体直接接触的见面礼在现在的礼俗里面很难见到了。同辈的亲人、好友之间见面行拥抱礼,此俗不分民族,如果交情够深,不同民族的好朋友见面,情不自禁地就相拥为礼了。但异性之间没有此礼。儿童见长辈,相互拥抱,儿童吻长辈面颊,长辈吻儿童的额头。年轻人见长辈,相互拥抱并行贴面礼。最保险、最适用的是使用穆斯林式的抚胸礼,右手置于左胸(左撇子也行如此),最好同时俯身鞠躬。如果对方是穆斯林,在行抚胸礼的同时说一声"萨玛里空"(穆斯林的问候语),对方会更加高兴。行此礼时不忌辈分、不忌性别、不忌身份地位,新疆的大部分民族通用,甚至在新疆生活时间长了的汉族也使用此礼。维吾尔族中还有一种双手置于腹部同时鞠躬的礼节,一般用在更加郑重的场合。行了抚胸礼再行握手礼,这是新疆穆斯林通用的礼节。典型的穆斯林式握手礼是双方右手前掌相抚,同时左手轻抚对方手背,看似四手相握,但不可握得太紧、太用力。

### (三)主要禁忌

到维吾尔族家庭做客,洗手时不可将沾污水的手乱甩。要待长者坐好方可就座,屋内就座时应跪坐,忌双腿直伸、脚朝人。做客时不能当着别人的面吐痰。

禁食猪、狗、骡肉,自死的牲畜肉一律不吃。吃抓饭时不要满盘子乱抓或者将抓过的肉食再放入盘内;吃剩的残骨不要乱扔,应放在自己面前的餐布上;用餐时外出不可从餐布上跨过或者从客人面前走。

### 五、壮族

壮族是中国少数民族人口最多的民族,主要聚居在广西壮族自治区、云南省文山壮族苗族自治州,少数分布在广东、湖南、贵州、四川等省。壮族族称来源于部分壮族的自称"布壮"。此外,还有自称布侬、布土、布样、布斑、布越、布那、侬安、布偏、土佬、高栏、布曼、布岱、布敏、布陇、布东等 20 多种。中华人民共和国成立后,统称为僮族。1965 年根据周恩来的提议,经国务院批准,将"僮"改为"壮"。

**(一)主要节日**

壮族人几乎每个月都要过节,著名节日有一年一度的"三月三"歌节等。壮族最隆重的节日莫过于春节,其次是七月十五中元鬼节、清明节、中秋节,还有端午、重阳、尝新、冬至、牛魂、送灶等节目。

**1.春节**

一般在腊月二十三过送灶节后便开始着手准备,腊月二十七宰年猪、二十八包粽子、二十九做糍粑。除夕这天,全家欢聚一起,煮出初一全天吃的米饭,叫"压年饭",这是预祝来年五谷丰登的意思。除夕晚上,在丰盛的菜肴中最富特色的是整煮的大公鸡,家家必有。大年初一,天还没亮,人们就起床梳洗打扮,迎接新春的开始。

**2.三月三**

三月三按过去的习俗为上坟扫墓的日子,届时家家户户都要派人携带五色糯米饭、彩蛋等到先祖坟上去祭祀、清扫墓地,并由长者宣讲祖传家史、族规,共进野餐。大家对唱山歌,热闹非凡。1940 年以后,这一传统已逐步发展到有组织的赛歌会,气氛更加隆重、热烈。

**(二)主要禁忌**

到壮族家庭做客,要注意礼节。登上壮族家庭的竹楼,一般都要脱鞋。壮族忌讳戴着斗笠和扛着锄头或其他农具的人进入自己家中,所以到了壮家门外要放下农具,脱掉斗笠、帽子。火塘、灶塘是壮族家庭最神圣的地方,禁止用脚踩踏火塘上的三脚架以及灶台。壮族青年结婚,忌讳怀孕妇女参加,怀孕妇女尤其不能看新娘,特别是怀孕妇女不能进入产妇家。

壮族是稻作民族,十分爱护青蛙,有些地方的壮族有专门的"敬蛙仪",所以到壮族地区,严禁捕杀青蛙,也不要吃蛙肉。每逢水灾或其他重大灾害时,壮族都要举行安龙祭祖活动,乞求神龙赈灾。仪式结束后,于寨口立碑,谢绝外人进寨。

### 案例分析

#### 中国少数民族婚恋礼俗成为保护对象

当生活在现代都市里的青年男女热衷穿婚纱、进教堂的西式婚礼时,中国西南许多少数民族青年则回归独具特色的古老婚俗,比如新郎骑着高头大马、胸佩红花迎娶花轿中的新娘。

在少数民族聚居的广西、云南等地立法机关,通过了保护非物质文化的法律、法规,婚恋习俗成为其中的一项内容。

"不仅仅是政府采取了保护行动,少数民族群众对自己文化特性的保护意识也越来越强。"贵州民族学院影视人类学研究所高所长说,"沿用具有民族特色的婚恋习俗,能够使青年人终生记忆。摈弃了具有迷信和封建色彩的部分后,少数民族的婚恋习俗仍然具有流行的土壤和生命力。"

坐落在黔西南布依族苗族自治州首府兴义的贵州民族婚俗博物馆,集中展示了中国西南地区苗、侗、瑶、水、仡佬和布依等少数民族五彩缤纷的婚恋习俗。比如瑶族姑娘有求婚意愿时,便会在闺房的墙壁上凿一个小洞,喜欢她的小伙在夜深人静时来到洞外,隔洞向姑娘谈情求婚,这种恋爱方式被称为"凿壁谈婚"。

这家博物馆的陈馆长说:"有些未婚男女已打算举行西式婚礼,参观婚俗博物馆后,自愿改用本民族的习俗举办婚礼。"

贵州省贞丰县纳孔村是一个布依族聚居的村寨,自20世纪90年代开始村民纷纷到沿海地区打工后,年轻人逐渐采用了西式婚礼。近年来,骑马、坐轿和穿民族服饰结婚的年轻人却多了起来,摄影师们也争相把镜头对准他们。今年6月结婚的杨明说:"既然别人都对我们的结婚礼仪感兴趣,我们自己为什么要扔掉它?"

云南民族博物馆馆长说:"政府和文化的主人都意识到婚恋习俗是民族文化遗产不可缺少的一部分,并且采取了保护行动,这不仅能够维持文化的多样性,而且有助于提高民族的自尊心和自信心。"

【评析】

少数民族的婚俗是少数民族礼仪非常重要的一部分,保护少数民族的婚俗,也是保护少数民族礼仪文化。少数民族的礼仪文化是非物质文化遗产,也是人类文化多样性的体现。

知识链接

1.《穆斯林的葬礼》是著名的宗教长篇小说。作者霍达以回民的视角,宏观地回顾了中国穆斯林漫长而艰难的足迹,揭示了他们在华夏文化与穆斯林文化的撞击和融合中独特的心理结构以及在政治、宗教氛围中对人生真谛的困惑和追求。该部作品获得茅盾文学奖。

2.新疆师范大学教授舍敦扎布经过研究提出:"哈达"来源于蒙古族表示敬意时用的白布条或丝巾。据舍敦扎布介绍,哈达确实是元朝国师八思巴从蒙古地区带到藏区的。到了16世纪,随着黄教(藏传佛教)在蒙古地区的广泛传播和渗透,已带有几分宗教色彩的哈达重又回到蒙古地区,与蒙古地区原有的哈达融为一体,成为现在的内容更加丰富的哈达,成为蒙古族和藏族表示最高礼节的一种民俗用品。

## 【技能训练】

### 一、单项选择题

1.下列关于基督教的节日说法正确的是( )

A.圣诞节是为了庆祝耶稣诞生,在每年的 3 月 22 日至 4 月 25 日之间

B.复活节是为了纪念耶稣复活的节日

C.复活节前一个星期五是圣灵降临节

D.11 月第一个星期四是感恩节

2.下列关于道教礼仪说法正确的是( )

A.道士不论在与同道还是外客的接触中,都习惯于双方擎拳胸前,以拱手作揖为礼

B.老君诞辰是纪念道教所信奉玉皇大帝的诞生日

C.可以询问道教徒的年龄

D.道教徒可以饮酒食肉

3.下面佛教礼仪说法不正确的是( )

A.非佛教徒对僧尼或者居士行礼,可以主动与僧尼握手

B.不能随便询问僧尼尊姓大名

C.腊八日,煮腊八粥以供众是为了纪念释迦牟尼佛的诞生

D.不可以随便进入僧人寮房(宿舍)

4.以下对于藏族礼仪说法不正确的是( )

A.对长辈献哈达时,献者略弯腰向前倾,双手捧过头,哈达对折起来,折缝向着长者

B.在藏族有些地区,合掌与鞠躬同时并用

C.接受哈达的人鞠躬并表示感谢

D.拜见长者一般也行磕短头的礼节

5.下面关于回族的禁忌说法不正确的是( )

A.回族禁食猪肉,也不吃骡、马、驴等大牲畜和一切凶猛禽兽的肉

B.回族忌讳外族人动用其自用的茶具、食具

C.回族忌讳别人称其为"回子"

D.回族多饮酒

### 二、多项选择题

1.世界三大宗教是( )

A.佛教　　　　　　B.基督教　　　　　　C.伊斯兰教　　　　　　D.道教

2.佛教的禁忌包括( )

A.佛教徒不吃荤食和腥食

B.佛教徒不饮酒

C.非佛教徒进入寺庙衣履要整洁,不能着背心、打赤膊、穿拖鞋

D.严禁将一切荤腥制品带入寺院

3.基督教的禁忌包括( )

A.崇拜偶像　　　B.奸淫　　　　　　C.吃带血的食物　　　D.以上都不对

4.藏族的见面礼包括（　　）

A.献哈达　　　　　B.鞠躬　　　　　　C.磕头　　　　　　　D.握手

5.哪些民族行献哈达的礼节（　　）

A.汉族　　　　　　B.苗族　　　　　　C.藏族　　　　　　　D.蒙古族

### 三、判断题

1.不出家而遵守一定戒律的佛教信徒称"居士"。

2.基督教允许偶像崇拜。

3.出家的男道士一般应尊称为"道长"，女道士一般应尊称为"道姑"。

4.道教的见面礼是握手礼。

5.我国少数民族人口最多的是藏族。

### 四、案例分析题

1.某饭店中餐厅，饭店总经理宴请西藏一位高僧。中午11点，一群人簇拥着西藏高僧步入厅堂，两名服务员上前迎接，引领客人入席，并麻利地做好了餐前服务工作。菜是预订好的，按照程序依次上菜，一切服务在紧张有序地进行。

食之过半，宾客要求上主食，三鲜水饺很快端上了桌面。在大家的建议下，高僧用筷子夹起一个水饺放入口中品尝，很快就吐了出来，面色仍旧温和地问："这是什么馅的？"服务员马上意识到问题的严重性，心里想坏了，事先忘了确认是否是素食，三鲜水饺虽是清真，但仍有虾仁等原料，高僧是不能食用的。于是忙向高僧道歉："实在对不起，这是我们工作的失误，马上给您换一盘素食水饺。"

服务员马上通知厨房上一盘素食的三鲜水饺。由于是VIP（重要客人），部门经理也赶来道歉。高僧说："没关系，不知者不为怪。"这次失误虽然很严重，由于高僧的宽容大度，最终得以顺利解决，但留给服务员的是一个深刻的教训。

2.20世纪80年代，中国女排三连冠。一家对外的画报用女排姑娘的照片作封面，照片上的女排姑娘们都穿着运动短裤。阿拉伯文版也用了，结果有些阿拉伯国家不许进口。为什么阿拉伯国家不许进口？

### 五、思考题

1.世界三大宗教的主要禁忌是什么？

2.藏族的见面礼包括哪些方面？

# 第九章

## 涉外礼仪

### 学习导引

随着我国加入世贸组织、和国外企业交流的日益增多以及国力的逐步提升,越来越多的中国人走出国门,开始在外国扎根生存。了解一定的涉外礼仪知识,能更好地帮助中国人融入当地社会,也能更好地帮助他们进行跨文化交际。

## 第一节　入国问禁,涉外交往的原则和禁忌

### 情景导入 ▶▶▶

#### 失礼的出国访问团

著名作家张洁在她的长篇小说《只有一个太阳》中,描写了一个代表团在出国访问时的种种让人哭笑不得的言行举止。其中一段写邀请国的一个科学院院长在他祖传的古堡里请客,不学无术的代表团团长、副团长以及秘书因为没有文化修养,丢尽了国格、人格而不自知。仅摘录两段如下:

"偏偏这时团长对着成行的酒杯、饮料杯、亮得让人发冷的银质餐具,傲岸的印有古老家徽的菜单,挺括得拒人千里的台布、餐具,打了一个声震寰宇的喷嚏。谁能控制打喷嚏、打嗝、放屁这样的事呢? ……喷嚏在大而无当、石壁累累的餐室里引起了巨大的回响。由于来得突然,依林院长的手不禁一抖,酒从他的杯子里溅了出来。"

"副团长打了一个满意的、差不多像团长的喷嚏那样声惊四座的饱嗝。嗝中复合着鲜鱼、烤鹅、奶油、洋葱、美酒等味道。他伸出右手,从脖子开始,顺着食道的走向捋了捋食气,然后双手从身体两侧斜伸上去,扭动了几下腰肢,觉得除腹以外,各处经络都有通畅之感。便开始用小拇指的指甲挖耳屎、挖鼻孔、剔牙缝……总之,从脸上所有的窟窿里向外掏东西,并且把这些东西弹到地毯上去。"

**知识详解**

## 一、涉外礼仪基本原则

### (一)维护形象

维护形象是指在涉外交往中,要注意维护个人形象和维护国家形象。

**1. 维护个人形象**

个人形象是所在单位甚至是所在国家整体形象的化身,所以做好个人形象工作非常重要。

(1)美化修饰仪容

通常要求男子不蓄须(艺术工作者除外),鼻毛、耳毛不外露,不留长发;女子不剃光头,不剃眉毛,不暴露腋毛,不化浓妆,不刺字,不文身。

(2)慎重选择服饰

涉外人员的服饰应该是"四应":应时、应景、应事、应己。应时的含义是不要赶时髦,而是要与时间相吻合,不分四季、不分早晚地乱穿衣是不得体的。应景的含义是穿着要考虑场合,使自己的着装和场合和谐一致。应事的含义是指着装要因自己办理的公事不同而有所变化。应己指的是在涉外工作中选择服装要适合自身的条件,要符合自身的性别、年龄、肤色、形体的要求。

(3)得体的表情举止

适当的表情应当是亲切、热情、友好、自然。表情过度夸张、过于沉重,或者面无表情,都是不应该的。要坚决改正当众擤鼻涕、剔牙齿、抠脚丫等不文明的举止动作,要认真纠正诸如对人指指点点、大声交谈、就座后高跷二郎腿并且脚尖或鞋底直对着别人抖动等一些失敬于人的举止。

(4)礼貌周到的谈吐

要使用规范的尊称、谦辞、敬语和礼貌语。重视待人接物是维护个人形象的重要方法,不仅要善于运用常规的技巧,最重要的是要善于理解人、体谅人、关心人、尊重人。

**2. 维护国家形象**

近年来,随着中国国力的提升,其在国际社会的影响力也不断上升,塑造中国的国家形象越来越重要。中国一直致力于在世界上塑造负责任的大国形象。国家形象需要我们加倍珍惜,不能因为个人的疏忽伤害到国家形象。

在涉外交往中,还要维护国家的政策。交往对象由于国情的不同,会对我国的一些政策产生怀疑。在这种情况下,应耐心解释,并强调这是由我国的国情决定的政策,应尊重对方的国策,互不干涉与非议。

### (二)不卑不亢

不卑不亢是涉外礼仪的一项基本原则。必须意识到,自己代表着单位、民族、国家。所以,个人言行必须从容得体、堂堂正正。在外宾面前,既不应该表现得低三下四、自卑自贱,也不应该表现得放肆嚣张、孤芳自赏。在涉外交往中坚持不卑不亢原则,是每一名涉外人员都必须给予高度重视的问题,具体表现为:无论交往对象的国家大小、强弱,都要给予平等的尊重、礼遇。

### (三)热情适度

热情适度是涉外礼仪的基本原则之一。这项原则要求人们在参与涉外交往,直接和外国人打交道时,不仅待人要热情友好,更重要的是要把握好待人热情友好的具体分寸,否则就会事与愿违。

在涉外交往中要遵守热情适度这一基本原则,不要对外国友人表现得过于关心,让对方难以适从。对待外国友人的所作所为,只要对方不触犯我国法律、不违背伦理道德,没有污辱我们的国格、人格,就没有必要去评判是非对错。特别是不要当面对对方进行批评指正,或是进行干预。

和外国人进行交往应酬时,要根据双方关系的不同,和对方保持着适度的空间距离。人和人的距离小于 0.5 米,仅适用于家人、恋人和至交;距离大于 0.5 米、小于 1.5 米,适用于一般性的交际应酬,所以也称为"常规距离";距离大于 1.5 米、小于 3 米,适用于会议、演讲、庆典、仪式以及接见,意在向交往对象表示敬意,所以又称"敬人距离";距离在 3 米以外,适用于在公共场所或与陌生人相处。

和外宾相处,务必要对自己的举止动作多加注意。要在国际交往中真正做到举止有度,就要注意不随便采用某些意在显示热情的动作。在国内,朋友相见彼此拍拍肩膀,长辈遇见孩子抚摸一下对方的头顶或脸蛋,两名同性在街上携手而行等都是很平常的。但是,外国人尤其是不同宗教信仰的人却绝对接受不了这些行为。

### (四)求同存异

世界各国的礼仪和习俗存在着一定差异。对于礼仪的差异性,重要的是要了解,而不是要评判是非、鉴定优劣。

求同,就是要遵守有关礼仪的国际惯例,要重视礼仪的共性。存异,就是要求对其他国家的礼俗不能一概否定,不要忽略礼仪的"个性"。在必要的时候,要对交往对象所在国的礼仪与习俗有所了解,并表示尊重。

### (五)入乡随俗

涉外交往中,要真正做到尊重交往对象,首先必须尊重对方所独有的风俗习惯。去其他国家或地区进行工作、学习、参观、访问、旅游的时候,更要对当地所特有的风俗习惯,有一定的了解和尊重。

要做到入乡随俗,就要注意对外国友人所特有的习俗既要了解,更要尊重。没有了解,就无所谓尊重;了解的目的,是更好的尊重。尊重是建立于了解基础之上的。

在国际交往中,当自己身为东道主时,通常讲究"主随客便";当自己充当客人时,要讲究"客随主便"。这两种做法都是对"入乡随俗"原则的具体贯彻与落实。

### (六)模仿

在国际交往中,面对自己一时难以应付、举棋不定,或者不知道到底怎样做才好的情况时,最明智的做法是尽量不要急于采取行动,尤其是不要急于抢先。不妨静观一下周围人的所作所为,并采取一致的行动。这么做的话,就不至于弄巧成拙。

模仿原则,一方面要求在难以确定如何行动时,尽可能地避免采取任何行动,免得出丑或露怯;另一方面要求在不知道到底怎么做才好,而又必须采取行动时,最好先看看其他人的正确做法,然后加以模仿,或是和当时的绝大多数在场者在行动上保持一致。

### (七)尊重隐私

个人隐私,就是不愿意公开、不希望外人了解或是打听的个人秘密、私人事情。在涉外交往中,人们普遍讲究尊重个人隐私,并且把是否尊重个人隐私看成一个人在待人接物方面有没有教养、能不能尊重和体谅交往对象的重要标志。

在涉外交际中,首先要避免与对方交谈时涉及个人隐私,要做到"八不问":

#### 1. 不问年龄

在国外,人们普遍将自己的实际年龄当作"核心机密",不会轻易告之别人。这主要是因为外国人,尤其是英美人对年龄都十分敏感,希望自己永远年轻,对"老"字讳莫如深,对年龄守口如瓶。因而与外国人交往时,打听对方的年龄,或说对方老,都属于不礼貌的行为。中国人在社会交往中习惯于拔高对方的辈分,以示尊重。比如,年轻男子相聚,彼此之间总喜欢以"老李""老张""老赵"相称,以示对对方的尊敬。有时会使用"老人家""老先生""老夫人"等一类尊称,实际上,这一类尊称在外国人听起来却似诅咒谩骂一般。在交往中,照套我国的传统,会使对方十分难堪。

在外国,人们最不希望他人了解自己的年龄,所以有这样一种说法:一位真正的绅士,应当永远"记住女士的生日,忘却女士的年龄"。

#### 2. 不问收入

在国际社会里,人们普遍认为任何一个人的实际收入,均与其个人能力和实际地位有直接的因果关系。所以,个人收入的多寡一向被外国人看作自己的脸面,十分忌讳他人进行直接、间接地打听。如果一位中国人问一位外国人:"您一个月挣多少钱?"那位外国人会觉得:这个中国人真没有教养,怎么能问我的工资呀!

除去工资收入以外,那些可以反映个人经济状况的问题,例如纳税数额、银行存款、股票收益、私宅面积、汽车型号、服饰品牌、娱乐方式、度假地点等,因与个人收入相关,所以在与外国人交谈时也不宜提及。

#### 3. 不问婚姻

中国人习惯对亲友、晚辈的恋爱、婚姻、家庭生活时时牵挂在心,但是绝大多数外国人却对此不以为然。西方人将此视为纯粹的个人隐私,随便向他人询问是不礼貌的。

在一些国家,跟异性谈论此类问题,会被对方视为无聊之举,甚至还会因此被对方控告为"性骚扰",从而吃官司。

#### 4. 不问工作

在我国,人们相见时会询问对方"您正在忙些什么""上哪里去""怎么好久不见你了"等问题,其实这只是见面寒暄的问题,回答不回答并不重要。但你若问外国人这些问题,他们会觉得你不懂得尊重别人,因为这些问题在外国人看来都属于个人隐私。

#### 5. 不问住址

对于家庭住址、私宅电话,中国人在人际交往中,都是愿意告之别人的,是不保密的。

但在外国,却恰恰相反,外国人大都视自己的私人居所为私生活领地,非常忌讳别人无端干扰其宁静。西方人认为,告诉他人自己的住址,就该邀请其上门做客,在一般情况下,他们一般不大可能邀请外人前往其居所做客。为此他们都不喜欢轻易地将家庭住址、私宅电话等纯私人信息"泄密"。在他们常用的名片上,也没有此项内容。

### 6. 不问经历

初次见面,中国人之间往往喜欢打听一下交往对象"是哪里人""哪一所学校毕业的""以前做过什么"。总之是想了解一下对方的出处,打探一下对方的背景,然而外国人大都将此项内容视为自己的"底牌",不愿意轻易让人知道。外国人甚至认为一个人动辄对初次交往的对象"忆往昔峥嵘岁月稠",并不见得是坦诚相见,相反却大有可能是别有用心。

### 7. 不问信仰

在国际交往中,由于人们所处的社会制度、政治体系和意识形态多有不同,所以要真正实现交往的顺利、合作的成功,就必须不以社会制度为限。不要动辄对交往对象的宗教信仰、政治见解评头论足,更不要将自己的政治观点、见解强加于人,这样做对交往对象来说,都是不友好、不礼貌、不尊重的表现。所以对宗教信仰、政治见解,这些在外国人看来非常严肃的话题,还是避而不谈为好。

### 8. 不问健康

中国人彼此相见,人们会问候"身体好吗";如果已知对方曾经一度身体欠安,还问"病好了没有";如果彼此双方关系密切的话,会询问"吃了些什么药""怎么治疗的",甚至会向对方推荐名医或偏方。

可是在外国,人们在闲聊时一般都"讳疾忌医",非常反感其他人对自己的健康状况关注过多,对他人的这种过分关心,外国人会觉得不自在。

### (八)女士优先

女士优先是国际社会公认的一条重要的礼仪原则。在西方社交场合,是否遵循女士优先是一条成规,是评价男士是否有男子汉气概和绅士风度的首要标准。在一切社交场合,每一名成年男士都有义务主动自觉地尊重、照顾、体谅、关心、保护女性,并且还要想方设法、尽心竭力地为她们排忧解难。

在国外,女士优先是社交礼仪的基本原则,已经逐渐演化为一系列具体的、可操作的做法,每一名成年男士都要认真对待。

走路的时候,同行男士应走靠外一侧,女士则走贴近建筑物的一侧;如果两女一男同行,应让年长的或较弱小的一位女士走在中间;如果两男一女同行,让女士走在中间。

上楼梯时,女士走在前面,男士走在后面,下楼梯时则相反。因为上楼时万一发生意外,男士可设法保护走在前面的女士,下楼时万一自己滑倒,也不会倒在走在后面的女士身上。

看影剧时,同行男士应坐在最靠近走道的座位上,影剧结束时,男士应站在走道边等女士出来后,再一起走出影剧院;如果影剧结束时,因走道拥挤而不能并行,男士应走在女士的前面。

出席晚会或宴会时，同行男士应先给女士找好座位，并等女士坐下后再坐下。如果没有专人服务，男士应该为女士拉出椅子，等她站在椅子前的时候再把椅子稍稍往前移，直至女士就座。

男士和女士一同上车时，男士应上前几步，为女士打开车门；下车时，男士应先下来，为女士拉开车门。

### (九)以右为尊

在各种类型的国际交往中，大到政治磋商、商务往来、文化交流，小到私人接触、社交应酬，但凡有必要确定并排列具体位置的主次尊卑，以右为尊都是普遍适用的。在并排站立、行走或者就座的时候，为了表示礼貌，主人要主动居左，请客人居右；男士应当主动居左，请女士居右；晚辈应当主动居左，请长辈居右；职位、身份低者应当主动居左，请职位、身份高者居右。

要说明的是，按照国际惯例，在接待外宾时，当主人去外宾下榻的地方进行拜会或送行，主人的身份应当是"客人"，这时外宾就"反客为主"了。在有必要进行并排排列时，主人要居右，外宾居左。

有时候，进行国际交往的宾主双方往往都不止一个人，当有必要进行并排排列，比如需要会见、合影时，仍然要遵守以右为尊。

## 二、涉外交往禁忌

在世界经济一体化越来越发展的今天，涉外活动已经是经常而平常的事。在涉外活动中，不仅应做到尊重国际公众、礼貌待人，也应了解国外人们的种种忌讳，避免不礼貌情况的发生，这也是十分重要的礼仪内容。

### (一)数字

西方人认为13是不吉利的，应当尽量避开，甚至每个月的13日，有些人也会感到忐忑不安，并且人们还认为星期五也是不吉利的，尤其是逢到13日又是星期五时，最好不举办任何活动。在日常生活中的编号，如门牌号、旅馆房号、楼层号、宴会桌等编号也尽量避开13这个数字。

除此之外，666也是西方基督教国家的禁忌。一个中国人和美国客户的贸易过程中就有这样一件趣事。中方将货物运费和价格核算后，金额是666美元，而美国客户坚持多付1美元，即给667美元，中方莫名其妙，美国客户解释说，666是魔鬼的数字，因为新世纪的第6年6月6日是魔鬼降临的日子。据说在2006年6月6日这一天，美国医院新生儿出生率特别低，很多母亲为了避开这个日子而选择了剖宫产，因为他们害怕自己刚出生的孩子是恶魔。所以，圣经中666是可怕邪恶的代表。

4在中文和日文中的发音与"死"相近，所以在日本与朝鲜等东方国家将它视为不吉利的数字，因此这些国家的医院里没有4号病房和病床。在我国也是如此，如遇到4，且非说不可时,忌讳的人往往说"两双"或"两个二"来代替;另外,在日语中9发音与"苦"相似,因而也属忌讳之列。

### (二)食物

伊斯兰国家和地区的居民不吃猪肉和无鳞鱼;东欧一些国家的人不爱吃海味,忌吃各种动物的内脏;叙利亚、埃及、伊拉克、黎巴嫩、约旦、也门、苏丹等国的人,除忌食猪肉外,还不吃海味及各种动物内脏(肝脏除外)。

### (三)颜色

日本人认为绿色是不吉利的象征,所以忌用绿色;巴西人以棕黄色为凶丧之色;欧美许多国家以黑色为丧礼的颜色,表示对死者的悼念和尊敬;埃塞俄比亚人则以穿淡黄色的服装表示对死者的深切哀悼;叙利亚人也将黄色视为死亡之色;巴基斯坦人忌黄色是因为那是僧侣的专用服色;而委内瑞拉人却用黄色做医务标志;蓝色在埃及人眼里是恶魔的象征;比利时人也最忌讳蓝色,如遇有不吉利的事,都穿蓝色衣服;土耳其人则认为花色是凶兆,因此在布置房间、客厅时绝对禁用花色,好用素色。

### (四)花卉

德国人认为郁金香是没有感情的花;日本人认为荷花是不吉祥之物,意味着祭奠;菊花在意大利和南美洲各国被认为是"妖",只能用于墓地与灵前;在法国,黄色的花被认为是不忠诚的象征;绛紫色的花在巴西一般用于葬礼;在国际交际场合,忌用菊花、杜鹃花、石竹花、黄色的花献给客人,这已成为惯例;在欧美,被邀请到朋友家去做客,献花给夫人是件愉快的事,但在阿拉伯国家,此行为则被视为违反了礼仪。

### (五)其他

在使用筷子进食的国家里,不可用筷子垂直插在米饭中;在日本不能穿白色鞋子进房间,这些均被认为是不吉利之举;欧洲国家,新娘在婚礼前是不试穿结婚用的礼服的,因为害怕幸福婚姻破裂;还有些西方人将打破镜子视作运气变坏的预兆;另外西方人不会随便用手折断柳枝,他们认为这是要承受失恋的痛苦的。在匈牙利,打破玻璃器皿,会被认为是厄运的预兆。中东人不用左手递东西给别人,他们认为这是不礼貌的。英美两国人认为在大庭广众下节哀是知礼,而印度人则相反,丧礼中如不大哭,就是有悖礼仪。

## 案例分析

### 北京奥运志愿者日记:做维护国家形象的有心人

2008年的奥运会是运动员的盛会,也是志愿者的盛会。志愿者是现代奥林匹克运动的基石,是奥运会真正的形象大使。北京奥运会、残奥会共招募约10万赛会志愿者、40万城市志愿者,还有100万以上的社会志愿者、20万啦啦队志愿者。这些志愿者在不同岗位为来自世界各地的人们服务。

谭日旭,来自中国传媒大学,他的工作是负责成绩公报发送,以下是他的志愿者日记中的一篇:

奥运会主新闻中心既是处理奥运信息的枢纽,也是北京奥运会面向世界各国媒体的窗口,这里的志愿者每时每刻都会遇到国外媒体记者。所以,对于一个主新闻中心的奥运志愿者来说,应该时刻将国家的形象和荣誉放在心里,处处注意自己的一言一行,不做有损国家的事情。

奥运志愿者是主新闻中心"最底层"的人员,工作不是很繁重,也不负责关键的环节,很多时候做的是细微琐碎的事情。但是,做好这些小事,其他工作才能顺利进行下去。因此,我们要认真对待每个细节,不能掉以轻心。否则,将对奥运新闻中心运行产生不可估量的影响。

例如,我负责的岗位是成绩公报发送,负责将成绩单及时送到各国媒体的报箱。看似没有什么技术含量,其实要非常用心才能做好。因为主新闻中心有三层办公区,面积很大,结构复杂,送成绩单的路线很多,如果不熟悉路线,对每个媒体的位置不了然于心,那么就有可能找不到准确的位置,甚至遗漏某些位置偏僻的媒体。为此,上岗4天以来,我们每天都要抽出时间去跑线路,楼上楼下走好几趟,一边走一边记忆。

细节还体现在制作运动项目标识上。这个工作需要用裁纸刀将大张的项目纸裁成很小的项目标识。许多同学以前没有用过裁纸刀,所以裁出来的标识边沿不整齐。为了达到要求,我们不得不静下心来,小心地修剪,直至这些标识的边沿整齐。

在日常的生活中,我们也要随时注意自己的言行。例如,在主新闻中心的任何区域都不能喧哗打闹,不能随地丢垃圾,不能吸烟等,以免打扰其他人办公。在洗手间,用水和用手纸都要有节约意识,不能浪费。

奥运志愿者的工作看似零零碎碎,其实时刻都要当一个有心人,才能做好这些小事,并在小事之中维护好国家形象。如果大大咧咧、随随便便、缺乏意识,那么,不仅不能做好本职工作,还可能有损国家形象和荣誉。

【评析】

2008年的奥运会,中国不仅取得了奥运金牌排行榜的第一,也塑造了良好的国家形象。案例中的这位传媒大学的学生用心记熟路线,提高传送成绩单的效率,不喧哗打闹,不随地丢垃圾,节约资源,就连裁纸这样的细节都做得非常完美。正是这100多万名志愿者灿烂的笑容、体贴的服务、温暖的话语,从细节上塑造了中国的国家形象。

**知识链接**

1. 近年来,韩国国民出国旅游的人数不断增加,但是因为在国外犯罪而被抓的人也呈增加趋势,这严重影响了韩国的海外形象。2006年,韩国政府采取措施,限制"丑陋的韩国人"出境,以维护国家的形象。韩国媒体所使用的"丑陋的韩国人",指的是那些在国外因为行为不端而给国家形象造成损害的人。

2.2011年利比亚局势动荡,中国在第一时间将在利比亚的中国公民全部撤出,是中华人民共和国成立以来中国政府最大规模的有组织撤离海外中国公民的行动。国际媒体积极评价此次行动,称中国展现了负责任的大国形象。阿联酋《国家报》称中国在国际社会中起到正面而积极的作用;美国《华尔街日报》称,大撤离体现了"执政为民"的理念;路透社认为,中国此次行动的迅速高效值得借鉴;法新社指出,中国在撤离行动中动用了军机和海军导弹护卫舰为撤离船只护航,中国有能力使其国民迅速脱离险境。

## 第二节　入境问俗,世界其他国家的礼俗风情

### 情景导入 ▶▶▶

#### 迎奥运来客 英国发布"待客指南"

英国国家旅游局刊登出了新版"待客指南",希望无论是出租车司机还是酒店经理,都能在奥运会召开前熟练掌握这种待客技巧,让外国游客享受到尽可能热情的服务与接待,同时避免因误解而产生不快。

新版"待客指南"注重各国文化传统,由为英国国家旅游局工作的各国人员根据本国礼俗特点撰写。英国国家旅游局一项研究显示,外国游客通常认为英国人诚实、风趣、和蔼、高效,但有时候,游客期待"更热情"的接待。

英国国家旅游局首席执行官桑迪·道说:"这份指南只是英国国家旅游局帮助旅游业完善接待各方来客的方法之一。"

"待客指南"要点包括以下方面:

(1)不要向墨西哥人谈及19世纪中叶墨西哥与美国之间的战争。

(2)向中国人礼貌地否认恭维是显示谦逊。

(3)接受别人感谢时,韩国人总是说"不,不",其实他们的意思是"不客气"。

(4)日本人生气、受窘、悲伤或失望时都有可能保持微笑。

(5)初次与印度人会面,身体接触或靠近都构成侵犯,即使你完全出于善意。

(6)别当着比利时人的面咬手指头,这样非常不礼貌。

(7)阿拉伯人不喜欢接受指挥。如果你对阿拉伯客人发号施令,会让他们感到受到冒犯,他们更喜欢由了解阿拉伯文化的侍者服务。

### 知识详解

礼俗风情是某一国家、民族长期形成的,具有相对稳定性的礼节、人情、风尚、行为习惯、心理倾向等的总和,是一个民族区别于另一个民族的重要特征。

礼俗风情是一个历史范畴,随着社会的变迁、经济和文化的发展,还会出现新的内容

与形式。各国、各民族和各地区由于不同的文化背景、礼仪传统和行为习惯,形成的礼俗风情存在很大的差异,因此我们在交往,尤其是涉外交往中必须了解和掌握这些礼俗风情,以此作为入国问俗、入国随俗的依据,从而成功地与交际对象建立良好的关系。

## 一、韩国

韩国也称大韩民国,古称高丽,具有璀璨的文化遗产和美丽的风光。这里夏季多雨,气候湿润,经济发达。韩国的主要宗教是佛教,除此之外,一些韩国人也信奉儒教、天主教或天道教。

### (一)交际习俗

男子见面时习惯微微鞠躬后握手,并彼此问候。当晚辈、下属与长辈、上级握手时,后者伸出手来后,前者须以右手握手,随后再将自己的左手轻置于后者的右手之上。韩国人的这种做法,是为了表示自己对对方的特殊尊重。

韩国女士一般情况下不与男士握手。女士之间习惯鞠躬问候,社交时则握手。韩国人与外国人交往时,可能会问及一些私人的问题,对此不必介意。韩国人有敬老的习惯,任何场合都应先向长者问候。

在一般情况下,韩国人在称呼他人时爱用尊称和敬语,但很少会直接叫出对方的名字。要是交往对象拥有能够反映其社会地位的头衔,那么韩国人在称呼时一定会屡用不止。

在社交场合,韩国人特别是年轻一代的韩国人,大部分都会讲英语,并且将此视为有教养、受过良好教育的标志之一。

### (二)饮食特点

韩国人的饮食,在一般情况下以辣和酸为主要特点。韩国人的主食主要是米饭和冷面。他们喜欢中国的川菜,爱吃牛肉、瘦猪肉、海味、狗肉和卷心菜等。韩国烧烤很有特色。

韩国男子通常酒量都不错,对烧酒、清酒、啤酒往往来者不拒。韩国妇女多不饮酒。韩国人喜欢喝茶和咖啡。但是韩国人不喜欢喝稀粥和清汤,他们认为那是穷人才会吃的食物。

在用餐时韩国人用筷子。近年来,出于环保的考虑,韩国的餐馆里往往只向用餐者提供铁筷子。关于筷子,韩国人的讲究是,与长辈同桌就餐时不许先动筷子,不可用筷子对别人指指点点,在用餐完毕后要将筷子整齐地放在餐桌的桌面上。

在宴会上,韩国人一般不把菜夹到客人盘里,而由女服务员替客人夹菜,各道菜陆续端上后,客人要每道菜都尝一尝才会使主人高兴。

### (三)主要禁忌

韩国人大都珍爱白色,对熊和虎十分崇拜。

在韩国,人们以木槿花为国花,以松树为国树,以喜鹊为国鸟,以老虎为国兽,对此,不要妄加评论。

由于发音与"死"相同的缘故,韩国人对数字 4 十分反感,受西方习俗的影响,不少韩国人也不喜欢13。韩国人忌将"李"姓解释为"十八子李"。在对其国家进行称呼时，不要将其称为"南朝鲜""南韩"，而宜称"韩国"。

韩国人的民族自尊心很强，反对崇洋媚外，提倡使用国货。在韩国一身外国名牌的人，往往会被人看不起。

在韩国，忌谈的话题有政治腐败、经济危机、意识形态、南北分裂、韩美关系、韩日关系及日本之长等。

## 二、日本

日本古称大和，后来正式定名为日本国，具有"日出之国"的意思。日本人酷爱樱花，以其象征民族精神，因为樱花看起来平凡，可是汇集起来却很有气势。每年三月末、四月初，当春风从赤道纬线北上，樱花便由南向北顺势铺开，成林成片，如火如荼，日本人像过节一样，聚集在樱花树下，饮酒赏花，摄影留念，日本在世界上享有"樱花之国"的美称。日本人多信仰神道和佛教。

### (一)交际习俗

日本是以注重礼节而闻名的国家，讲究言谈举止的礼貌。日本人见面时，要互相问候致意，鞠躬礼是日本最普遍的施礼致意方式，一般初次见面时的鞠躬礼是30°，告别时是45°，而遇到长辈和重要交际对象时是90°，以示尊敬。妻子送丈夫或晚辈送长辈外出时，弯腰行礼至看不见其背影后才直起身。在较正式的场合，递物和接物都用双手。在国际交往时，一般行握手礼。

日本人在谈话时，常使用自谦语，贬己抬人。与人交谈时总是面带微笑，尤其是妇女。

日本人与他人初次见面时，通常会互换名片，否则即被理解为不愿与对方交往。

称呼日本人时，可称之为"先生""小姐""夫人"，如果是男士也可在其姓氏之后加上一个"君"字，将其尊称为"某某君"。

日本人见面时除了行问候礼之外，还要问好致意，见面时多用"您早""您好""请多关照"，分手时则多用"再见""请休息""晚安"等话语。

日本经济发达与日本人努力勤奋的工作精神分不开，日本的工作节奏非常快，而且讲究礼节。他们工作时严格按日程执行计划，麻利地处理一切事物；对公众对象"唯命是从"，开展微笑服务；公私分明；对待上司与同事十分谦虚，并善于克制忍耐；下班后对公司的事不乱加评论。

### (二)饮食特点

日本料理的特点是以鱼、虾、贝等海鲜为烹调原料，可热吃、冷吃、生吃或熟吃。主食为大米，逢年节和生日喜欢吃红豆饭，喜欢吃酱和喝大酱汤。餐前餐后一杯清茶。方便食品有"便当"(盒饭)和"寿司"等。

在日本，人们普遍喜欢喝茶，久而久之，形成了"和、敬、清、寂"的茶道。茶道具有参禅的意味，重在陶冶人们的情趣。它不仅要求幽雅自然的环境，而且还有一整套泡茶、献茶、饮茶的具体方法。

## （三）主要禁忌

日本人的忌讳礼俗很多。日本人忌紫色和绿色，认为是悲伤和不祥之色。

日本人忌讳数字4和9，因为它们分别与"死"和"苦"发音相似。日本人喜欢奇数，不喜欢偶数，对数字3、5、7特别喜欢。

日本人有三人不合影的习俗，因为他们认为在中间被左右两人夹着是不幸的预兆，很不吉利。

他们对狐狸和獾的图案很反感，认为这两种动物图案是晦气、狡猾、贪婪的象征。菊花和菊花图案是皇族的象征，送人的礼品上不能使用这一图案。

日本人喜欢仙鹤和乌龟，认为它们是长寿的象征。使用筷子有许多禁忌，如忌将筷子直插饭中，不能用一双筷子依次给每个人夹、拨菜肴。

## 三、沙特阿拉伯

沙特阿拉伯的全称是沙特阿拉伯王国，其得名来自统治该国的沙特家族之名。在阿拉伯语中，"沙特"意为幸福，而"阿拉伯"含有沙的意思。因此"沙特阿拉伯"意即幸福的沙漠。由于其石油量丰富，被誉为"石油王国"。沙特阿拉伯的国教是伊斯兰教，国家实行政教合一制度，全国98%的居民信仰伊斯兰教。沙特阿拉伯的麦加是伊斯兰教创传人穆罕默德的诞生地，故此它被人们称为该国的"宗教之都"，在阿拉伯文里，"麦加"意思是吸吮。

### （一）交际习俗

在人际交往中，沙特阿拉伯人大都表现得热情友好，落落大方。同别人相见时，沙特阿拉伯人一般都会互问对方"您好"。随后，他们还会同对方握手，并且接着问候对方"身体好"。见面时习惯相互问候，或伸出左手放在对方右肩并吻双颊。

沙特阿拉伯男子习惯拉着朋友的手在路上走，认为这是双方关系亲密友好的表示。

由于伊斯兰教教规的限制，沙特阿拉伯的妇女极少有人在外面抛头露面，并且不允许与异性进行接触。在遇到沙特阿拉伯的妇女时，自己如果是一位男士的话，要注意不要主动上前对其问候和行礼，与沙特阿拉伯男子打交道时，也不要问候其妻子或恋人，更不要向她们赠送礼物。

作为客人，在沙特阿拉伯人家里主人劝你喝咖啡是不可不喝的，而且喝咖啡最好一饮而尽，这才是礼貌之举，如不想再喝，可将小盅左右一摇，主人便知。

在公共场合，沙特阿拉伯人主张"男女授受不亲"。不论坐车还是乘电梯，男女往往是需要各自分开的。

在与沙特阿拉伯人交谈时，不要谈及中东政治、宗教矛盾、女权运动和石油政策等。

### （二）饮食特点

沙特阿拉伯人忌吃猪肉及异形食物。每日习惯两餐，平时以玉米、大饼和手抓饭为主食，上层人士则常吃西餐。沙特阿拉伯人喜欢喝红茶和咖啡，喜欢品尝中餐。

### （三）主要禁忌

沙特阿拉伯人认为，娱乐会令人堕落，所以不要与其谈论休闲、娱乐，或是邀请其参加舞会、去夜总会玩乐。

按照伊斯兰教教规,沙特阿拉伯严禁崇拜真主以外的任何偶像,所以那里的人不喜欢看电影,不喜欢拍照、录像,并且对雕塑、洋娃娃等礼品是十分忌讳的。忌用左手递送东西,厌恶别人用眼睛盯着自己。沙特阿拉伯人是不下国际象棋的,因为他们认为那种玩法是对国王有失恭敬。沙特阿拉伯人崇拜蓝色和绿色,认为它们分别代表生命和希望,是吉祥之色。

### 四、泰国

泰国的全称是泰王国,自称孟泰,泰语中"孟"是国家的意思,"泰"是自由的意思,"泰国"即自由之国。佛教是泰国的国教,全国90％以上的人口信奉佛教。在社会各方面,佛教都对泰国人发挥着重要的作用和影响。泰国的历法采用的是佛历。泰国男子年满20岁后,都要出家一次,当3个月的僧侣,即使国王也不例外,否则会被人看不起。几乎所有泰国人的脖子上都佩有佛饰,用来趋吉辟邪。

#### (一)交际习俗

由于信奉佛教,泰国人在一般交际应酬时不喜欢握手,而是行带有佛门色彩的合十礼。行合十礼时,需站好立正,低眉欠身,双手十指相互并拢,并且同时问候对方"您好",合十的双手举得越高表示对对方越尊重。行合十礼时,晚辈要先向长辈行礼,身份、地位低的先向身份、地位高的行礼,对方随后要还之以合十礼,否则是失礼的。

泰国人很有涵养,喜欢面带微笑,所以泰国也有"微笑之国"的美称。在交谈时,泰国人总是细声低语。在其看来,跟旁人打交道时面无表情、愁眉苦脸,或是高声喧哗、大喊大叫,这是不礼貌的。与泰国人交往不要信口开河,非议佛教,或是对佛门弟子有失敬意,特别是不要对佛祖释迦牟尼表示不恭。

#### (二)饮食特点

泰国人不爱吃过甜或过咸的食物,也不吃红烧的菜肴。他们喜食辛辣、新鲜的食物,最爱吃的是体现其民族特色的咖喱饭。

泰国人是不喝热茶的,他们的做法是,在茶里加上冰块成为冻茶。他们绝不喝开水,而习惯直接饮用冷水。另外,在喝果汁时要加少许盐。

#### (三)主要禁忌

泰国人认为头是智慧所在,神圣不可侵犯,不能用手去触摸佛像的头部,这将被视为极大的侮辱。若打了小孩的头部,则被认为触犯了藏在小孩头中的精灵,孩子会生病。别人坐着的时候,切勿让物品超越其头顶。见面时,若有长者在座,晚辈应坐下或蹲跪以免高于长者的头部,否则就是对长者不恭。所以,在泰国,当人们走过或坐或站着的人面前时,都得躬身而行,表示不得已而为之。

泰国人认为用左手拿东西给别人是鄙视对方的行为,所以给人递东西时都用右手,切忌用左手。

泰国人的家里大都不种茉莉花,因为在泰语里,茉莉花与"伤心"发音相似。

在泰国,睡莲是国花,桂树是国树,白象是国兽,对于这些事物,千万不要表示轻蔑,或是予以非议。

泰国宪法规定，国王是神圣不可侵犯的，对泰国国王和王室成员，绝不允许任意评说。

## 五、新加坡

新加坡的全称是新加坡共和国。"新加"在梵文中是狮子的意思，"坡"在梵文中是城的意思，因此新加坡也称"狮城"。由于新加坡是一个岛国，面积极小，华侨普遍称其为"星洲"或"星岛"。新加坡气候宜人，环境优美，是一个城市国家，故又有"花园城市"的美誉。新加坡有世界第二大港口。

### (一)交际习俗

在社交场合，新加坡人与他人见面的礼节多为握手。在社交活动中，华人往往习惯于拱手作揖，或行鞠躬礼，马来西亚人则大多数采用本民族的摸手礼，所以与新加坡人打交道要遇人问俗。

新加坡特别强调笑脸迎客，彬彬有礼。在人际交往中讲究礼貌、以礼待人，不但是每个人应具备的基本素养，而且已成为国家和社会对每一个人提出的一项基本行为规则。

新加坡十分注重"礼治"，政府专门制定了《礼貌手册》，对于人们在各种不同场合的所作所为是否符合礼仪都做出了严格的规定。在新加坡不讲礼貌会寸步难行。

新加坡人崇尚清爽卫生，对于蓬头垢面、衣冠不整、胡子拉碴的人，都会侧目而视。

### (二)饮食特点

中餐是新加坡人的最佳选择，粤菜、闽菜等十分受欢迎。新加坡人喜欢清淡口味，偏好甜食，讲究营养，平日爱吃米饭和各种海鲜，对于面食则不太喜欢。

新加坡人大都喜欢喝茶，他们经常在清茶中放橄榄之后饮用，称之为"元宝茶"，认为喝这种茶可以令人财运亨通。新加坡人还喜欢喝鹿茸酒、人参酒等补酒。

### (三)主要禁忌

新加坡人喜欢红色，认为红色是庄严、热烈、喜庆、吉祥的象征，会激励人们奋发向上。在一般情况下过多地采用紫色、黑色不受人们欢迎，因为他们认为紫色、黑色是不吉利的象征。

新加坡人不喜欢4和7这两个数字，因为4发音与"死"相仿，而7被认为是消极的数字。在新加坡人看来3表示"升"、6表示"顺"、8表示"发"、9则表示"久"，这都是吉祥的数字。

在新加坡是不能说"恭喜发财"的。因为在他们看来，"发财"有横财之意，祝愿对方发财无疑是鼓动他去发不义之财，是一种损人利己的行为。

在新加坡乱扔果皮、乱扔废纸、吐痰、在公共场所吸烟、嚼口香糖、过马路闯红灯都会被罚款，罚款额之高相当于一个普通工人一个月的工资，甚至还会吃官司或被鞭打。

## 六、美国

美国的全称为美利坚合众国，地处北美洲中部，美国人主要信奉基督教、天主教。美国的绰号是"山姆大叔"。

### (一)交际习俗

美国人是"自来熟",他们为人诚挚、乐观大方、天性浪漫、性格开朗、善于攀谈、喜欢社交,似乎与任何人都能交上朋友。与人交往时讲究礼仪,但没有过多的客套。

社交场合一般行握手礼,熟人则施亲吻礼。较熟的朋友常直呼其名,以示亲热,不喜欢称官衔,对于能反映对方成就与地位的学衔、职称,如博士、教授、律师、法官、医生等却乐于称呼。经常说"请原谅"等礼貌用语。

交谈时,经常以手势助兴,与对方保持半米左右距离。不愿被问及年龄、收入、所购物品的价钱,不喜欢被恭维其"胖"。对妇女不能赠送香水、衣物和化妆品。交往时必须遵循女士优先的原则。

### (二)饮食特点

美国人喜欢咸中带甜的菜肴,口味清淡。他们重视营养,爱吃海味和蔬菜。美国人早午餐比较简单,晚餐较丰富,饭后喜欢喝咖啡或茶。美国人偏爱火鸡。

### (三)主要禁忌

美国人忌 13 和星期五。他们不喜欢黑色,偏爱白色和黄色,喜欢蓝色和红色。他们崇尚白头鹰,将其敬为国鸟。在动物中,美国人最爱狗,认为狗是人类的忠实朋友,对于那些自称爱吃狗肉的人,美国人是非常厌恶的。在美国人眼里,驴代表坚强,象代表稳重,他们分别是共和党和民主党的标志。

美国人认为个人空间不可侵犯,所以与美国人相处要保持适当的距离,碰了别人要及时道歉,坐在他人身边应征得对方认可,谈话时不要距离对方过近。

美国人大都喜欢用体态语表达情感,但忌讳盯视别人、冲别人伸舌头、用食指指点交往对象等体态语。

## 七、加拿大

加拿大作为国名,出自当地土著居民的语言,本意是"棚屋"。也有人说它来自葡萄牙语,意思是"荒凉"。加拿大位于北美洲北部,除极少数印第安人和因纽特人外,国民多是英、法移民的后裔,多数信奉天主教。加拿大境内多枫树,素有"枫叶之国"的美誉。长期以来加拿大人民对枫叶有深厚的感情,加拿大国旗正中绘有三片红色枫叶,国歌也是《枫叶,万岁》。加拿大有"移民之国""粮仓""万湖之国"等美称。

### (一)交际习俗

加拿大人讲究礼貌,但又喜欢无拘无束。加拿大人性格开朗热情,对人朴实友好,容易接近。人们相遇时,都会主动打招呼、问好,握手是其见面礼,拥抱、接吻等见面礼只适用于亲友、熟人、恋人和夫妻之间。

加拿大人在人际交往中的自由与随和是举世知名的。他们对于交往对象的头衔、学位、职务,只在官方活动中才使用。在中国社交活动中普遍必备的名片,普通加拿大人是不常用的,只有参加公司高层商务活动中才使用名片。

### (二)饮食特点

加拿大人的饮食习惯与英美人比较接近,口味比较清淡,爱吃酸、甜之物和烤制食品。忌吃肥肉、动物内脏、腐乳、虾酱以及其他带腥味、怪味的食物。在一日三餐中,加拿大人最重视晚餐,他们喜欢邀请朋友到家中共进晚餐。

### (三)主要禁忌

枫叶是加拿大的象征,是加拿大国旗、国徽上的主题图案。因此枫叶被加拿大人视为国花,枫树被定为加拿大的国树,对此要充分尊重。在加拿大,白色的百合花主要用来悼念死者,因其与死亡有关,所以绝对不可以之作为礼物送给加拿大人。白雪在加拿大人心目中有着崇高的地位,并被视为吉祥的象征与辟邪之物,在不少地方人们甚至忌讳铲除积雪。加拿大人很喜欢红色与白色,因为那是加拿大国旗的颜色。

与加拿大人交谈时,不要插嘴打断对方的话,或与对方强词夺理。议论性与宗教,评说英裔加拿大人与法裔加拿大人的矛盾,将加拿大与美国联系起来进行比较,将加拿大视为美国的"小兄弟",或是大讲美国的种种优点和长处,都是应当避免的。

## 八、英国

英国的全称是大不列颠及北爱尔兰联合王国,有时它也被人们称为"联合王国""不列颠帝国""英伦三岛"等。"英国"是中国人对其的称呼,出自"英格兰"一词,其本意是"盎格鲁人的土地",而"盎格鲁"的含义则为角落。英国的主要宗教是基督教。英国的国教是英国国教会,也称圣公会。

### (一)交际习俗

英国人习惯行握手礼,女子一般施屈膝礼。男子如戴礼帽,遇见朋友时微微揭起以示礼貌。英国人注重实际,不喜空谈,他们在社交场合衣着整洁,彬彬有礼,体现绅士风度。妇女穿着较正式的服装时,通常要配一顶帽子。

在社交场合,英国人极其强调所谓的绅士风度,坚持女士优先的原则,对女士尊重和照顾。他们十分重视个人教养,认为教养体现出细节,礼节展现出教养。他们待人十分客气,"请""谢谢""对不起""你好""再见"一类礼貌用语不离口。即使是家人、夫妻、至交之间,英国人也常常会使用这些礼貌用语。

在交际活动中,握手礼是英国人使用最多的见面礼节。在一般情况下,与他人见面时,英国人既不会像美国人那样随随便便地"嗨"上一声作罢,也不会像法国人那样要跟对方热烈地拥抱、亲吻,英国人认为那样做都有失风度。

### (二)饮食特点

英国人通常一日四餐,即早餐、午餐、午茶点和晚餐,晚餐为正餐。他们不喜欢去餐馆,喜欢亲自烹调。平时以英法菜为主,烤牛肉加约克郡布丁被誉为国菜。进餐前习惯先喝啤酒或威士忌。英国人喝早茶与下午茶很有讲究。

### (三)主要禁忌

英国人忌4人交叉握手,忌13和星期五,忌用一次火点3支烟。他们不喜欢大象及其图案,讨厌墨绿色,忌黑猫和百合花,忌碰洒食盐和打碎玻璃。他们认为星期三是黄道吉日,喜欢养狗,认为白马象征好运,马蹄铁会带来好运。

在英国人看来,夸夸其谈、自吹自擂,或说话时指手画脚都是缺乏教养的表现,所以与英国人刚刚认识就与他们滔滔不绝地交谈会被认为很失态。和英国人交谈要小心选择话题,不要以政治或宗教倾向作为话题。不要去打听英国人不愿讲的事情。千万不要说某个英国人缺乏幽默感,这很伤他(她)的自尊心,他(她)会感到受侮辱,因为英国人历来以谈吐幽默、高雅脱俗为荣。

## 九、法国

法国的全称是法兰西共和国。"法兰西"源于古代法兰克王国的国名。在日耳曼语里,"法兰西"一词的本义是自由或自由人。"艺术之邦""时装王国""葡萄之国""名酒之国""美食之国"等都是世人给予法国的美称。法国首都巴黎更是鼎鼎大名的"艺术宫殿""浪漫之都""时装之都"和"花都",法国的主要宗教是天主教,近80%的人是天主教教徒,其余的人信奉基督教、犹太教或伊斯兰教。

### (一)交际习俗

法国人非常善于交际,即使是萍水相逢,他们也会主动与之交往,而且表现得亲切友善,一见如故。法国人天性浪漫,在人际交往中,他们爽朗热情、善于雄辩、高谈阔论、爱开玩笑、幽默风趣,讨厌不爱讲话的人,对愁眉苦脸者难以接受。

他们崇尚自由,不大喜欢集体行动,约会也可能姗姗来迟。法国人有极强的民族自尊心和民族自豪感。例如,法国人中很多人会说英语,但他们通常不会直接用英语与外国人交谈,因为他们认为,法语是世间最美的语言。与法国人交谈时若能讲几句法语,一定会使对方热情有加。懂法语而又不同法国人讲法语,则会令其大为恼火。

法国人注重服饰的华丽和式样的更新。妇女视化妆和美容为生活之必需。在社会交往中奉行女士优先的原则。法国人习惯行握手礼,有一定社会身份的人施吻手礼。少女常施屈膝礼。男女之间、女子之间及男子之间,还有亲吻面颊的习惯。社交中,法国人不愿他人过问个人私事。

### (二)饮食特点

法国人会吃,也讲究吃。法国菜风靡世界,特点是鲜嫩,被称为"法国大餐"。法国人喜欢吃蜗牛和青蛙腿,最名贵的菜是鹅肝。法国人喜欢喝酒,几乎餐餐必饮,白兰地、香槟和红白葡萄酒都是他们喜欢喝的。法国人也非常喜欢中国菜。

### (三)主要禁忌

法国人忌13和星期五。他们大都喜爱蓝色、白色与红色,不喜欢黄色和墨绿色。法国人视仙鹤为淫妇的化身、孔雀被看作祸鸟、大象象征笨汉,它们都是法国人反感的动物,除此之外,视菊花、杜鹃花与核桃等为不祥之物。

向法国人赠送礼品时,宜选具有艺术品位和纪念意义的物品,不宜送刀、剑、剪、餐具,或是带有明显的广告标志的物品作为礼品。男士向一般关系的女士赠送香水,也被法国人看作是不合适的。

与别人交谈时,法国人往往喜欢选择一些足以显示其身份、品位的话题,如历史、艺术等。

## 十、德国

德国的全称是德意志联邦共和国。"德意志"的含义为"人民的国家"或"人民的土地"。在世界上,德国有"经济巨人""欧洲的心脏""出口大国""啤酒之国""香肠之国"等美称。德国的主要宗教是基督教和天主教。目前在德国总人口中,信奉基督教的德国人约占47%,信奉天主教的德国人约占36%。

### (一)交际礼仪

德国人之间初次见面,双方握手时,要友好地注视对方,以表示尊重对方,如果这时把眼光移向别处或东张西望,是很不礼貌的行为。初次相识的双方在自报姓名时,要注意听清和记住对方的姓名,以免发生忘记和叫错名字的尴尬局面。在许多人相互介绍时,要做到尽量简洁,避免拖泥带水。

由于德语语言自身的特点,在与德国人交往中还会遇到是用尊称还是用友称的问题。一般与陌生人、长者以及关系一般的人交往,通常用尊称"您";而对私交较深、关系密切者,如同窗好友、共事多年关系不错的同事,往往用友称"你"来称呼对方。交换称谓的主动权通常在女士和长者手中。称谓的变换,标志着两者之间关系的远近亲疏,对此必须熟练掌握和运用,这样才能得心应手地与德国人交往。

德国人十分遵约守时,德语中有一句话"准时就是帝王的礼貌"。德国人邀请客人,往往提前一周发邀请信或打电话通知被邀请者。如果是打电话,被邀请者可以马上口头做出答复;如果是书面邀请,也可通过电话口头答复。但不管接受与否,回复应尽可能早一点儿,以便主人做准备,迟迟不回复会使主人不知所措。如果不能赴约,应客气地说明理由。既不赴约,又不说明理由是很不礼貌的。在德国,官方或半官方的邀请信,往往还注明衣着要求。接受邀请之后如中途有变不能如约前往,应早日通知主人,以便主人另作安排。如迟到10分钟以上,应提前打电话通知一声,因为在德国私人宴请的场合,等候迟到客人的时间一般不超过15分钟。客人迟到,要向主人和其他客人表示歉意。

赴约赴宴,如遇交通高峰期,一定要提早出门,以免迟到。迟到固不礼貌,但早到也欠考虑。德国人如遇正式邀请,往往提前出门,如果到达时间早,便在附近等一等,快到时间再进主人家。

德国人不习惯送重礼,所送礼物多为价钱不贵但有纪念意义的物品,以此来表示慰问、致贺或感谢之情。去友人家赴宴,客人会带点儿小礼物,俗话说礼轻情意重,一束鲜花、一盒巧克力或一瓶酒足以。当然,去德国朋友家做客的中国人如能送给女主人一件富有民族风格的小纪念品,那定会受到主人由衷的赞赏。如果只是顺便看望,那就不必带礼物了,最多给小孩子带点儿小玩意儿。如果是业务聚会,双方往来都是公事,只需按时应邀出席,不必另有表示。

### (二)饮食特点

德国人讲究饮食,最爱吃猪肉,其次才是牛肉。德国人喜食油腻之物,在口味方面,德国人爱吃冷菜和偏甜、偏酸的菜肴,对于辣或过咸的菜肴则不太欣赏。德国人喜欢饮啤酒,人人都是海量,当然他们对于咖啡、红茶、矿泉水,也很喜欢。

### (三)主要禁忌

德国人对黑色、灰色比较喜欢,对于红色以及掺有红色或红黑相间之色,则不感兴趣。

对于 13 与星期五,德国人十分讨厌。他们对于四个人交叉握手,或是在交际场合进行交叉谈话,也比较反感,因为他们认为这是不礼貌的。

德国人对纳粹党徽的图案十分忌讳。另外,在德国人跟别人打招呼时,切勿身体立正,右手向上方伸直,掌心向外。这一姿势过去是纳粹行礼的方式,因此也应避免。

与德国人交谈时,不宜涉及纳粹、宗教与党派之争。在公共场合窃窃私语或是大声讲话,德国人认为都是十分无礼的。

## 十一、澳大利亚

澳大利亚的全称是澳大利亚联邦。澳大利亚作为国家的名称,来自拉丁文,在拉丁文里其含义是"南方之地""牧羊之国""骑在羊背上的国家""坐在矿车上的国家""淘金圣地"等。澳大利亚的主要宗教是基督教,全国居民之中约 98% 的人都是基督教教徒。

### (一)交际礼仪

澳大利亚人情味很浓,乐于同他人进行交往,并且表现得质朴、开朗、热情。过分地客套或做作,均令其不快。他们爱交朋友,爱同陌生人打招呼、聊天,爱请别人到自己家里做客。

澳大利亚的男士们相处,感情不能过于外露,大多数男人不喜欢紧紧拥抱或握住双肩之类的动作。在社交场合,忌讳打哈欠、伸懒腰等小动作。

澳大利亚是一个讲求平等的社会,不喜欢以命令的口气指使别人。

澳大利亚人见面习惯于握手,不过女子之间一般不握手,女友相逢时常亲吻对方的脸。

澳大利亚人大都名在前、姓在后,称呼别人先说姓,再加上先生、小姐或太太之类的称呼。熟人之间可称小名。

### (二)饮食特点

澳大利亚人在饮食上以英式西餐为主,其口味清淡,不喜油腻。澳大利亚的食品素以丰盛和量大而著称,尤其对动物蛋白质的需要量更大。他们爱喝牛奶,喜食牛肉、猪肉等。他们喜喝啤酒,对咖啡很感兴趣。

### (三)主要禁忌

澳大利亚人对兔子特别忌讳,认为兔子是一种不吉利的动物。与他们交谈时,可多谈旅行、体育运动及到澳大利亚的见闻,议论种族、宗教、工会和个人私生活以及等级地位问题,最令澳大利亚人不满。

受基督教的影响,澳大利亚人对于13与星期五普遍感到反感。

澳大利亚人不喜欢将本国与英国处处联系在一起。

澳大利亚人对于公共场合的噪声极其厌恶。在公共场所大声喧哗者,尤其是门外高声喊人的人,他们是最看不起的。

## 案例分析

### 新冠疫情改变全球传统见面礼

新冠状病毒的大规模流行从根本上改变了人类交往的方式,因为身体接触有可能会传播病毒。世界各地的人们为适应疫情,发明了新式的见面礼仪。

在中国,用鞋底互相触碰或碰对方的肘部,是为了表明即使在这样一个困难时期,我们也可以用这样一种方式来表达人与人之间的亲密感情。

新西兰的毛利人已经逐渐使用传统的碰鼻礼打招呼了,即两个人见面问候将鼻子和额头贴在一起。新冠疫情期间,许多毛利人开始扬起下巴和眉毛来代替碰鼻礼了。

2020年3月,法国人行贴面礼的数字已经降至6%,法国人用打招呼来代替亲颊,即隔着距离互相招呼说"Bises"或者"Bisous"。

阿富汗人日常谈话聊天喜欢靠得很近,近到能闻到对方的气味。因新冠疫情要保持社交距离,阿富汗人已经改为用右手向人敬礼或挥手致意,而这个礼节以前是用来向远处的人打招呼的。

【评析】

案例中可见,在新中国建国伊始,周总理做了很多涉外礼仪的规定,如宴会安排、谈话礼仪、拜访礼仪、西餐礼仪、接待礼仪、座次礼仪等。正是这些涉外礼仪规范的确立,使得新中国在涉外交往中遵守国际礼仪,展示新中国的外交风范。

## 知识链接

1.一些专门针对涉外礼仪进行的培训项目日前在上海兴起,颇受年轻人特别是白领一族的青睐。上海某培训机构开办的社交礼仪培训课里,众白领上班族们正跟着培训师的示范动作,一丝不苟地学习如何握手、如何乘电梯,甚至如何倾听他人的谈话。对于这些看似琐碎的细节,专职培训师方先生告诉记者:"一个人得体的礼仪和优雅的举止,是其内在气质最重要的外在表现。作为国际化大都市上海的市民,不少上海白领的涉外礼仪知识几乎是零,这样就不能更好地向外界展示自己美好的形象。"

2.各国婚礼习俗不尽相同。在印度教教徒看来,结婚的首要目的是完成种种宗教职责,其中祭祀最为重要,但是,男子必须结婚生儿子才有资格向祖宗供奉祭品。

丹麦婚礼是秘密进行的,因为公开筹办会触怒鬼怪或引起他们的嫉妒。

在德国,婚礼砸碗盆图吉利。应邀前来参加婚礼的客人们,每人都带着几样破碗、破碟、破盘、破瓶之类的物品,然后猛砸猛摔一通,他们认为这样可以帮助新婚夫妇除去昔日的烦恼,迎来甜蜜的开端,在漫长的生活道路上,夫妻俩能够始终保持火热的爱情,终身形影相伴、白头偕老。

俄罗斯婚宴上会有人大喊"苦啊,苦啊"!每当有人带头喊时,在场的所有人便会齐声附和,这时新人便要站起来,当众深情一吻。没过几分钟,又会有人大声叫"苦",新郎新娘便又站起来,再次用甜蜜的吻来平息亲友们的叫"苦"声……这样的"程序"在婚宴上至少要重复十几次,亲友们才会罢休。原来,按照俄罗斯人的说法,酒是苦的,不好喝,应该用新人的吻把它变甜。

法国人结婚前先订婚,仪式简单,一般由女方的家长宴请男方的家长及兄弟姐妹,也可同时邀请其他亲戚甚至一两名好友出席。婚礼也已逐渐简化,但仍不失为最隆重的家庭节日,带有庄严神圣的色彩。

## 【技能训练】

### 一、单项选择题

1.关于涉外交往中热情适度原则不正确的是( )

A.不要对外国友人表现得过于关心,让对方难以适从

B.和外国人进行交往应酬时要与对方保持适度的空间距离

C.当面指出外国人的错误

D.不要随便采用某些意在显示热情的动作

2.下面关于尊重隐私的说法不正确的是( )

A.涉外交往中,不问年龄

B.涉外交往中,不问收入

C.涉外交往中,不问婚姻状况

D.涉外交往中,可以打听宗教信仰

3.在并排站立、行走或者就座的时候做法错误的是( )

A.为了表示礼貌,主人要主动居右,请客人居左

B.男士应当主动居左,请女士居右

C.晚辈应当主动居左,请长辈居右

D.职位、身份低者应该当主动居左,请职位、身份高者居右

4.关于韩国的习俗说法不正确的是( )

A.韩国妇女一般情况下不与男子握手

B.韩国人有敬老的习惯,任何场合都应先向长者问候

C.韩国人在称呼他人时爱用尊称和敬语

D. 以上都不对

5. 关于日本的鞠躬礼说法不正确的是(　　　)

A. 鞠躬礼是日本最普遍的施礼致意方式

B. 一般初次见面时的鞠躬礼是 30°

C. 遇到长辈和重要交际对象时是 45°

D. 告别时是 45°

### 二、多项选择题

1. 涉外交往中,维护形象包括(　　　)

A. 个人形象　　　　B. 家庭形象　　　　C. 民族形象　　　　D. 国家形象

2. 涉外人员的服饰应该是"四应"包括(　　　)

A. 应时　　　　　　B. 应景　　　　　　C. 应事　　　　　　D. 应己

3. 国际交往中,入乡随俗有几种做法(　　　)

A. 客随主便　　　　　　　　　　　B. 主随客便

C. 坚持自己的习惯和礼俗　　　　　D. 以上都不对

4. 下列哪些行为是"女士优先"原则的体现(　　　)

A. 走路的时候,同行男士应走靠外一侧,女士则走贴近建筑物的一侧

B. 上楼梯时,女士走在前面,男士走在后面

C. 看影剧时,同行男士应坐在最靠近走道的座位

D. 出席晚会或宴会时,同行男士应先给女士找好座位,并等女士坐下后再坐下

5. 涉外交往中的数字禁忌说法正确的是(　　　)

A. 西方人忌讳 13 和星期五　　　　B. 西方人忌讳 666

C. 在日本与朝鲜等东方国家忌讳 4　　D. 日本忌讳 9

### 三、判断题

1. 涉外工作中选择服装越隆重越好。

2. 不能因为个人的疏忽伤害到我国的国家形象。

3. "女士优先"是国际社会公认的一条重要的礼仪原则。

4. 伊斯兰国家和地区的居民可以吃猪肉和无鳞鱼。

5. 印度人在丧礼中如不大哭是不符合礼仪的。

### 四、案例分析题

1. 有位从事外事工作的女士曾经接待过一位 82 岁高龄的美国加州老太太,她是来华旅游并参加短期汉语学习班的,见面时这位女士对老太太说:"您这么大年纪了,还到外国旅游、学习,可真不容易呀!"这话要换了同样高龄的中国老太太听了,准会眉开眼笑,高兴一番。可是那位美国老太太一听,脸色即刻晴转多云,冷冷地应了一句:"噢,是吗? 你认为老人出国旅游是奇怪的事情吗?"弄得中国姑娘十分尴尬。

2. 李芬下岗后,通过中介公司找到一份在布朗夫人家里做保姆的工作。李芬热情活泼、精明能干,第一天就给对方留下了不错的印象。她的主要工作之一是打扫房间,包括

布朗夫人的卧室。细心的布朗夫人特意给李芬定制了一份时间表,上面规定每天上午8点清理卧室,让李芬按照上面的计划严格执行。开始几天,李芬都做得相当好,令布朗夫人很满意。直到有一天,李芬照例去清理布朗夫人的卧室,却发现布朗夫人没有像往常一样不在家,而在休息。李芬心想,我还得按照计划办事,而且我打扫并不会影响她休息。热情的李芬认真地干起了活。这时,布朗夫人突然醒了,发现有人在她的房间里,很惊讶,马上用不很流利的汉语叫起来了:"你来干什么?请出去!"李芬仍是一片好心,"您接着休息吧,我一会就打扫完了"。布朗夫人提高了嗓门,一字一顿地说"请—你—出—去",并且用手指着门。李芬不明白自己哪里得罪了布朗夫人,只好满肚子委屈地走了。李芬到底哪里做错了?

## 五、思考题

1.涉外礼仪的基本原则是什么?

2.请结合自己的亲身经历,谈谈如何和外国人相处?

# 技能训练答案

## 第一章　礼仪概述

一、单项选择题

1.C　2.D　3.B　4.B　5.A

二、多项选择题

1.ABCD　2.ABD　3.BCD　4.AB　5.AC

三、判断题

1.错　2.对　3.错　4.对　5.对

四、案例分析题

1.张女士违背了入乡随俗的原则。《礼记·曲礼上》云："入境而问禁，入国而问俗，入门而问讳"，指的就是要尊重别人的习俗。张女士所去的中东地区多为信奉伊斯兰教国家，信徒为穆斯林，而穆斯林忌讳用左手传递物品，特别是食物，因为穆斯林认为左手是不洁净的。张女士出国前，没有做好所去国家风俗民情方面的准备工作，故犯了交往的禁忌。

2.此案例所反映的问题是东西方的文化差异。东方父母"打是疼骂是爱""严父出孝子"的概念在西方是行不通的。在中国父母看来是"教训"，在西方人看来就是"虐待"。美国的民政和司法机构等，有权利和责任剥夺不合格家长的监护权或对施虐的家庭成员进行审判，如果认定为虐待小孩，父母轻则失去孩子的监护权，重则会被追究刑事责任。

3.中国亲朋好友合同事之间的串门很随便，邀请别人来访无须为对方确定时间，自己去探访别人无须郑重其事征得同意。美国人则没有串门的习惯。一年内遇到大节日，亲朋好友才到家里聚一聚。平时如果有事上门，实现要有时间确切的预约。没有得到对方的应允，随时随地随便上门时不礼貌的行为。因此，美国同事对"有空来坐坐"这句话只当作虚礼客套，不当作正式邀请。无事打电话闲聊也是美国人视为打乱别人私人时间和活动安排的毛是行为。若想邀请美国人上门，应当诚意的于对方商定一个互相都方便的时间。

五、思考题

1.图一说明东西方的思维方式差异巨大。东方人思维方式比较含蓄，往往思前想后瞻前顾后，而西方人推崇直率，较少考虑其他方面。图二说明东西方的生活方式差异巨大。东方人倾向于整体思维，强调群体意识以及由此带来的安全感，而西方人倾向于突出个体性和主管作用，以个体为中心，尊崇个人的人格、价值、尊严。图三说明东西方自我意识的不同。东方人个人意识较弱，而西方人自我意识较强，因此东方人恭谦，尤其重视别人对自己的评价，而西方人个体意识较强，因此西方人较自信。

2.略　3.略

## 第二章　形象礼仪

一、单项选择题

1.D　2.A　3.B　4.A　5.A

二、多项选择题

1.ABCD　2.ABCD　3.ABC　4.ABD

5.ABCD

三、判断题

1.错　2.对　3.对　4.对　5.错

四、案例分析题

1.这两位职场男士在形象礼仪上的差异巨大。一位衣着时髦得体，但举止风度欠佳；一位略显"老土"，但处处都为人考虑，风度翩翩。第一位男士虽然注意了职场衣着形象，但是忽视了"女士优先"这一国际惯例，使得他的绅士形象受损。第二位男士尽管衣着不太时髦，但是行为优雅，为人考虑，体谅他人，使得他的形象大为加分。这个案例告诉我们，个人形象不仅包括衣着形象，也包括得体的举止和优雅的风度。

2.安娜端庄优雅地出现在舞会上，吸引了在场所有人的眼光，说明在舞会这样的隆重的场合，安娜的服装是应景的。安娜的黑色长裙同时也与安娜的个性相得益彰，这说明安娜的服装适合自己的特点。

五、思考题

略

## 第三章　社交礼仪

一、单项选择题

1.D　2.B　3.C　4.A　5.D

二、多项选择题

1.ABC　2.ABCD　3.AC　4.ABCD 5.ABC

三、判断题

1.错　2.错　3.错　4.错　5.对

四、案例分析题

这个案例中，小王犯了以下错误：铃响了没有自报家门；通话过程中该记的没有记录（对方的姓名、公司、电话号码）；该问的没有问（对方的情况、手套的需要量）；电话里不该说的却说了（价格上自作主张，不向上司请示）；电话礼仪中，尊者先挂电话（案例中的小王等对方说完，就"啪"挂上电话）；整个通话过程无一句礼貌用语；通话结束后该做的没有做（没有及时向上司汇报）。

五、思考题

1.(1)量力而行　(2)富有意义与特色　(3)了解禁忌

2.(1)选择适当的时间。公务电话不要在私人时间打，私人电话不要在公务时间打。

(2)有所准备。在通话前核对对方的详细情况，准备好笔和纸，写出通话要点。

(3)多用礼貌用语。通话时，多用"您好""请""谢谢"等敬谦辞。通话结束，要礼貌挂断电话。如果是长辈、上级、客户、女士的电话，最好让对方先挂断。

## 第四章　职场礼仪

一、单项选择题

1.D　2.B　3.C　4.A　5.B

二、多项选择题

1.ABC　2.ABCD　3.AB　4.ABD　5.ABCD

三、判断题

1.错　2.错　3.错　4.对　5.错

四、案例分析题

1.贾征在公共场合叫人外号，初次见面对女士行拥抱礼不太合适。王峰没有事先介绍自己的妻子，犯了介绍礼仪中女士有优先知情权的错误。两人在公共场合喧哗，没有注意剧场需要安静，不符合公共场合礼仪要求。

2.在办公室里，本来同事之间就处在一种隐性的竞争关系之下，如果一味刻意表现，不仅得不到同事的好感，反而会引起大家的排斥和敌意。李娜虽然是一番好心，但是在不恰当的时间帮人，让领导误会，让同事委屈。真正善于表现的人常常既表现了自己，又未露声色，真正展示教养与才华的自我表现绝对无可厚非，刻意表现才是得不偿失的。

3.办公室同事之间的关系是很微妙的，既不可疏离，也不可过于亲近。王莹刚参加工作，涉世不深，没有把握好同事间应该保持的适当的距离。所以，办公室最好的人际关系准则是亲而不密。

4.这个案例说明，在职场上，诚实是必备的职业品德。面试中，诚信也是招聘单位考虑的首要问题，不要认为你比别人聪明，因为你很可能落入招聘官设置的陷阱中。

五、思考题

1.介绍礼仪包括自我介绍和介绍他人。自我介绍方式有应酬式、工作式、交流式、礼仪式和问答式。介绍他人要注意介绍时机、介绍顺序以及注意事项。

2.略

## 第五章　宴请礼仪

一、单项选择题

1.A　2.C　3.B　4.D　5.D

二、多项选择题

1.ABCD　2.ABC　3.ABD　4.ABCD 5.ABCD

三、判断题

1.对　2.错　3.错　4.错　5.错

四、案例分析题

1.中国客人的失礼之处：(1)点菜没有注意点菜的原则，给人铺张浪费之感。(2)四处拍照留念，和女服务员合照。(3)用餐时没有注意进餐礼仪，发出声音是非常不礼貌的行为，甚至将一些落后餐桌文化（猜拳等）带到法国餐厅。(4)整个餐厅嘈杂，违反了西餐厅安静的特点。

2. 这位大四女孩的西餐初体验显然是不太成功的。餐会开始的盘子是装食物残渣用的,而水果沙拉是西餐的最后一道菜,刀叉的摆放让服务员误会不吃了所以被收走。这位女孩在就餐前没有做好西餐礼仪的知识准备,导致出了洋相。

五、思考题

1. 中餐的饮酒礼仪包括:(1)敬酒有序,主次分明;(2)古老酒令,文化传承;(3)劝酒适当,切莫强求。

2. 中餐的座次礼仪有严格的规定。中国人讲究长幼有序,进食用餐时也是一样。通常主宾坐定后,依顺序客人再坐下,最后才是主人坐下。若有长辈在场,当然由长辈先入座,坐定后晚辈再坐下。如果没有长辈和主宾,就由女士优先就位,服务员或邻近男士应替女士或年长者拉开椅子,然后自己再以右手拉自己的椅子,从椅子左边入座。入座时,轻轻拉开椅子,不要粗鲁地制造声响或者是用脚踢开椅子。

## 第六章 会议礼仪

一、单项选择题

1. D 2. A 3. B 4. A 5. C 6. B 7. A
8. C 9. A 10. D 11. B 12. A 13. C 14. D
15. A 16. A 17. A 18. C 19. C 20. D

二、多项选择题

1. AB 2. BC 3. ABCD 4. ABCD 5. ABCD
6. ABC 7. BCD 8. BD 9. ABD 10. ABCD

三、判断题

1. × 2. × 3. √ 4. √ 5. × 6. ×
7. √ 8. √ 9. × 10. ×

四、案例分析题

答:小刘有三个错误。第一,会议没有准时到。第二,到达会场时应该轻声推门,如果有声响应该从后门进入,不打扰与会人员。第三,在到达会场前就应该把手机设置成静音。不管是参加自己单位还是其他单位的会议,都必须遵守会议礼仪。因为在这种高度聚焦的场合,稍有不慎,便会严重损害自己和单位的形象。

五、思考题(略)

六、材料题(略)

## 第七章 校园礼仪

一、单项选择题

1. C 2. D 3. D 4. D 5. A

二、多项选择题

1. ABC 2. ACD 3. ABCD 4. ABCD
5. AC

三、判断题

1. 对 2. 对 3. 错 4. 错 5. 错

四、案例分析题

1. 向同学很早就意识到了好的人际关系的重要性,但是她的做法并没有得到室友的认可。原因在于一味地迎合,甚至放下自尊,这并不是建立良好的室友关系的基础,反而会使同学们认为是虚伪的表现。真正友好的室友关系应该建立在平等互助的基础上,而不是主动迎合、放下自尊。向同学在室友关系出现问题的时候,没有主动想办法解决,而是去其他寝室坐会儿,选择逃避。只有在平等互助的基础上才能建立良好的人际关系。

2. 王同学的问题是沟通方法不得当。同一寝室的同学来自天南海北,各自的教育环境和家庭条件、生活习惯差异较大,必然最开始会有一段磨合的阶段。在磨合阶段,王同学直接向同学表达自己的不满,这个方法欠妥,不仅不能解决问题,还容易伤害同学的自尊,从而影响了寝室关系。王同学应该在适当的场合采取适当的方式让室友们知道并理解自己的苦恼,这样才能解决寝室关系的问题,从而营造一个和谐友爱的寝室环境和氛围。

3. 贺同学在男女交往上的障碍来源于家庭环境造成的不自信的性格。贫困的家庭、父亲管教的粗暴造成了贺同学心理上的障碍,导致性格内向,不善于表达。贺同学应该试着改变自己内向的性格,多与人沟通,建立自信,这样才能更好地和异性同学交往。

五、思考题

略

## 第八章 宗教民族礼仪

一、单项选择题

1. B 2. A 3. A 4. C 5. D

二、多项选择题

1. ABC 2. ABCD 3. ABC 4. ABC 5. CD

三、判断题

1. 对 2. 错 3. 对 4. 错 5. 错

四、案例分析题

1. 信仰佛教的人和僧侣是严格的素食主义者。素食起源于宗教寺庙,供佛教徒、道教等忌荤腥食用,是用豆制品、蔬菜、植物油等为原料烹制而成的。而清真多以牛羊肉和蔬菜作为主要原材料烹制各种食物以适合穆斯林的饮食习俗,二者有很大的区别。服务人员粗心忽略了素食和清真的不同,犯了高僧的禁忌,这是严重的失礼。通过本案例,我们应该认识到,不同宗教的饮食禁忌的规定是很严格的,我们要了解这些禁忌,才能更好地宴请他人,进行社会交往。

2.伊斯兰教认为,男子从肚脐至膝盖,妇女从头至脚都是羞体,外人禁止观看别人的羞体,违者就犯了禁忌。穆斯林妇女除了穿不露羞体的衣服外,还必须带盖头和面纱,这项规定至今在有些伊斯兰国家如阿拉伯、伊朗等国家仍然施行。中国女排运动员穿着运动短裤的照片,明显是犯了穆斯林的禁忌,所以不许进口也在情理之中。

五、思考题
略

## 第九章　涉外礼仪

一、单项选择题
1.C　2.D　3.A　4.D　5.C
二、多项选择题
1.AD　2.ABCD　3.AB　4.ABCD　5.ABCD
三、判断题
1.错　2.对　3.错　4.错　5.对
四、案例分析题

1.在国外,人们普遍将自己的实际年龄当作"核心机密",不会轻易告之别人。这主要是因为外国人尤其是英美人,对年龄都十分敏感,希望自己永远年轻,对"老"字讳莫如深,对年龄守口如瓶。因而与外国人交往,打听对方的年龄,说对方老貌,都属于不礼貌的行为。我国的传统向来对年龄比较随意,不仅如此,社会交往中还习惯于拔高对方的辈分,以示尊重。比如年轻男子相聚,彼此之间总喜欢以"老李""老张""老赵"相称,为了表示对对方的尊敬,人们会使用"老人家""老先生""老夫人"等一类尊称,实际上,这一类尊称在外国人听起来却似诅咒漫骂一般。在交往中,照套我国的传统,会使对方十分难堪。

2.这个案例说明,在涉外交往中尊重对方隐私的重要性。个人隐私,就是不愿意公开,不希望外人了解或打听的个人秘密、私人事情。在涉外交往中,人们普遍讲究尊重个人隐私,并且把是不是尊重个人隐私,看成一个人在待人接物方面有没有教养、能不能尊重和体谅交往对象的重要标志。李芬在没有获得布朗夫人的同意下擅自进入布朗夫人的房间打扫卫生,在国人看来这也许并不是多么严重的事情,但是外国人看来却是对自己隐私空间的侵犯。

五、思考题
1.(1)维护形象,在涉外交往中,要注意维护个人形象和维护国家形象。

(2)不卑不亢,涉外交往中必须意识到,自己代表单位、民族、国家。所以,言行必须从容得体,堂堂正正。在外宾面前,既不应该表现得低三下四、自卑自贱,也不应该表现得放肆嚣张、孤芳自赏。

(3)热情适度,直接与外国人打交道时,不仅待人要热情友好,更重要的是要把握好待人热情友好的具体分寸,否则就会事与愿违。

(4)求同存异,"求同",就是要遵守有关礼仪的国际惯例,要重视礼仪的共性;"存异",就是要求对其他国家的礼俗不能一概否定,不要忽略礼仪的"个性"。

(5)入乡随俗,在国际交往中,当自己身为东道主时,通常讲究"主随客便";当自己充当客人时,要讲究"客随主便"。这两种做法都是对"入乡随俗"原则的具体贯彻落实。

(6)模仿,在国际交往中,面对自己一时难以应付、举棋不定,或者不知道到底怎样做才好的情况时,最明智的做法是尽量不要急于采取行动,尤其是不要急于抢先。不妨静观一下周围人的所作所为,并采取一致的行动。

(7)尊重隐私,人们普遍讲究尊重个人隐私,并且把是不是尊重个人隐私,看成一个人在待人接物方面有没有教养、能不能尊重和体谅交往对象的重要标志。

(8)女士优先,这是礼仪的基本原则,已经逐渐演化为一系列具体的、可操作的做法,每一名成年男士都要认真对待。

(9)以右为尊,在各种类型的国际交往中,大到政治磋商、商务往来、文化交流,小到私人接触、社交应酬,但凡有必要确定并排列具体位置的主次尊卑,"以右为尊"都是普遍适用的。

2.略

# 参 考 文 献

1.端木自在.社交与礼仪:言谈得体并正确处理各种人际关系.南昌:江西美术出版社,2017

2.杨金波.政务礼仪.北京:中华工商联合出版社,2018

3.金正昆.礼仪金说:社交礼仪.北京:北京联合出版公司,2019

4.金正昆.礼仪金说:职场礼仪.北京:北京联合出版公司,2019

5.金正昆.礼仪金说:商务礼仪.北京:北京联合出版公司,2019

6.金正昆.礼仪金说:公务礼仪.北京:北京联合出版公司,2019

7.金正昆.礼仪金说:服务礼仪.北京:北京联合出版公司,2019

8.金正昆.礼仪金说:公关礼仪.北京:北京联合出版公司,2019

9.金正昆.礼仪金说:国际礼仪.北京:北京联合出版公司,2019

10.夏志强.礼仪常识全知道(新版).北京:中国华侨出版社,2015

11.周春才.中华传统文化图典中华礼仪.北京:时代华文书局出版社,2014

12.王旭.看电影学礼仪.广州:广东南方日报出版社,2012

13.杨路.高端商务礼仪.北京:北京联合出版公司,2013

14.李世化.商务宴请礼仪规范.北京:企业管理出版社,2015

15.穆清.学生礼仪.长春:吉林教育出版社,2019

16.严考亮,杨遵贤.最新实用礼仪全书.上海:上海远东出版社,2003

17.黄土平.现代礼仪学.武汉:武汉测绘科技大学出版社,1995

18.周文柏.中国礼仪大辞典.北京:中国人民大学出版社,1992

19.秦启文.现代公共礼仪.重庆:西南大学出版社,2001

20.侯印浩,刘传玺.大学生社交礼仪.济南:山东大学出版社,2003

21.金正昆.大学生礼仪.北京:高等教育出版社,2000

22.金正昆.涉外礼仪教程.北京:中国人民大学出版社,2005

23.关彤.现代社交礼仪.北京:中国社会出版社,2004

24.张文.求职礼仪.广州:华南理工大学出版社,2000